小学 標準問題集 3年 国語 読解力

この本の特色 ―指導される方々へ

① 基礎から応用まで３ステップ式で構成されているので、国語の読解問題が苦手な児童も無理なく実力アップが れます。

② 国語の を集中的に学習することができ、テストで確実な得点

③ 答え（別 注意」では、問題のくわしい解き方や注意すべきポイ 示されているので、十分に理解しながら学習を進めることができます。

もくじ

本書に関する最新情報は，当社ホームページにある本書の「サポート情報」をご覧ください。

（開設していない場合もございます。）

1 言《こと》葉《ば》の意《い》味《み》

学習のねらい
とくに物語では、文中の言葉の意味を正しくとらえることが大切です。説明文では、文中で使われているポイントとなる重要な言葉に注意しましょう。

勉強した日　月　日

ステップ1

1 次《つぎ》の文章《ぶんしょう》を読んで、あとの問《と》いに答えなさい。

春のまん中のお話です。

池のそばのすいせんが、金色のラッパをプル・プル・プーとふいて、よい音が出るかどうかためしていました。

そこへ、ありたちが、とっとと走ってきました。


（工藤直子《くどうなおこ》「すいせんのラッパ」　平成十四年度版　東京書籍「新しい国語三上」）

(1) 季節《きせつ》がよくわかる言葉《ことば》を書きぬきなさい。（　　）

(2) ――線「とっとと」とありますが、ここからわかるありたちの様子《ようす》を、次からえらび、記《き》号《ごう》で答えなさい。

ア 急《いそ》いでいる　**イ** のんびりしている
ウ わらっている　**エ** おこっている（　　）

---

2 次の文章を読んで、あとの問いに答えなさい。

トンボのかおを、前からみると、ほとんどが目だ。

上をむいたり、下をむいたり、かおをうごかすことも、①できる。
②ふくがんとよばれる目は、ちいさな目が、たくさんあつまって、できている。

（海野和男《うんのかずお》「トンボのなかま」）

(1) ――線①「できる」と同じ意味《いみ》のものを、次からえらび、記号で答えなさい。

ア 勉強《べんきょう》ができる。　**イ** お米ができる。
ウ 用事《ようじ》ができる。　**エ** 使《つか》うことができる。（　　）

(2) ――線②「ふくがん」とよばれる目は、どのようにできていますか。
（　　）

3 次の文章を読んで、あとの問いに答えなさい。

ところが、①高い空があんまりまぶしいので、目をつぶって、それから目をひらいたとき、ちょうど頭の上のあたりに、ヒバリのすがたをみつけることができました。

②「あんな高いところに。」

ヒバリは黒い点になって、それなのに、まだ上にのぼっていくのです。横《よこ》にとばないで、まっすぐ上にのぼっていくのです。

（加藤多一《かとうたいち》「ヒバリ　ヒバリ」）

(1) ——線①からどんなことがわかりますか。次からえらび、記号で答えなさい。

ア ヒバリがとんでいる　**イ** 天気がよい

ウ ヒバリをさがしている　**エ** くもっている

（　　）

(2) ——線②のヒバリのすがたがよくわかる言葉を、文章中から三字で書きぬきなさい。

□□□

---

4 次の文章を読んで、あとの問いに答えなさい。

①秋田県仙北郡西仙北町刈和野《あきたけんせんぼくぐんにしせんぼくまちかりわの》では、毎年二月十日、上町《かみちょう》と下町《しもちょう》に分かれて六千人もの人がつなを引き合う、大つな引きが行われます。

じゅんびは、一か月も前から始《はじ》まります。毎日朝早く、お年よりたちが作業場《さぎょうば》に集《あつ》まり、なれた［②］つきで稲《いな》わらをたばね、細いつなをあみあげていきます。このつなを③「ぐみ」といいます。

（北村皆雄《きたむらみなお》「つな引きのお祭《まつ》り」平成十四年度版　東京書籍「新しい国語三下」）

(1) ——線①「秋田県仙北郡西仙北町刈和野」で毎年行われるのは、どんなつな引きですか。

毎年二月十日、（　　）と（　　）に分かれて（　　）もの人がつなを引き合う大つな引き。

(2) ［②］にあてはまる漢字一字を答えなさい。

□

(3) ——線③「ぐみ」とはどんなものですか。

（　　）をたばね、（　　）をあみあげたもの。

ステップ2

時間 25分　合かく点 70点　とく点　　点

勉強した日　月　日

1 次《つぎ》の文章《ぶんしょう》を読んで、あとの問《と》いに答えなさい。

　わたしは、ホタルの調査《ちょうさ》のために、沖縄県《おきなわけん》の石《いし》垣島《がきじま》の山のなかの森にいました。一九八五年、五月一四日の①たそがれどきのことです。

　午後七時三〇分。それまで鳴いていたセミが、②と鳴きやみました。すると、暗《くら》い葉《は》かげから、チカチカと光が見えてきました。あたりが暗くなるにつれて、光の数は、どんどんふえていきます。一〇分もすると、わたしのまわりは、まるで光のじゅうたんのようになっていたのでした。

　足もとを見ると、地上、七〇センチメートルほどの高さのところで、小さなホタルが群《む》れをなして、黄色い光を③パッパッとはなちながら、飛《と》んでいくのです。そのせいか、④光のじゅうたんは、岸辺《きしべ》にうちよせる波《なみ》のようにゆれて、きらめいています。わたしは、光の海のなかに立っているようでした。

　森のなかにひろがった光のじゅうたんは、二〇分ほどすると、すいこまれるように、草のなかにきえていきました。光っていたのは、ぜんぶで、わずか三〇分たらずのことでした。午後八時をすぎると、べつの種類《しゅるい》のホタルが、⑤ちらほら光っているだけで、夢《ゆめ》のような光のショーは、あとかたも⑥でした。

　光のじゅうたんの正体は、ヤエヤマボタルというホタルでした。石垣島と西表島《いりおもてじま》だけにすむ、森のホタルです。山の中腹《ちゅうふく》から、すそ野にかけてすんでいて、成虫《せいちゅう》は、森の草や落《お》ち葉《ば》のなかでくらしています。

　わたしがこの森で、こんなに美《うつく》しい光のじゅうたんを見たのは、このときが最後《さいご》になりました。カメラで⑦とっさに撮影《さつえい》していなかったら、自分のこの目で見たことすら、とても信《しん》じることができないほどのすばらしい光景《こうけい》でした。

（大場信義《おおばのぶよし》「ホタルの里《さと》」）

(1) ——線①の言葉《ことば》の意味《いみ》として、正しいものを次からえらび、記号《きごう》で答えなさい。(10点)

ア 夜明け　イ まひる
ウ ひぐれどき　エ ま夜中
（　　）

(2) ②にあてはまる言葉はどれですか。次からえらび、記号で答えなさい。(10点)

ア ガチャリ　イ ピタリ
ウ ポタリ　エ ヒヤリ
（　　）

(3) ——線③から、ホタルのどんな様子《ようす》がわかりますか。次からえらび、記号で答えなさい。(10点)

ア 光がほとんど見えない様子。
イ 光が少しずつきえていく様子。
ウ 光がついたりきえたりしている様子。
エ 光がいっしゅんだけついた様子。
（　　）

(4) ——線④の様子を見たときのことについて、どのように書いてありますか。(15点)

（　　）のなかに立っているようだった。

(5) 「光のじゅうたん」について、べつの言い方でどのようにのべていますか。(15点)

（　　）のような（　　）のショー。

(6) 「光のじゅうたん」の正体は何でしたか (10点)

（　　）というホタル。

(7) ——線⑤から、ホタルのどんな様子がわかりますか。次からえらび、記号で答えなさい。(10点)

ア あちこちでたくさん光っている様子。
イ 数ひきだけがまばらに光っている様子。
ウ 一ぴきだけが強く光っている様子。
エ 光がすこしずつきえていく様子。
（　　）

(8) ⑥にあてはまる言葉はどれですか。次からえらび、記号で答えなさい。(10点)

ア できません　イ なりません
ウ ありません　エ 知りません
（　　）

(9) ——線⑦の言葉の意味として、正しいものを次からえらび、記号で答えなさい。(10点)

ア ゆっくりと　イ しっかりと
ウ 思いどおりに　エ すぐに
（　　）

2 こそあど言葉《ことば》

学習のねらい

「こそあど言葉」は、「こ・そ・あ・ど」で始まる、ものを指ししめす言葉です。文章を正しく読み取るためには、こそあど言葉が指しているものを正しくとらえることが大切です。

勉強した日　月　日

ステップ1

1 次《つぎ》の文中の□にあてはまるこそあど言葉《ことば》を、あとからえらび、記号《きごう》で答えなさい。

① あなたが手に持《も》っている□本を、わたしにかしてくれませんか。

② わたしが手に持っている□本は、とてもおもしろい本です。

③ あなたがこれまで読んだ本の中で、□本がいちばんおもしろかったですか。

④ 本だなにならんでいる□本を、わたしも読んでみようと思います。

ア この　イ その
ウ あの　エ どの

①（　　）②（　　）
③（　　）④（　　）

2 次の文中の——線のこそあど言葉が指ししめしているものを、字数に合わせて書きなさい。

① いちごのケーキ、これが大すきです。（七字）

② ごはんとパン、どちらがすきですか。（六字）

③ わたしは毎日、公園に行きます。そこには、ブランコとすべり台があります。（十字）

④ 校門の前に男の人がいます。あの人は、わたしのおじさんです。（十字）

①
②
③
④

3 次の文章《ぶんしょう》を読んで、あとの問《と》いに答えなさい。

ぼくはカメラでオオハクチョウを追《お》いました。

そのとき、オオハクチョウはぼくのまえ、数メートルのところを左から右にむかっておよいでいました。そして、ぼくのまんまえをとおるとき、オオハクチョウは顔をこちらにむけました。

シャッターチャンス！

ぼくはシャッターをきり、ともかく一まい、写《しゃ》真《しん》をとりました。

すると、オオハクチョウは今度《こんど》は体ごとこちらにむいたのです。そして、いきなり両方《りょうほう》のつばさを大きくひろげました。

またしても、シャッターチャンス！

ぼくはそのすがたも、写真にとりました。

（斉藤《さいとう》 洋《ひろし》「夜空の訪問者《ほうもんしゃ》」）

問　――線「そのすがた」とありますが、どんなすがたですか。

（　　　　）が（　　　　）を大きくひろげたすがた。

---

4 次の文章を読んで、あとの問いに答えなさい。

葉《は》には、養分《ようぶん》を作る工場のような部分《ぶぶん》があります。①ここには、葉の色のもとになっている緑色《みどりいろ》のものや黄色のものがあり、②これらは日光を集《あつ》める仕事《しごと》を受《う》け持《も》っています。そして、③この工場は、集められた日光を使《つか》って養分を作ります。

（武田幸作《たけだこうさく》「秋に色づく木の葉」平成十二年度版　教育出版「国語３上」）

(1)　――線①「ここ」は何を指していますか。

（　　　　）にある（　　　　）を作る部分。

(2)　――線②「これら」は何を指していますか。

（　　　　）のもとになっている（　　　　）のものや（　　　　）のもの。

(3)　――線③「この工場」とはどんなものですか。

集められた（　　　　）を使って（　　　　）を作る部分。

ステップ2

時間	合かく点	とく点
25分	70点	点

勉強した日　月　日

1 次《つぎ》の文章《ぶんしょう》を読んで、あとの問《と》いに答えなさい。

正月には、一年の始《はじ》まりをいわう行事《ぎょうじ》をします。正月の行事は、年の始まりに当たって年神様《としがみさま》をむかえ、一年の安全《あんぜん》と幸福《こうふく》をいのることから始まりました。

今は、一月一日から七日まで、つまりかどまつの立ててある期間《きかん》を「まつの内」とよんで、正月と考えています。そのほか、一月十一日ごろからじゅんびに入って、十四日・十五日を中心にいろいろな行事を行う期間があります。①これを、ふつう、小正月といいます。②これは、昔《むかし》の人が、一月一日からおよそ一か月間の長い間を、正月と考えていたなごりです。

また、二月四日か五日の立春の前の日に、節分《せつぶん》の行事をして、悪《あく》やけがれをはらうのは、やはり、立春を年の始まりと考えていたことのなごりです。

年の始まりの行事には、さまざまなものがあります。

（中略《ちゅうりゃく》）

小正月にはまた、子どもたちが家々を回っていわって歩く行事もあります。

青森県《あおもりけん》のある土地では、一月十五日に、女の子たちが、「田植《たう》えいわい歌」を歌って、村の家々を回ります。③これは、作物《さくもつ》のゆたかな実《みの》りをいのる行事です。

新潟県《にいがたけん》のある土地では、十三日から十五日までの三日間、鳥追《とりお》いの行事をします。五才から十五才までの子どもたちが、くるみの木で作った木刀を持《も》って、「鳥追い歌」を歌いながら、村中を練《ね》り歩きます。④これは、ゆたかな実りをいのるとともに、作物をあらす悪《わる》い鳥を追いはらうための行事です。また「もぐら打《う》ち」とよんで、子どもたちがきねやわらたばで畑《はたけ》をたたいて歩く行事があります。⑤これも、もぐらが田畑《たはた》をあらさないように、というねがいがこめられた行事なのです。

（宮本《みやもと》架裟雄《けさお》「年の始まり」　平成十二年度版　学校図書「みんなと学ぶ小学校国語三下」）

(1) 正月にはどんな行事をしますか。（10点）

（　　　　）

(2) ——線①「これ」とは何ですか。（15点）

（　　）ごろからじゅんびに入り、（　　）を中心に（　　）を行う期間。

(3) ——線②「これ」とは何ですか。次からえらび、記号《きごう》で答えなさい。（10点）

ア 年神様　イ 正月　ウ 小正月　エ 立春

（　　）

(4) 節分の行事をするのはいつですか。（15点）

（　　）か（　　）の（　　）の前の日。

---

(5) ——線③「これ」とは何ですか。（15点）

青森県のある土地で、（　　）に、女の子たちが「（　　）」を歌い、村の家々を回る行事。

(6) ——線④「これ」とは何ですか。（20点）

新潟県のある土地で、（　　）までの三日間、（　　）の子どもたちが、（　　）を持って、「（　　）」を歌いながら、村中を練り歩く行事。

(7) ——線⑤「これ」とは何ですか。（15点）

「（　　）」とよばれる、子どもたちが（　　）や（　　）で畑をたたいて歩く行事。

3 つなぎ言《こと》葉《ば》

学習のねらい

「つなぎ言葉」は、「だから」や「しかし」など、文や段落をつなぐはたらきをする言葉です。文章を正しく読み取るためには、つなぎ言葉のはたらきを正しくとらえることが大切です。

勉強した日　月　日

ステップ１

1 次《つぎ》の文中の□にあてはまるつなぎ言葉をあとからえらび、記号《きごう》で答えなさい。

① 雨がふった。□、外出せずに家にいた。

② 駅《えき》まで急《いそ》いで行った。□、電車にのりおくれてしまった。

③ きょうはとても寒《さむ》い。□、雪がふっているからだ。

④ 雨がふっている。□、風もふいてきた。

ア しかし　イ そのうえ
ウ だから　エ なぜなら

①（　）　②（　）
③（　）　④（　）

2 次の文中の□にあてはまるつなぎ言葉を、字数に合わせて書きなさい。

① 友だちの家に行った。□、友だちはいなかった。（三字）

② あの人はわたしの父の弟、□、わたしのおじさんだ。（三字）

③ わたしはあまいものがすきだ。□、ケーキやチョコレートなどだ。（四字）

④ あの人は頭がよい。□、スポーツもとくいだ。（四字）

①□□□　②□□□
③□□□□　④□□□□

❸ 次の文章《ぶんしょう》を読んで、あとの問《と》いに答えなさい。

四月、春のあたたかい太陽《たいよう》の下で、草や木の芽《め》が、すくすくとのびはじめる季節《きせつ》がやってきました。庭《にわ》の土の上などで、クロオアリが活動《かつどう》をはじめます。

まず、巣《す》づくりです。冬のあいだ、雨や雪のためにくずれたり、ふさがったりしてしまったあなを修理《しゅうり》します。［①］、なんびきもの働《はたら》きアリたちが、巣の中から土を運《はこ》びだし、力をあわせて巣を大きくしていくのです。

［②］、雨のふる日や、さむい日には、あたたかい巣の中にもどって、天気が回復《かいふく》するのをまっています。

（栗林《くりばやし》 慧《さとし》「アリの世界《せかい》」）

問　［①］・［②］にあてはまるつなぎ言葉を次からえらび、記号で答えなさい。

ア でも　**イ** だから
ウ そして　**エ** なぜなら

①（　　）②（　　）

---

❹ 次の文章を読んで、あとの問《と》いに答えなさい。

その絵葉書《えはがき》は、差出人《さしだしにん》の名まえも住所《じゅうしょ》もない。消印《けしいん》は北海道《ほっかいどう》のこともあれば、九州《きゅうしゅう》のこともある。一度《いちど》沖縄《おきなわ》からきたこともあった。

［①］絵葉書が奈良《なら》の大仏《だいぶつ》の写真《しゃしん》だと、奈良市の郵便局《ゆうびんきょく》の消印が押《お》してあり、こんなふうに書かれている。

「今年《ことし》は、鹿《しか》がたくさんいる公園にきています。甘酒《あまざけ》を売っている売店のそばにいます。」

わたしはそういう絵葉書をもらうたびに、その場所《ばしょ》に行った。［②］毎年春には、近くなら日帰りの、遠ければ一泊《いっぱく》の旅行《りょこう》をすることになった。

［③］、葉書をくれるのはわたしのともだちというわけでもないし、知り合いというほどですらない。

（斉藤《さいとう》 洋《ひろし》「黄色いポストの郵便配達《ゆうびんはいたつ》」）

問　［①］～［③］にあてはまるつなぎ言葉を次からえらび、記号で答えなさい。

ア けれども　**イ** だから　**ウ** たとえば

①（　　）②（　　）③（　　）

ステップ2

時間	合かく点	とく点
25分	70点	点

勉強した日　月　日

1 次《つぎ》の文章《ぶんしょう》を読んで、あとの問《と》いに答えなさい。

1

わたしたちは、食べ物《もの》を食べるとき、手で、はしや茶わんを持《も》ったり、パンをちぎったりします。

[①]、わたしたちの手に当たるほかの動物《どうぶつ》の前足は、どんなことができるのでしょうか。

馬や牛の前足は、後足といっしょに体をささえています。

犬やねこは、前足で食べ物をおさえることができます。[②]、食べ物を持つことはできません。ねずみやりすのなかまは、両方《りょうほう》の前足で食べ物を持って食べることができます。[③]、両方ではさんでいるだけなので、一方だけでは持てません。

わたしたち人間をふくめたさるのなかまだけが、物をつかむ手を持っています。つかむだけでなく、パンをちぎったり、ビスケットをわったりすることもできます。

2

どうして、さるのなかまの手は、物をつかんだり、ちぎったり、わったりすることができるのでしょう。

自分の手を広げて、見てみましょう。

手の指《ゆび》は、人さし指と中指と薬指《くすりゆび》と小指が、ならんでついています。それぞれの指は、小さな三本のほねが、たてにつながってできていて、④それが手のひらにつながっています。[⑤]、ほねとほねとのつなぎめのところは、よく曲《ま》がるようにできています。親指は、ほかの指と向《む》き合えるように一本だけはなれてついています。ほねは二本ですが、やはりよく曲がるようにできています。この親指の先と、ほかの指の先を合わせると、輪《わ》を作ることができます。

手の指がこのようにできているので、わたしたちは、手を使《つか》っていろいろなことができるのです。

⑥、わたしたちがみかんの皮《かわ》をむくとき、かた手でみかんをにぎり、もう一方の手の親指と人さし指を使って皮をむきます。

（松沢哲郎《まつざわてつろう》「手と道具《どうぐ》」　平成十二年度版　日本書籍「わたしたちの小学国語３下」）

(1) ①にあてはまるつなぎ言葉《ことば》を次からえらび、記号《きごう》で答えなさい。（10点）

ア　だから　　イ　では
ウ　しかし　　エ　なぜなら

（　　）

(2) ②・③には同じつなぎ言葉があてはまります。その言葉を次からえらび、記号で答えなさい。（15点）

ア　だから　　イ　でも
ウ　そして　　エ　なぜなら

（　　）

(3) どんな動物だけが、物をつかむ手を持っているのですか。（15点）

わたしたち（　　）をふくめた（　　）のなかまだけ。

(4) ——線④「それ」とは何ですか。（20点）

小さな三本の（　　）がつながってできている、（　　）と（　　）と（　　）と（　　）。

(5) ⑤にあてはまるつなぎ言葉を次からえらび、記号で答えなさい。（10点）

ア　だから　　イ　では
ウ　しかし　　エ　そして

（　　）

(6) ⑥にあてはまるつなぎ言葉を次からえらび、記号で答えなさい。（10点）

ア　だから　　イ　たとえば
ウ　でも　　　エ　もし

（　　）

(7) わたしたちがみかんの皮をむくとき、どのようにしてむきますか。（20点）

（　　）でみかんをにぎり、もう一方の手の（　　）と（　　）を使って皮をむく。

ステップ3

1 次《つぎ》の文章《ぶんしょう》を読んで、あとの問《と》いに答えなさい。

人間は、動物《どうぶつ》のなかまです。①、人間は、ほかの動物とはちがったところがあります。どんなところがちがうのでしょうか。

よく、人間は道具《どうぐ》を使《つか》う動物だといいます。ちょっと見わたしたところ、イヌやネコなどが道具を使うことはありません。

しかし、よくしらべると、道具を使う動物がいます。②、ラッコは、せおよぎをしながら、むねの上に石を乗《の》せ、前足で持《も》った貝を石にぶつけ、中身《なかみ》を取《と》り出して食べます。エジプトハゲワシも、石をくわえてきて、ダチョウのたまごにぶつけ、わって食べます。つまり、③これらは、石をかんたんな道具として使っていることになります。

みなさんは、えんぴつを使って文を書いたり、はさみやのりを使って物《もの》を作ったりします。④それらとくらべると、道具を使うといっても、ラッコやエジプトハゲワシのすることは、かんたんなものです。⑤、かんたんなものであっても、道具を使っているのですから、人間だけが道具を使うというのは正しくありません。

そこで、人間は道具を作る動物で、⑥そこがほかの動物とちがうところだと考える人が出てきました。この考えは正しいでしょうか。

実《じっ》けん用にかっていたチンパンジーは、さしこみのできるようになっている二本のぼうをつないで、てんじょうからつり下げられたバナナを取ります。ぼうをつなぐことは、もっともかんたんな道具作りです。

⑦、野生のチンパンジーが、木のえだをおって、はっぱをむしり取り、⑧それをシロアリのすのあなにさしこんで、シロアリつりをしていることがわかってきました。シロアリは、チンパンジー

の大こうぶつなのです。つまり、ここでは、食べ物を手に入れるためのつり道具を作っていることになります。

こうなると、人間だけが道具を作るというのも正しくありません。

（香原志勢《こうはらゆきなり》「動物と道具」平成八年度版　大阪書籍「小学国語３上」）

(1) ［①］にあてはまるつなぎ言葉《ことば》を次からえらび、記号《きごう》で答えなさい。（10点）

ア　だから　　イ　では

ウ　けれども　　エ　なぜなら

（　　）

(2) ［②］にあてはまるつなぎ言葉を次からえらび、記号で答えなさい。（10点）

ア　だから　　イ　でも

ウ　そして　　エ　たとえば

（　　）

(3) ――線③で、道具を使う動物として取り上げられているものを二つ答えなさい。（20点）

（　　）・（　　）

---

(4) ――線④「それら」とは何ですか。（15点）

（　　）を使って文を書いたり、（　　）や（　　）を使って物を作ったりすること。

(5) ［⑤］にあてはまるつなぎ言葉を次からえらび、記号で答えなさい。（10点）

ア　だから　　イ　では

ウ　しかし　　エ　そして

（　　）

(6) ――線⑥「そこ」とは何ですか。（10点）

人間が（　　）動物であるということ。

(7) ［⑦］にあてはまるつなぎ言葉を次からえらび、記号で答えなさい。（10点）

ア　だから　　イ　また

ウ　しかし　　エ　たとえば

（　　）

(8) ――線⑧「それ」とは何ですか。（15点）

野生の（　　）が（　　）をおって（　　）をむしり取ったもの。

4 場面《ばめん》をおさえる

学習のねらい

物語では、場面を正しくおさえることが大切です。物語文をよく読んで、いつ、だれが、どこで、どんなことをしている場面なのか、正しく読み取りましょう。

勉強した日　月　日

ステップ1

1 次《つぎ》の文章《ぶんしょう》を読んで、あとの問《と》いに答えなさい。

十一月。

全校《ぜんこう》なわとび大会で、大記録《だいきろく》が生まれた。

サイテーの大記録。

ゼロ回。

「行きまーすっ」

荻野《おぎの》エミリがいせいよく飛《と》びこんでいって、一《いっ》発《ぱつ》で左足に引っかけてしまった。


（後藤竜二《ごとうりゅうじ》「ドンマイ！」）

問　えがかれているのは、どんな場面ですか。
（　　　　）に行われた（　　　　）で、荻野エミリが一発で（　　　　）に引っかけてしまい、（　　　　）という記録が生まれてしまった場面。

2 次の文章を読んで、あとの問いに答えなさい。

（きょうは、いそがしいな。）

うんてんしゅの松井《まつい》さんは、ハンドルをまわしながらおもいました。ごんざみさきに、お客《きゃく》をおくって、からでもどるとちゅうの道です。

林のなかのほそい道です。

（日よう日だし、よく晴れているからなあ。）

しげった葉《は》のあいだから、太陽《たいよう》のあかるいひかりがこぼれ、道には、まだらのもようができています。


（あまんきみこ「雲の花」）

問　えがかれているのは、どんな場面ですか。
うんてんしゅの（　　　　）が、（　　　　）にお客をおくったあと、からでもどるとちゅうに（　　　　）を車で走っている場面。

3 次の文章を読んで、あとの問いに答えなさい。

まだ体のしんに、ねつがあるのでしょうか。

ふっと目がさめたら、となりにもふとんがしかれていて、おかっぱの女の子がねていました。

ここはどこ？　ゆうこのうちではありません。いなかのおばあちゃんの家に、にています。

「あんたも学校休んだの？」

おかっぱの子は、おどろきもしないで、ききました。

「うん。」

ゆうこが小さい声でうなずくと、

「わたしもよ。もうねつ、下がってるのに。」

その子は、ふまんそうにいいました。

（宮川《みやがわ》ひろ「ゆうこと遊《あそ》んだせっちゃんはだあれ？」）

問　えがかれているのは、どんな場面ですか。

　ねつがあって、（　　　）を休んでねていた（　　　）のとなりに、（　　　）がねていた場面。

---

4 次の文章を読んで、あとの問いに答えなさい。

「くすのきまち」は、バスの終点《しゅうてん》です。

道のほとりに、大きなくすのきが立っていました。

終バスが着《つ》いて、まばらな人かげが路地《ろじ》に消《き》えると、くすのきのあたりはひっそりします。

細い月の出た夜でした。

くすのきの頭が、空の中でゆれていました。

「おや、聞こえるぞ。」

くすのきは、足もとで、小さな歌声を聞いたのです。

（大野允子《おおのみつこ》「母さんの歌」平成十四年度版　大阪書籍「小学国語３上」）

(1) えがかれているのは、どんな場面ですか。

（　　　）が道のほとりに立っている、バスの終点の「（　　　）」に、（　　　）が着いた場面。

(2) ——線は、だれが言った言葉《ことば》ですか。

（　　　）

ステップ2

時間	合かく点	とく点
25分	70点	点

勉強した日　月　日

1 次《つぎ》の文章《ぶんしょう》を読んで、あとの問《と》いに答えなさい。

①海辺《うみべ》の町に、小さなカメラ屋《や》が、あります。

店の屋根《やね》には、「はまゆり写真機《しゃしんき》店」とかいた、たいそう古ぼけたかんばんが、かかっています。

この店には周一《しゅういち》さんという若者《わかもの》が、ひとりですんでいます。

長い雨の季節《きせつ》が、ようやくあけた、ある夜のこと。

周一さんが、店のカーテンをしめにいくと、ガラス戸の外に、小がらなおばあさんが、ぽつんとたっていました。

「ああ、よかった、お元気だったんですね。しばらくお見えにならないので、とても心配《しんぱい》していたんですよ」

おばあさんは、周一さんと目があうと、②そばかすだらけのほっぺたを、ぽっとあかくしました。

「えっ？」

周一さんは、首をかしげました。目の前のおばあさんに、見おぼえなどなかったのです。

けれども、店の戸をあけながら、しんせつにたずねました。

「カメラ、いや、写真機か何か、買いにいらしたのですか？」

するとおばあさんは、周一さんを、さびしそうに見あげました。

「もう一度《いちど》、わたしとむすめたちを写《うつ》していただきたいんです」

「写す？」

周一さんは、いっしゅん、きょとんとしました。が、すぐに、ああ、とうなずきました。

「それでしたら、大通りの角にある、はまなす写《しゃ》真館《しんかん》にいってください。名前がにてますけど、この店は、写真機などを売るだけなんですよ。なんなら、ぼくが、③そこまでおくってあげましょうか」

ところが、おばあさんは、首を横《よこ》にふりました。

「わたしは、朝吉《あさきち》さん、あなたに写してほしいんです」

（朝吉だって！）

周一さんは、思わず目をまるくしました。それは、一年前になくなった父親の名前でしたから。

（そうか、この人は、ぼくを父さんの若いころとまちがえているんだ。年のせいなんだろうか、昔《むかし》と今が、いっしょになっているらしい）

周一さんは、そうとわかると、④おばあさんの望《のぞ》みどおりにしてあげようと思いました。


（茂《も》市《いち》久《く》美《み》子《こ》「はまゆり写真機店」）

(1) ――線①「海辺の町に、……」とありますが、このカメラ屋は、何という名前で、だれがすんでいましたか。それぞれ八字と四字で答えなさい。（20点）

・カメラ屋の名前　□□□□□□□□

・すんでいる人　□□□□

(2) どのような季節のできごとかがわかる一文の、はじめの五字を書きぬきなさい。（20点）

□□□□□

(3) ――線②「そばかすだらけの……」とありますが、このときのおばあさんの気《き》持《も》ちを次からえらび、記号《きごう》で答えなさい。（20点）

ア　おかしい　　イ　はずかしい

ウ　ふしぎだ　　エ　はらだたしい

（　　）

(4) ――線③「そこ」とはどこですか。文章中から七字で書きぬきなさい。（20点）

□□□□□□□

(5) ――線④「おばあさんの望みどおりに……」とありますが、周一さんは何をしてあげようと思ったのですか。次の□にあてはまる言《こと》葉《ば》を、文章中から書きぬきなさい。（20点）

父さんのかわりに□□□□が、□□□□□と□□□たちをカメラで□□こと。

5　話題《わだい》をとらえる

学習のねらい

説明文では、書かれている話題について正しくとらえることが大切です。どんなもののどんなことについて書かれているかを、正しく読み取りましょう。

勉強した日　　月　　日

ステップ1

1 次《つぎ》の文章《ぶんしょう》を読んで、あとの問《と》いに答えなさい。

アブには、ハチとおなじように、体にしまもようのあるものがいる。

ハチとにているけれど、まったくちがうなかまだ。

アブは、針《はり》をもつハチににることで、敵《てき》から身《み》をまもっているのかな。

ハチとアブは、触角《しょっかく》がずいぶんちがう形をしている。

（海野和男《うんのかずお》「アリ・ハチのなかま」）

問　どんな考えについて書かれていますか。

（　　）は（　　）をもつ（　　）ににることで、（　　）から身をまもっているのではないかという考え。

2 次の文章を読んで、あとの問いに答えなさい。

シャボン玉に、そっと顔を近づけて、よく見てみましょう。さまざまな色のもようが、くるくると動《うご》いているのが分かります。にじのようなしまもようができていることもあります。

シャボン玉は、どんな色をしているのでしょうか。また、どうして、そのような色になるのでしょうか。

（佐藤早苗《さとうさなえ》「シャボン玉の色がわり」
平成四年度版　光村図書「国語３上わかば」）

問　どんなぎ問《もん》をなげかけていますか。二つ答えなさい。

・（　　）は、（　　）をしているのだろうか。

・（　　）は、どうして、（　　）になるのだろうか。

❸ 次の文章を読んで、あとの問いに答えなさい。

あるヤドカリが、自分より少し小さなヤドカリをつかまえると、さかさまにし、貝がらの入り口に両方《りょうほう》のハサミを入れ、おもむろに自分の貝がらをあいての貝がらにぶつけはじめたのです。ヤドカリは、コツコツコツと七、八回つづけて貝がらをぶつけ、ひと休みしてから、また、コツコツコツとくりかえします。

なにをしているのかと思って見ていると、やがて、さかさまにされたヤドカリが貝がらから出てきました。おそったヤドカリは、あいてのハサミや脚《あし》をひっぱり、あいてを完全《かんぜん》に貝がらからひきずり出すと、自分がその貝がらのなかへ入ってしまったのです。

（今福道夫《いまふくみちお》「ヤドカリの海辺《うみべ》」）

問　筆者《ひっしゃ》が見たのはどんな場面《ばめん》ですか。

（　　　）があいての（　　　）や脚をひっぱって、あいてを完全に（　　　）からひきずり出し、自分がそのなかに入ってしまった場面。

❹ 次の文章を読んで、あとの問いに答えなさい。

キツネは巣穴《すあな》で子育《こそだ》てをします。でも巣穴をもつのは雌《めす》ギツネだけです。巣穴をもたない雄《おす》は、子育ての時期《じき》だけやってきて、雌といっしょに子育てをします。そして育児《いくじ》が終《お》わると放浪《ほうろう》の旅《たび》にでてしまいます。そのあと、ひとりで巣穴を守《まも》らなくてはならない雌は大いそがしです。一匹《いっぴき》の雌ギツネがもっている巣穴は、三〇〇～五〇〇メートルの間隔《かんかく》で四～八カ所《しょ》。こわれた所《ところ》を修理《しゅうり》し、ひと部屋《へや》建《た》てましをしたいなどと思ったら、三日がかりの穴掘《あなほ》りになります。

（竹田津実《たけたづみのる》「キタキツネのおかあさん」）

(1)　どんな話題について書かれていますか。

□□□の□□□について。

(2)　一匹の雌ギツネはどんな巣穴をもっていますか。

（　　）～（　　）メートルの間隔で（　　）～（　　）カ所。

ステップ2

1 次《つぎ》の文章《ぶんしょう》を読んで、あとの問《と》いに答えなさい。

正月には、一年の始《はじ》まりをいわい、その年の安《あん》全《ぜん》と幸福《こうふく》をいのる祭《まつ》りや行事《ぎょうじ》をします。

わたしたちだけではなく、世界《せかい》の人々も新しい年をむかえるにあたって、さまざまな祭りや行事を行ってきました。その中には、どのような祭りや行事があるのでしょうか。

まず、悪霊《あくりょう》などを追《お》いはらう祭りや行事があります。

中国では、ばく竹や花火を鳴らして、悪霊を追いはらいます。また家々では、新年の前に、戸口やまどに細長い赤いぬの切れをはってすきまをふさぎ、悪霊が入りこまないようにします。

中国南部《なんぶ》などに住《す》んでいるミャオ族《ぞく》は、ちりやほこりの中に悪霊がいるとしんじています。そこで、家のほこりをはき集《あつ》め、前もって木のみきのまわりにはりめぐらしておいたなわのそばに、このほこりをおきます。人々はこのなわの内外をとんで出たり入ったりします。こうすると、ほこりの中から出てきた悪霊も、追いかけるのをあきらめてしまうというのです。

日本では、げんかんに「しめなわ」とよばれるなわをはる習《しゅう》かんがあります。「しめなわ」はわらで作られ、白い紙のかざりがついています。これも、悪霊を家の中に入れないためのおまじないです。（中略《ちゅうりゃく》）

もう一つ、いくつかの国で行われている行事に、新年にはじめて水をくみ上げる「わか水くみ」があります。この「わか水」という水は、あの世《よ》からわき出る「生命《せいめい》の水」としんじられていて、それを飲《の》んだり、体や室内にふりかけたりすると、すべてが生まれかわると考えられています。

イギリスでは、新年の朝早く、子どもたちが井《い》戸《ど》の水をくんできて、家族《かぞく》や家の中にふりかけます。

日本でも、沖縄県《おきなわけん》のある土地では、子どもたちがわか水を持《も》って、「わか水をさし上げましょう。」と、家々を回ります。家々では、その水を家族一人一人のひたいにつけます。命の水であるわか水をひたいにつけて、その人の命を新しくするという考えがあるのです。

　このように、新しい年をむかえるために、世界じゅうでさまざまな祭りや行事が行われてきました。その中には、よくにた祭りや行事も見られます。国や地いきはかわっても、人々が年の始まりにねがう気持《きも》ちにかわりがないことが、よく分かるのではないでしょうか。

（井本英一《いもとえいいち》「新年の祭り」　平成十四年度版　学校図書「みんなと学ぶ小学校国語三年下」）

(1) この文章は、どんな話題《わだい》について書かれていますか。（15点）

□□に行われる□□や□□について。

(2) (1)の話題について、まず、どんなことについて説明《せつめい》していますか。（15点）

（　　）などを追いはらう（　　）や（　　）について。

(3) (2)について、どんな国や地いきの例《れい》をあげていますか。三つ答えなさい。（15点）

□□・□□□□・□□

(4) (1)の話題について、もう一つ、どんなことについて説明していますか。五字で答えなさい。（20点）

□□□□□

(5) (4)について、どんな国や地いきの例をあげていますか。二つ答えなさい。（15点）

□□□□・□□の□□□□

(6) 筆者《ひっしゃ》は、この文章の話題から分かることについて、どのように書いていますか。（20点）

（　　）や（　　）はかわっても、
人々が（　　）に（　　）気持ちに
かわりがないことがよく分かるのではないか。

ステップ３

勉強した日　月　日

時間 25分　合かく点 70点　とく点　点

1 次《つぎ》の文章《ぶんしょう》を読んで、あとの問《と》いに答えなさい。

うめの花がさいた。

けれど渡辺《わたなべ》さんの家のうら手は、いつまでも雪がのこっている。

北の斜面《しゃめん》で日あたりがわるい。それに、①そこは大きなクスノキがあって、日のあたる午後になってもかげをつくるから、いつまでも雪はとけきらないのだ。

冬はクスノキの下をスタートラインにして、ソリですべるとおもしろい。

②けいしゃのある畑《はたけ》が、なんだんにもつながっているので、とちゅうでボンボンジャンプする。スピードもでて、スリルまんてんだ。

しかし、この冬は、渡辺さんのゲレンデ*で、かぞえるほどしかすべらなかった。

はっきりしたりゆうは、太一《たいち》にも、ほかのみんなにもない。けれど、渡辺さん一家が昨年《さくねん》くれにひっこしてから、なんとなくこのゲレンデは、人気がなくなった。

クスノキの下の雪は、春風がまいあげた土ぼこりで、うす黒くよごれている。

やせていくにしたがって、雪は岩石のようにかたくこおっていく。いつもの年もおそくまでのこっているが、③太一には今年はとくべつなような気がした。

渡辺さんの家だけではなくて、村では生活がなりたたなくなって、町や都会《とかい》に出ていった家が、なんげんもある。

やねの上にも庭《にわ》にも、やはりそこは雪がいつまでものこっていて、春のおとずれがおそいような気分にさせられた。

クスノキの下の黒い雪もすっかりとけて、サクラの花がちりはじめたころ、一年生になったばかりの直人《なおと》が、ハアハアいいながら、家のなかにかけこんできた。

「にいちゃんにいちゃん、あながあるぞ。あな、みつけたぞ。」

ぼうずあたまの下の目をくりくりさせて、つばをごくんとのみこんだ。

「なんだ、あなぐらいで。それがどうした。」

④太一は三年生なので、すこしもおどろかないというへんじをしてみせた。

（最上一平《もがみいっぺい》「あな」）

＊ゲレンデ＝スキー場にある斜面。

(1) この文章にえがかれている季節《きせつ》はいつですか。次からえらび、記号《きごう》で答えなさい。（10点）

ア 春のはじめ　イ 真夏《まなつ》

ウ 秋の終わり　エ 冬のはじめ

（　　）

(2) ——線①「そこ」とはどこですか。（20点）

□□□□□□の□□□

(3) ——線②「けいしゃのある畑が……」とありますが、このときの様子《ようす》がよくわかる言葉《ことば》を、文章中から七字で書きぬきなさい。（20点）

(4) ——線②「けいしゃのある畑」のことをべつの言い方で表《あらわ》している言葉を、文章中から九字で書きぬきなさい。（20点）

□□□□□□□□□

(5) ——線③「太一には……」とありますが、どうしてこのように感《かん》じたのですか。次からえらび、記号で答えなさい。（10点）

ア その年がとても寒《さむ》かったから。

イ ソリがなかなかうまくならなかったから。

ウ 村を出ていった家がなんげんもあったから。

エ 三年生になって、学校がいそがしかったから。

（　　）

(6) ——線④のときの太一の気持《きも》ちを次からえらび、記号で答えなさい。（20点）

ア あなのことはとっくに知っている。

イ 弟にあわてたところを見せたくない。

ウ あなには少しもきょうみがない。

エ 弟の言うことはしんじられない。

（　　）

6 段落《だんらく》の関係《かんけい》をつかむ

学習のねらい
文章は、段落という文のまとまりからできています。文章の内容を正しく読み取るためには、段落と段落の関係を正しくとらえることが大切です。

勉強した日　月　日

ステップ1

1 次《つぎ》の文章《ぶんしょう》を読んで、あとの問《と》いに答えなさい。

[1] 犬は、かしこく、活発《かっぱつ》で、人間となかよくなれる動物《どうぶつ》です。

[2] ペットとしてかわいがられる犬もいます。また、けいさつ犬などのように、人間のためにはたらく犬もいます。はたらく犬は、動物としての特長《とくちょう》を生かしたり、おさえたりして、訓練《くんれん》された犬なのです。

（吉原順平《よしはらじゅんぺい》「もうどう犬の訓練」　平成十二年度版　東京書籍「新しい国語三下」）

問　段落《だんらく》[2]は、段落[1]に対《たい》し、どんな関係《かんけい》ですか。次から正しいものをえらび、記号《きごう》で答えなさい。

ア　反対《はんたい》の内容《ないよう》をのべている。
イ　話題《わだい》をかえている。
ウ　ぎ問をのべている。
エ　例《れい》をあげて説明《せつめい》している。

（　　）

2 次の文章を読んで、あとの問いに答えなさい。

[1] ノミという虫を知っていますか？　人や動物の血《ち》をすう、小さな虫です。

[2] そのノミは、自分の体の百倍《ばい》も高くとび上がり、百五十倍も遠くへとぶことができます。

[3] もし、ノミが人間ほどの大きさで同じくらいとべるとしたら、高くて大きなビルも、ひととびにできることになります。

（加古里子《かこさとし》「宇宙《うちゅう》」）

問　次の①～③は、[1]～[3]のどの段落について説明したものですか。それぞれ、段落番号《ばんごう》で答えなさい。

①　仮定《かてい》の話でさらに説明している。（　　）
②　話題について、説明している。（　　）
③　たずねる形で、話題を出している。（　　）

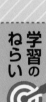

❸ 次の文章を読んで、あとの問いに答えなさい。

[1] 月を、毎日見ていると、だんだんまるくなったり、欠《か》けて、細くなったりするのがわかります。そして、約《やく》一か月ごとに、このような満《み》ち欠けをくりかえすことにも、気づきます。

[2] これは、月が、およそ一か月かかって、地球《ちきゅう》のまわりを一周《いっしゅう》しているためにおこります。

[3] 月は、自分では光らずに、太陽《たいよう》に照《て》らされた部分《ぶぶん》が、光って見えています。地球から見ていると、月の動《うご》きによって、照らされた部分の広さが変《か》わるため、満ち欠けして見えるのです。

（藤井《ふじい》 旭《あきら》「星をさがそう」）

問 段落[2]・[3]は、段落[1]に対し、どんな関係ですか。次から正しいものをえらび、記号で答えなさい。

ア 自分の考えをのべている。
イ 理由《りゆう》を説明している。
ウ 別《べつ》の意見《いけん》をのべている。
エ 別の例をあげている。

（　　）

❹ 次の文章を読んで、あとの問いに答えなさい。

[1] もぐらが「トンネルほりの名人」といわれていることを知っていますか。

[2] もぐらは、体長が十～十五センチメートル、体重《たいじゅう》は百グラムほどの小さな動物《どうぶつ》です。

[3] そんなもぐらが、どうして、「トンネルほりの名人」といわれているのでしょう。

（手塚《てづか》 甫《はじめ》「トンネルほりの名人」
平成四年度版　大阪書籍「小学国語３上」）

問 次の①～③は、[1]～[3]のどの段落について説明したものですか。それぞれ、段落番号で答えなさい。

① 話題について、数字を使《つか》って具体的《ぐたいてき》に説明している。（　　）

② たずねる形で、話題を出している。（　　）

③ 話題について、それはなぜかとぎ問《もん》を投《な》げかけている。（　　）

ステップ2

時間 25分
合かく点 70点
とく点　　点

勉強した日　月　日

1 次《つぎ》の文章《ぶんしょう》を読んで、あとの問《と》いに答えなさい。

1 ヤドカリは、まき貝のからの中にすんでいます。貝がらは大きくなりません。それで、ヤドカリは、①体の成長《せいちょう》に合わせて、なんどかすみかえをします。そのとき、空の貝がらに入ることもありますが、ほかのヤドカリの貝がらにすみかえることが多いのです。どうやってすみかえるのでしょう。

2 海べで、一ぴきのヤドカリをかんさつしました。

3 このヤドガリは、もう一ぴきのヤドカリに出会いました。相手《あいて》は、貝がらの中にかくれました。相手のからは、体よりも少し大きめです。

4 はじめ、このヤドカリは、相手の貝がらを回したり、入り口にはさみをつっこんだりしました。②貝がらの大きさや、きずを調《しら》べているようです。

5 [③]、相手の貝がらの入り口にはさみを入れて、自分の貝がらをなんどもぶつけました。そして、相手が貝がらから出ると、すばやく、そのからの中に入っていきました。相手のヤドカリは、入れちがいに、空になった貝がらの中に入りました。

6 ヤドカリは、このように、自分の体の大きさに合った貝がらのヤドカリを見つけると、そのヤドカリと入れかわるようにしてすみかえるのです。

（今福道夫《いまふくみちお》「ヤドカリのすみかえ」　平成十二年度版　光村図書「国語3上わかば」）

(1) この文章は、どんな話題《わだい》について書かれていますか。(10点)

[　　　　] の [　　　　] について。

(2) ヤドカリは、どこにすんでいますか。(15点)

（　　　　　　　　）

(3) ――線①「体の成長に合わせて、……」とあ

りますが、ヤドカリがそのようにするのはなぜですか。(10点)

ヤドカリのすんでいる□が、

□ならないから。

(4) ——線②「貝がらの大きさや、……」とありますが、これはどんなことが書いてある文ですか。次からえらび、記号《きごう》で答えなさい。(10点)

ア　筆者《ひっしゃ》が見たこと。

イ　筆者が考えたこと。

ウ　筆者が人から聞いたこと。

エ　筆者が実際《じっさい》にしたこと。

（　　）

(5) ③にあてはまる言葉を次からえらび、記号で答えなさい。(15点)

ア　ところで　　イ　しかし

ウ　たとえば　　エ　次に

（　　）

(6) ヤドカリがすみかえをするのは、どんなときですか。(10点)

自分の□に合った

□のヤドカリを見つけたとき。

(7) 次の説明にあてはまる段落《だんらく》を、それぞれ1～6の段落番号で答えなさい。(30点)

① 結論《けつろん》を出し、文章全体《ぜんたい》をまとめている。

② 話題を出し、疑問《ぎもん》を投《な》げかけている。

③ 調べるために、自分がしたことを書いている。

④ 調べてみて、自分が見たことを書いている。

①（　　）　②（　　）　③（　　）

④（　　）・（　　）・（　　）

7 理《り》由《ゆう》を考える

学習のねらい

物語でも説明文でも、文章の中に理由が書かれている場合があります。「そこで」「だから」「〜からです」などの言葉に注意して、理由を正しく読み取りましょう。

勉強した日　月　日

ステップ1

1 次《つぎ》の文章《ぶんしょう》を読んで、あとの問《と》いに答えなさい。

はじめてひとりで町へいくマサルが、この木の下をとおった。

こむぎこと、しょうゆがなくなった。丸太を売らなければならない。

アオのひづめも、のびた。

母《かあ》ちゃんは、かぜでねつがある。

「ぼくがいく。」

マサルが、きめた。

（加藤多一《かとうたいち》「はるふぶき」）

問　——線「ぼくがいく」とありますが、マサルがこのようにきめた理由が書いてある部分《ぶぶん》の、初《はじ》めと終《お》わりの四字を書きなさい。

□□□□ 〜 □□□□

2 次の文章を読んで、あとの問いに答えなさい。

かにの兄さんとじゃんけんすると、りょうほうともはさみなので、いつまでやっても「あいこでしょ！」

でも、兄さんのはさみのほうが、ちょっと大きいので、なんだか、兄さんのほうが、強いような気がしてしまいます。

そこで、かにの子どもは、すなはまをさんぽしながら、いろんなあいてとじゃんけんをすることにしました。

（工藤直子《くどうなおこ》「じゃんけんぽん」平成四年度版　教育出版「新版国語3上」）

問　りょうほうはさみであいこだったのに、かにの子どもより、かにの兄さんのほうが、じゃんけんが少し強いような気がしたのはなぜですか。

兄さんの（　　　）のほうが、ちょっと（　　　）から。

3 次の文章を読んで、あとの問いに答えなさい。

ミズナラの林では、私《わたし》の大好《す》きな花、エゾノエンゴサクの紫《むらさき》の群落《ぐんらく》があちこちに登場《とうじょう》します。そこで、少しいただこうと出かけたら、先客《せんきゃく》がありました。

シマリスです。両手《りょうて》でうす紫の花をつつみこむようにして、つぎつぎと食べています。

20分間もまったのに、まだ終《お》わりません。近づくと、しぶしぶと、すぐそばのミズナラの古木の向《む》こうに消《き》えました。

メスでした。「そうだ、冬眠《とうみん》が終わったのだ」と、わたしはつぶやいていました。

（竹田津実《たけたづみのる》「シマリス」）

問　――線のように思ったのはなぜですか。

□□□□□□で、

□□□□のすがたを見かけたから。

4 次の文章を読んで、あとの問いに答えなさい。

関東《かんとう》地方では3月上旬《じょうじゅん》になると、ヒキガエルたちの＊産卵《さんらん》がはじまります。地中の温度《おんど》が6℃《ど》をこすと冬眠から目ざめたヒキガエルたちが、産卵のために生まれ故郷《こきょう》の池にもどってきます。オスは、毎年、池にもどってきますが、メスは、2～3年ごとにしかもどってきません。そのため、ヒキガエルが産卵する池では、オスのほうがメスより2～3倍《ばい》も多くなります。

（小田英智《おだひでとも》「カエル観察《かんさつ》ブック」）

＊産卵＝卵《たまご》を産《う》むこと。

(1) ヒキガエルたちは、何のために生まれ故郷の池にもどってくるのですか。

（　　　）のため。

(2) ――線とありますが、これはなぜですか。

ヒキガエルのオスは、（　　　）、池にもどってくるが、メスは、（　　　）にしかもどってこないから。

ステップ2

時間	合かく点	とく点
25分	70点	点

勉強した日　月　日

1 次《つぎ》の文章《ぶんしょう》を読んで、あとの問《と》いに答えなさい。

ここに、かなだけで書いた文章があります。

うんどうかいのかいしはごぜんはちじさんじっぷんです。うてんのばあいはちゅうしになります。

この文章は、漢字《かんじ》をつかうと、次のように書き直すことができます。

運動会《うんどうかい》の開始《かいし》は午前八時三十分です。雨天の場合は中止になります。

この二つの文章を読みくらべてみましょう。①漢字をまぜた文章のほうが読みやすくなったと思いませんか。

それは、漢字とかな、二種類《しゅるい》の文字がまざったことで、見た目に変化《へんか》があり、意味《いみ》の切れ目が分かりやすくなるからです。

漢字は、古く中国から日本に伝《つた》わりました。そのころ、日本には文字がありませんでしたので、人びとは、漢字を用いて文章を書くようになりました。ですから、②初《はじ》めは、漢字だけで文章を書いていたのです。

でも、③それだけで日本語を書き表《あらわ》すのには、不《ふ》便《べん》な点があります。そのころは、たとえば、「はな（花）」は「波奈《はな》」のように書いていました。つまり、今のわたしたちがかなをつかうようにして、漢字をつかっていたのです。書くのに手間がかかり、めんどうだったことでしょう。それに、漢字だけで書いた文章は、読みにくかったにちがいありません。

④そのようなことから、漢字をもとにして考え出されたのがかなです。かなには、ひらがなとかたかながあります。ひらがなは、漢字をくずして書いたものから作られ、かたかなは、おもに、漢字の一部分《いちぶぶん》を取《と》り出して作られました。

漢字にかなをまぜて書くと、読み書きがたいへん便利《べんり》になりました。そして、⑤長い間、漢字にかなをまぜた書き方をしてきたのです。

（林《はやし》　四郎《しろう》「漢字の働《はたら》き」平成四年度版　東京書籍「新しい国語三上」）

(1) ——線①「漢字をまぜた……」とありますが、このように思えるのはどうしてですか。(20点)

□□と□□の二種類の文字がまざったことで、見た目に□□があり、□□□□□□が分かりやすくなるから。

(2) ——線②「初めは、……」とありますが、これはなぜですか。(15点)

□□が□□から伝わったとき、日本には□□がなかったから。

(3) ——線③「それ」とは何ですか。二字で答えなさい。(5点)

□□

(4) ——線④「そのようなこと」とは、どのようなことですか。二つ答えなさい。(20点)

・漢字だけでは、書くのに（　　）がかかり、（　　）だったこと。

・漢字だけで書いた（　　）は、（　　）にちがいないということ。

(5) ひらがなとかたかなは、それぞれどのようにして作られましたか。(20点)

・ひらがな

漢字を（　　）から作られた。

・かたかな

おもに、（　　）を取り出して作られた。

(6) ——線⑤「長い間、……」のようになったのは、どうしてですか。(20点)

（　　）に（　　）をまぜて書くと、（　　）がたいへん（　　）になったから。

ステップ3

1 次《つぎ》の文章《ぶんしょう》を読んで、あとの問《と》いに答えなさい。

時間	25分
合かく点	70点
とく点	点

勉強した日　月　日

1 いったい、地球《ちきゅう》上で、海と陸《りく》とでは、どちらが広いのでしょうか。それは海です。海は、地球の表面《ひょうめん》の十分の七をしめているのですから、海のほうが、陸地よりはるかに広いのです。

2 広いだけではありません。陸地でいちばん高い所《ところ》は、エベレストという山のいただきの、八千八百メートルあまりですが、太平洋《たいへいよう》の中にある、海でいちばん深《ふか》い所は、一万一千メートル近くもあるのです。

3 また、もし陸地をけずって海をうめたとしたら、地球全体《ぜんたい》は、深さ二千四百メートルの海になってしまうことが、計算されています。

4 この広くて深くて大きな海を、人間は、昔《むかし》から、いろいろなことに使《つか》ってきました。

5 まず第一《だいいち》に、海にすむ魚や貝、海草などを取《と》って、食べ物《もの》にしてきました。

6 第二に、船をうかべて、ほかの土地と行き来をしたり、重《おも》い物を運《はこ》んだりしました。ほかの国の人と品物《しなもの》を売り買いするのにも、船にのせて、海の上を運びました。

7 第三に、海水の中にふくまれているいろいろな物を、取り出して使ってきました。たとえばしおです。陸地全体を百五十メートルのあつさでおおってしまうほどたくさんのしおが、海水にとけています。人間は、昔から、①それを取り出して使ってきました。海水には、そのほか、金・銀《ぎん》・どう・なまり・アルミニウムなどもふくまれています。

8 海のそこには、石油《せきゆ》や石炭《せきたん》などもうずまっています。ダイヤモンドや鉄《てつ》などがあることも分かってきました。ですから、②これらをほり取って使うことがこころみられています。

9 また、海水から真水《まみず》を取ったり、しおの流《なが》れや波《なみ》の動《うご》きで電気を起《お》こしたりする研究《けんきゅう》も進《すす》み、次々に、人間の生活に役立《やくだ》てられるようになりました。

[10] けれども、海の中へ太陽《たいよう》の光がとどくのは、わずか二百メートルぐらいの深さまでです。そこから先は、真《ま》っ暗《くら》なやみの世界《せかい》です。その上、深くなればなるほど、海水のあつ力が大きくなります。ですから、③深い海の中をしらべたり、そこで仕事《しごと》をしたりするのは、地上にくらべて、大へんむずかしく、ふべんです。

（加古里子《かこさとし》「ひらけていく海」　平成十二年度版　学校図書「みんなと学ぶ小学校国語三年上」）

(1) 海と陸について、次のことをくらべている段落《だんらく》を、それぞれ[1]～[10]の段落番号《ばんごう》で答えなさい。（15点）

① 高い所と深い所 ……（　　）
② 全体の大きさ ……（　　）
③ 広さ ……（　　）

(2) [4]段落の内容《ないよう》を受《う》けて、海の使い方について次のことをのべている段落を、それぞれ[1]～[10]の段落番号で答えなさい。（15点）

① 海水にふくまれている物を使う。（　　）
② 行き来したり、物を運んだりする。（　　）
③ 海にすむものを取って食べる。（　　）

(3) ――線①「それ」とは何ですか。二字で答えなさい。（10点）

(4) ――線②「これら」とは何ですか。（20点）

海のそこにある（　　）や（　　）や、（　　）や（　　）など。

(5) ――線③「深い海の中を……」とありますが、これはどうしてですか。（20点）

・海の中へ（　　）がとどくのは、わずか二百メートルぐらいの深さまでで、そこから先は真っ暗な（　　）だから。
・（　　）なればなるほど、海水の（　　）が大きくなるから。

(6) この文章を三つの大きなまとまりに分ける場合、三番目が[10]段落とすると、二番目はどの段落から始《はじ》まりますか。[1]～[10]段落番号で答えなさい。（20点）

（　　）

8 気《き》持《も》ちを読み取《と》る

学習のねらい

物語を読むときは、登場人物の気持ちを読み取ることが大切です。人物の行動や言葉や表情、場面の様子などから、気持ちを正しく読み取りましょう。

勉強した日　月　日

ステップ1

1 次《つぎ》の文章《ぶんしょう》を読んで、あとの問《と》いに答えなさい。

すると、とつぜん、運転手《うんてんしゅ》は、だれにもききとれないような、小さな声で、

「あっ！」

と、さけぶなり、いきなり、ブレーキをかけた。

電車は、がたん、げくんと、大きくゆれて、とまった。

（花岡大学《はなおかだいがく》「とまった電車」）

問 ――線「あっ！」とさけんだときの、運転手の気《き》持《も》ちを次から一つえらび、記号《きごう》で答えなさい。

ア がっかりしている。　イ おこっている。
ウ びっくりしている。　エ ほっとしている。

（　）

2 次の文章を読んで、あとの問いに答えなさい。

二学期《にがっき》になって教室のせきじゅんがかわりました。

タカシは、ミドリとならぶようになりました。

「あたし、がっかりだわ……。」

ミドリは、タカシのほうをちらっとみて、うしろのせきのマリ子にいいました。

タカシは、［　］しました。

「ぼくのほうだって、がっかりさ。」

もう少しで、そういいそうになりました。


（大石《おおいし》 真《まこと》「タカシとミドリ」）

問 ［　］にあてはまる言葉《ことば》を次からえらび、記号で答えなさい。

ア はっと　イ ほっと
ウ そっと　エ むっと

（　）

❸ 次の文章を読んで、あとの問いに答えなさい。

寒《さむ》い風をはらんだテントがハタハタと鳴って、サーカス小屋《ごや》は、まるで海の上を走るほかけ船のようだった。

ライオンのじんざは、年取《としと》っていた。ときどき耳をひくひくさせながら、テントのかげの箱《はこ》の中で、一日じゅうねむっていた。ねむっているときは、いつもアフリカのゆめを見た。ゆめの中に、お父さんやお母さんや兄さんたちがあらわれた。草原の中を、じんざは風のように走っていた。

（川村《かわむら》たかし「サーカスのライオン」平成十四年度版　東京書籍「新しい国語三下」）

問　ライオンのじんざの様子《ようす》からわかる気持ちを次からえらび、記号で答えなさい。

ア　もっとサーカスで活やくしたい。
イ　アフリカでの生活がなつかしい。
ウ　サーカスに来て本当によかった。
エ　サーカスのお客《きゃく》が気にいらない。

（　　）

---

❹ 次の文章を読んで、あとの問いに答えなさい。

あてなは水野《みずの》ゆいさま、さし出し人のところには、水野すみ、とかいてあります。

それを見たゆいの黒目は、半分だけ上まぶたにかくれました。おそるおそる、ハガキをうらがえしてみて、かんぜんに白目になりました。

そこにはこうかいてあったのです。

「明けるという字は、もう学校で教わったのではないですか。つかわないとおぼえませんよ。」

それはおばあちゃんに出した、年賀状《ねんがじょう》のことのようでした。

（まはら三桃《みと》「ひなまつりのお手紙」）

問　——線から、ゆいのどんな気持ちがわかりますか。次からえらび、記号で答えなさい。

ア　おばあちゃんのことがなつかしい。
イ　おばあちゃんのことが心配《しんぱい》だ。
ウ　おばあちゃんの言葉がうれしい。
エ　おばあちゃんの言葉がショックだ。

（　　）

ステップ2

時間 25分
合かく点 70点
とく点 点

勉強した日 月 日

1 次《つぎ》の文章《ぶんしょう》を読んで、あとの問《と》いに答えなさい。

ごんじいは、おもちゃ屋《や》さんでした。おもちゃをつんだ車を引いて、あっちこっちのお祭《まつ》りに行って、おもちゃを売るのが仕事《しごと》でした。

今日は、山のむこうの村でお祭りです。風にのって、笛《ふえ》やたいこの音が聞こえてきます。

「うんうん、いつ聞いてもいい音じゃのう。」

①ごんじいはとうげに着《つ》くと、やれやれとひと休みしました。そのときです。

（ほっ、きつねの子どもじゃ。）

やぶのかげで、一ぴきのきつねが、くるんとちゅう返《がえ》りをしています。

（人間なんぞに化《ば》けて、お祭りにでも行きたいんじゃやな。）

そこで、ごんじいは言いました。

「さて、そろそろ出かけようか。②だれか、いっしょに行ってくれる子どもでもいるといいんじゃが……。」

すると、待《ま》っていたように、一人の男の子が走り出てきました。

「ごんじい、いっしょに行こう。」

「うんにゃ？」

ごんじいは、③目をぱちくりしました。

だって、体や手や足は人間の子どもなのに、顔だけきつねの男の子が、「どうだい！」というように、立っていたからです。

（くふっ、うまく化けられないんじゃ。いいわい、だまされたふりをしてあげようかのう。）

そこで、ごんじいは言いました。

「ほい、だれかと思ったら、村の子か。で、名前は何というんじゃやな？」

「こん！　あっ、ちがった。ええと……、こうたじゃ。」

「こうたか。うん、いい子じゃやな。」

（だが、このままではなあ……。）

ごんじいは、車につんだ箱《はこ》の中から、きつねのおめんを取《と》り出しました。

「④さあ、このおめんをかぶっていこうかな。うん、にあうにあう。」

神社《じんじゃ》につづく道には、もうたくさんのお店がならんでいました。

「やあ、ごんさん。きょうはおまごさんといっしょかね。」

「くふっ、ぼくのことおまごさんだって……。」

こうたは、［⑤］言いました。

（こわせ・たまみ「きつねをつれて村祭り」　平成十二年度版　大阪書籍「小学国語３上」）

(1) ——線①のときのごんじいの気持《きも》ちを次からえらび、記号《きごう》で答えなさい。(20点)

ア きつねがどこにいるか、さがしている。
イ お祭りに行くかどうか、まよっている。
ウ おもちゃが売れるか、心配《しんぱい》している。
エ 目的地《もくてきち》が近づき、ほっとしている。

（　　）

(2) ——線②のときのごんじいの気持ちにあてはまるものを次からえらび、記号で答えなさい。(20点)

ア 子ぎつねをこらしめてやりたい。
イ 子ぎつねのねがいをかなえてやりたい。
ウ お祭りでおもちゃをたくさん売りたい。
エ 一人で仕事をするのはしんどい。

（　　）

(3) ——線③からわかるごんじいの気持ちを次からえらび、記号で答えなさい。(20点)

ア よろこんでいる。　イ びっくりしている。
ウ おこっている。　エ 悲《かな》しんでいる。

（　　）

(4) ごんじいは、なぜ——線④のように言ったのですか。(20点)

おめんをかぶらないと、（　　）が（　　）だということがばれてしまうから。

(5) ［⑤］にあてまる言葉を次からえらび、記号で答えなさい。(20点)

ア つまらなそうに　イ うれしそうに
ウ ふしぎそうに　エ 悲しそうに

（　　）

9 せいかくを読み取《と》る

学習のねらい

物語の登場人物は、それぞれことなったさまざまなせいかくをもっています。登場人物の言葉や行動からせいかくを読み取りましょう。

勉強した日　月　日

ステップ1

1 次《つぎ》の文章《ぶんしょう》を読んで、あとの問《と》いに答えなさい。

しらかば林のおくのあなの中で、きつねの子が二ひき生まれた。

①ぼうやぎつねは元気《げんき》者《もの》。よちよち歩いて外へ出る。

②めすのちびこぎつねはあまえんぼ。いつまでも、母さんぎつねのおっぱいからはなれない。

（高橋宏幸《たかはしひろゆき》「チロヌップのきつね」平成八年度版　学校図書「小学校国語三年下」）

問　――線①「ぼうやぎつね」、――線②「めすのちびこぎつね」のせいかくを、それぞれ答えなさい。

①

②

2 次の文章を読んで、あとの問いに答えなさい。

ゆうべのかあちゃんのうらないによると、きょうのぼくの運勢《うんせい》は大吉《だいきち》。吉方《きっぽう》は北北西。「七《なな》つが池は？」ってきいたら、とうさんが地図をひろげてたしかめてくれた。そしたらなんと、七つが池はぼくの家からばっちり北北西の方角なんだ。

「やったあ、やったあ。」

ぼくはふとんの上でなんどもバクテンをきめた。

「やったあ、やったあ。」

まったく関係《かんけい》ない、弟のタケまでがでんぐりがえしをくりかえした。

（八束澄子《やつかすみこ》「はなまる日曜日」）

問　弟のタケのせいかくとしてあてはまるものを、次からえらび、記号《きごう》で答えなさい。

ア　きまじめ　　イ　おとなしい

ウ　お調子者《ちょうしもの》　　エ　おこりっぽい

（　　）

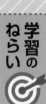

❸ 次の文章を読んで、あとの問いに答えなさい。

あそびすぎて、気がつくともう夕ぐれでした。さよならをいうと、昭代《あきよ》ちゃんは、みんなとわかれてかけだしました。こうえんの林をぬけると近道です。ちょっとこわかったけれど、おもいきって林の道へはしりました。

するとそこで、ひとりの女の子がないているのです！

こんなじかんに、こんなところで……。きみがわるかったけれど、その子がじぶんよりもっと小さな子だったので、昭代ちゃんはたずねてやりました。

——どうしたの？

（今江祥智《いまえよしとも》「なみだをふいてこぎつねちゃん」）

問　昭代ちゃんはどんな子ですか。次からえらび、記号で答えなさい。

ア 自分勝手《かって》でわがままな子。
イ おくびょうでひっこみじあんな子。
ウ 小さい子を気づかうやさしい子。
エ あわてんぼうで気分屋《や》の子。

（　　）

---

❹ 次の文章を読んで、あとの問いに答えなさい。

マリ子の水玉もようの服《ふく》を見たとたん、とおるは、いたずらを思いついた。

マリ子にむけて、びしょびしょの手をふり上げ、

「そら、水玉だ。水玉だぞ。」

しぶきをぱっ、ぱっとまきちらしたのだ。

新しい服をぬらされて、マリ子は、たちまち泣《な》き顔になった。

とおるは、先生からしかられ、後でマリ子に、

「ごめんね。」

とあやまった。

（森山《もりやま》 京《みやこ》「水玉」平成八年度版　東京書籍「新編新しい国語三上」）

問　とおるはどんなせいかくですか。次からえらび、記号で答えなさい。

ア わがままでけっしてあやまらない。
イ いたずらずきだが、本当はやさしい。
ウ おとなしくていつもだまっている。
エ まじめでいつも先生にほめられる。

（　　）

ステップ2

時間 25分　合かく点 70点　とく点 点

勉強した日 月 日

1 次《つぎ》の文章《ぶんしょう》を読んで、あとの問《と》いに答えなさい。

ひろしは朝ねぼうだ。起《お》こしてもなかなか起きない。

「うん、起きるよ。」

と言って起きない。お母さんは、いんきょのおじいさんに相談《そうだん》した。おじいさんは、

「よし、わしにまかしとけ。」

と言った。

明くる朝、電話のベルが鳴った。ひろしは、その音で目を覚《さ》ました。じゃんじゃん鳴る。お母さんはるすらしい。しかたなしにひろしが出た。

「もしもし、どなたですか。」

「やあ、ひろしか。いんきょのおじいだ。おはよう。もう起きたのか。えらい、えらい。朝は早く起きるのにかぎる。きれいな朝の空気をうんとすって、ぐんぐん大きくなれよ。はい、さよなら。」

あっという間に、電話は切れた。

「なんだ、用もないのに電話をかけてきて、いじわるじいさんめ。」

そうは思ったが、べつにはらを立てているわけではない。それに、えらい、えらいとほめられたので、今さらねるわけにはいかない。

まどを開《あ》けた。

さっと朝の風がふきこんできた。

うら山の緑《みどり》の葉《は》っぱが、ちかちか光って目にしみる。

「いいな、朝早く起きるのは……。」

すると、まどの下で声がする。

あきおところうだ。あきおがころうに言う。

「とってもおいしそうなさくらんぼが、いっぱいなっている木を見つけてあるんだ。すぐそこのがけの上だが、いっしょに行かないか。」

「へえ、すごいな。行こ。ひろし君《くん》もさそってやろうよ。」

「だめだよ。あいつはねぼうだから、まだぐうぐうねてるよ。」

「じゃ、起きるまで、待《ま》ってやろうよ。」

「だめ、だめ。さくらんぼは、朝つゆに冷《ひ》えているのを食べるのがいちばんおいしいのだ。ほっといて行こう。」

「そんなら行こう。」

ひろしは、あわててまどから首を出し、

「ぼくも行くよ、待ってくれ。」

とさけんだ。


（花岡大学《はなおかだいがく》「ぼうしいっぱいのさくらんぼ」平成四年度版　東京書籍「新しい国語三上」）

(1) ひろしはどんな子ですか。文章中の四字の言《こと》葉《ば》で答えなさい。（20点）

□□□□な子

(2) ――線「よし、わしにまかしとけ」とありますが、おじいさんはどんなことを「まかしとけ」と言ったのですか。（20点）

□□□を□□□こと。

(3) おじいさんはどんなせいかくですか。次からえらび、記号《きごう》で答えなさい。（20点）

ア まごにあまく、何をしてもゆるす。
イ きびしくて、すぐにおこる。
ウ まごのことに、少しも関心《かんしん》がない。
エ やさしくて、ユーモアもある。

（　　）

(4) あきおはどんなせいかくですか。次からえらび、記号で答えなさい。（20点）

ア 友だちのことをいつも第一《だいいち》に考える。
イ 友だちより自分のすきなことを大切にする。
ウ いつもまわりのことに気を使《つか》う。
エ ひとりだけで活動《かつどう》するのがすき。

（　　）

(5) ひろしはどんなせいかくですか。次からえらび、記号で答えなさい。（20点）

ア 手ぎわがよくて、てきぱきと行動《こうどう》する。
イ 自分の考えを決《けっ》してまげようとしない。
ウ 人の言うことにはかならずしたがう。
エ のんびり屋《や》だが、すなおなところもある。

（　　）

ステップ3

時間	合かく点	とく点
25分	70点	点

勉強した日　月　日

1 次《つぎ》の文章《ぶんしょう》を読んで、あとの問《と》いに答えなさい。

じんざは、古くなったおりをぶちこわして、まっしぐらに外へ走り出た。足のいたいのもわすれて、昔《むかし》、アフリカの草原を走ったときのように、①じんざはひとかたまりの風になってすっとんでいく。

思ったとおり、石がきの上のアパートがもえていた。まだしょうぼう車が来ていなくて、人々がわいわい言いながら荷物《にもつ》を運《はこ》び出している。

「中に子どもがいるぞ。たすけろ。」

と、だれかがどなった。

「だめだ。中へは、もう入れやしない。」

②それを聞いたライオンのじんざは、ぱっと火の中へとびこんだ。

「だれだ、あぶない。引き返《かえ》せ。」

後ろで声がしたが、じんざはひとりでつぶやいた。

「なあに。わしは火にはなれていますのじゃ。」

けれども、ごうごうとふき上げるほのおは階《かい》だんをはい上り、けむりはどの部屋《へや》からもうずまいてふき出ていた。

じんざは足を引きずりながら、男の子の部屋までたどり着《つ》いた。

部屋の中で、男の子は気をうしなってたおれていた。じんざはすばやくだきかかえて、外へ出ようとした。けれども、表《おもて》はもう、ほのおがぬうっと立ちふさがってしまった。

石がきの上のまどから首を出したじんざは、思わず身《み》ぶるいした。高いので、さすがのライオンもとび下りることはできない。

③じんざは力のかぎりほえた。

ウォーッ

その声で気がついたしょうぼう車が下にやってきて、はしごをかけた。のぼってきた男の人にやっとのことで子どもをわたすと、じんざは両手《りょうて》で目をおさえた。けむりのために、もう何にも見えない。

見上げる人たちが声をかぎりによんだ。

「④早くとび下りるんだ。」

だが、風に乗《の》ったほのおは真《ま》っ赤《か》にアパートをつつみこんで、火の粉《こ》をふき上げていた。ライオンのすがたはどこにもなかった。

（川村《かわむら》たかし「サーカスのライオン」 平成十四年度版 東京書籍「新しい国語三下」）

(1) ――線①から、じんざのどんな様子《ようす》がわかりますか。次からえらび、記号《きごう》で答えなさい。(20点)

ア 火事《かじ》を一度《いちど》見てみたいとねがう様子。
イ 夜の町を気持《きも》ちよさそうに走る様子。
ウ 男の子のアパートへと、大急《おおいそ》ぎで走る様子。
エ 冬の夜を寒《さむ》そうに走る様子。

（　　）

(2) ――線②から、じんざのどんな気持ちがわかりますか。次からえらび、記号で答えなさい。(20点)

ア 自分の力をみんなに見せたい。
イ しょうぼう車の仕事《しごと》を手伝《てつだ》いたい。
ウ 男の子を何としても助《たす》けたい。
エ 火事の様子をもっと近くで見たい。

（　　）

(3) ――線③で、じんざは何のためにほえたのですか。(20点)

□□□□□□をよんで□□□をわたすため。

(4) ――線④から、人々のどんな気持ちがわかりますか。次からえらび、記号で答えなさい。(20点)

ア 男の子が助かってよかった。
イ まだアパートにだれかいるかもしれない。
ウ ライオンのことがこわい。
エ 何とかじんざに助かってもらいたい。

（　　）

(5) じんざは、どんなせいかくですか。次からえらび、記号で答えなさい。(20点)

ア 引っこみじあんで気が弱い。
イ 目立ちたがりやで気が強い。
ウ 勇気《ゆうき》があってやさしい。
エ 自分勝手《かって》で落《お》ち着きがない。

（　　）

10 主題《しゅだい》をつかむ

学習のねらい

物語には、作者がもっともえがきたかったテーマ（主題）があります。物語のあらすじや登場人物の言葉や行動から、作者がえがきたかった主題を読み取りましょう。

勉強した日　月　日

ステップ1

① 次の文章《ぶんしょう》を読んで、あとの問《と》いに答えなさい。

小学校の帰り道に、見るからにあやしげな男がなにか得体《えたい》の知れない物《もの》を売っているということが時々あった。

売っている男の人が、おそらく決《けっ》して善良《ぜんりょう》なタイプの人間ではないであろうことは子ども心にもだいたいひと目で見当がついていたし、売っている物だってインチキくさい物であろうことは予想《よそう》できていた。だが、その男の前で足を止めてしまうのである。どうしてもその男がなにを売っているか見たいのである。

（さくらももこ「てきや」）

問　この文章で主題としてえがかれているのは、筆者《ひっしゃ》のどんな気持《きも》ちですか。

男が（　　　）いる物をどうしても（　　　）という気持ち。

② 次の文章を読んで、あとの問いに答えなさい。

ぼくのうちに、もうすぐ赤ちゃんが生まれる。お兄ちゃんになるなんて、そりゃはじめはうれしかった。でも、でも、どうしてなの？　ぼくのおもちゃなんてどんどんしまわれて、子ども部屋《べや》は赤ちゃんの物ばかり。

「お父さん！　ねえ、お母さん。」

だれにも、ぼくの声は聞こえない。ぼくは、とうめい人間になっちゃったのかな。

（緒島英二《おじまえいじ》「海の光」　平成十四年度版　学校図書「みんなと学ぶ小学校国語三年下」）

問　この文章で主題としてえがかれている「ぼく」の気持ちを次からえらび、記号《きごう》で答えなさい。

ア　いかり　　イ　とまどい

ウ　よろこび　エ　自信《じしん》

（　　　）

3 次の文章を読んで、あとの問いに答えなさい。

アフリカは北極《ほっきょく》とちがって、たしかにもうれつにあついところです。かくごはしていました。けれどそのあつさときたら、ぼくのかくごのたっぷり七ばいはありました。あせがながれるひまもない。だって、あせが出るのとかわくのとがいっしょなんですからね。

そんなわけでぼくはもう、むぎわらぼうしがほしくてたまらなくなりました。まっ青《さお》な空のお日さまはまっかまんまるなのに、ぼくにはそれが、まっ白いむぎわらぼうしにみえてくるんです。

—ああ、むぎわらぼうしのでっかいのがほしいなあ!

(今江祥智《いまえよしとも》「シマウマがむぎわらぼうしをかぶったら……」)

問　この文章で主題としてえがかれているのは、「ぼく」のどんな気持ちですか。

(　　　　　　)のもうれつなあつさのなかで、

(　　　　　　)がほしいとねがう気持ち。

4 次の文章を読んで、あとの問いに答えなさい。

おさびし山には一本のさくらの木がありました。

春になるとうつくしい花がさきます。でも春がすぎると、花たちは、あとかたもなくちってしまいます。

とおりかかった旅人《たびびと》が、おさびし山のさくらの木に、

「ちらない花はあるのですか。」

とききました。

おさびし山のさくらの木は、

「さいた花はかならずちります。」

そう、こたえました。

旅人はもういちどききました。

「ちった花はどこへいくのですか。」

(宮内婦貴子《みやうちふきこ》「おさびし山のさくらの木」)

問　旅人が知りたいのは、どんなことですか。

さいた花はかならず(　　　　　　)が、

ちった花は(　　　　　　)ということ。

ステップ2

時間	合かく点	とく点
25分	70点	点

勉強した日　月　日

1 次《つぎ》の文章《ぶんしょう》を読んで、あとの問《と》いに答えなさい。

「いいわ。お母さんったら、悪《わる》いことは、なんでも、あたしのせいにするんだから……」

マユミは、とがった声で言うと、急《いそ》いで家を出てしまいました。

外は、いかにも春らしい、よい天気でした。でも、①マユミは、ちっとも、楽しい気もちになれません。

マユミの前を、②今度《こんど》学校にあがったらしい女の子が、お母さんと手をつないで、歩いていくのが見えました。

その後ろすがたを見ているうちに、マユミは、自分が一年生だった時のことを思い出しました。十字路《じゅうじろ》に来た時、前の女の子が、急《きゅう》に立ちどまって、お母さんの手をつかんで、いやいやをしました。

お母さんは、こまった顔をして、いっしょうけんめい、女の子に、何か言っています。

(何を言っているんだろう?)

マユミは、すぐ、二人に追《お》いつきました。

「ね、いい子だから、ここから、一人で学校へいらっしゃいね。」

「いやっ、いやっ。」

「だって、お母さんは、おつとめでしょう。ミーコちゃんと学校へ行ったら、おくれてしまうのよ。さあ、ミーコちゃん、いい子ね。ここで、さよならしましょうね。」

「いやっ、いやっ。」

マユミの耳に、こんな、二人の話が入ってきました。

マユミは、気のどくになって、

「あたしが、つれてってあげましょうか。」

と、女の子のお母さんに、ことばをかけました。

「ああ、ありがとうございます。」

お母さんは、［③］したように、マユミの顔を見ました。

「さあ、いっしょに行きましょうね。」

マユミが手をのばすと、女の子は、④もじもじしながら、お母さんの手をはなして、マユミの手をにぎりました。

「まあ、いいことね。お姉ちゃんにつれてってもらうなんて。」

お母さんが、女の子に言いました。

女の子の小さな手をにぎりしめながら、マユミは、ふと、お母さんのあたたかい手を思い出しました。すると、さっきまでの、とがった気もちが、やさしくほぐれていくように思えました。

（大石《おおいし》真《まこと》「お母さんの手」平成四年度版　教育出版「新版国語3上」）

(1) ――線①のマユミは、どうして楽しい気もちになれないのですか。(20点)

（　　　）と言いあらそいをして、急いで（　　　）を出てしまったから。

(2) ――線②の様子《ようす》を見て、マユミはどんなことを思い出しましたか。(20点)

（　　　）

(3) ③ にあてはまる言葉《ことば》を、次からえらんで記号《きごう》で答えなさい。(20点)

ア じっと　イ はっと

ウ ほっと　エ むっと

（　　　）

(4) ――線④から、女の子のどんな様子がわかりますか。次からえらび、記号で答えなさい。(20点)

ア いやがっている。　イ はずかしがっている。

ウ おこっている。　エ よろこんでいる。

（　　　）

(5) この文章の主題《しゅだい》はどんなことですか。次からえらび、記号で答えなさい。(20点)

ア お母さんに対《たい》するマユミの不満《ふまん》と、その理由《りゆう》。

イ わがままな女の子と、それに手をやくお母さんの苦労《くろう》。

ウ お母さんの手を思い出して、とがった気もちがほぐれていったマユミの気もちの変化《へんか》。

エ こまっている人をそのままにすることができない、マユミのやさしさ。

（　　　）

11 筆者《ひっしゃ》の考えを読み取《と》る

学習のねらい

説明文には、事実のほかに、筆者が考えたことも書かれています。文末の言い方や文章全体の構成に注意して、筆者の考えを正しく読み取りましょう。

勉強した日　月　日

ステップ1

1 次《つぎ》の文章《ぶんしょう》を読んで、あとの問《と》いに答えなさい。

どのようにしてえさを食べるのか観察《かんさつ》してみましょう。

口もとまでえさをはこぶのは、ハサミや歩脚《ほきゃく》の仕事《しごと》です。でも、えさを口もとにたぐりよせるのは、おもに小さなハサミをもった歩脚をつかっています。大きなハサミは、えさをかかえこんで、敵《てき》からえさを守《まも》る役目《やくめ》をしているようです。

（小田英智《おだひでとも》「ザリガニ観察ブック」）

問　ザリガニの大きなハサミについて、筆者《ひっしゃ》はどのように考えていますか。

（　　　）をかかえこんで、（　　　）から（　　　）を守る役目をしているようだ。

2 次の文章を読んで、あとの問いに答えなさい。

＊アイがくらしている霊長類研究所《れいちょうるいけんきゅうじょ》は、木曽川《きそがわ》のほとりのおかの上にたっています。そこは正面《しょうめん》に小さくお城《しろ》が見える、夕陽《ゆうひ》のとてもきれいなところです。アイと手をつないで運動場《うんどうじょう》からの帰り道、ふたつのかげが長くのびます。こんなとき、けっしてひとだけがとくべつな動物《どうぶつ》ではないのだなあと思います。

ひととチンパンジーのあいだには、ずいぶんたくさんの共通点《きょうつうてん》があります。

（松沢哲郎《まつざわてつろう》「ことばをおぼえたチンパンジー」）

＊アイ＝筆者が研究しているチンパンジーの名前。

問　アイと手をつないで歩く筆者は、どんなことを思っていますか。

けっして（　　　）だけが（　　　）ではないのだなあ。

3 次の文章を読んで、あとの問いに答えなさい。

七月十日夜、スズメガが花のみつをすいにくるところを写真《しゃしん》にとろうとおもって、うすくらやみの中で、じっと息《いき》をこらしてまっていました。

やがて、スズメガが花の前までとんできましたが、そのとき、とつぜんスズメガのすがたがきえてしまいました。ふしぎにおもい電燈《でんとう》をつけてみると、花の上でオオカマキリの幼《よう》虫《ちゅう》が黒い目をひからせて、がっちりスズメガをとらえているではありませんか。

こうして、カマキリが昼だけでなく、夜も活動《かつどう》していることがわかりました。

（栗林《くりばやし》 慧《さとし》「カマキリのかんさつ」）

問　スズメガの写真をとろうとした筆者がわかったことは、どんなことですか。

（　　　　　　　　　　）

---

4 次の文章を読んで、あとの問いに答えなさい。

たまたま、ボクの仕事場《しごとば》の近くを通りかかったテンは、リンゴのにおいをかぎつけて、ほしくなったにちがいありません。どこかに入り口はないかと、いろいろなところを探《さが》しまわり、天井《てんじょう》近くにある換気扇《かんきせん》に目をつけたのでしょう。木のぼりが得意《とくい》なテンにとって、そこまでかけ上がるのは、かんたんです。

こうしたテンの行動《こうどう》をみていると、野生動物は、森のなかでひっそりとくらしているようだけど、じつはちゃんと、外から人間の生活を観察しているんだなあ、と、あらためて気づかされたのでした。

（宮崎《みやざき》 学《まなぶ》「動物たちのビックリ事件簿《じけんぼ》④冬にみつかるおもしろサイン」）

問　テンの行動をみていて、筆者はどんなことに気づきましたか。

（　　　　）は、じつはちゃんと、外から（　　　　）を観察しているということ。

ステップ2

時間 25分　合かく点 70点　とく点 点

勉強した日 月 日

1 次《つぎ》の文章《ぶんしょう》を読んで、あとの問《と》いに答えなさい。

わたしたちは、さまざまな人とのつながりの中で生活しています。そして、そのときどきに、いろいろなよび方で、人をよんだり、人からよばれたりします。

たとえば、漫画《まんが》に出てくるサザエさんは、タラちゃんからは、「お母さん」とよばれます。でも、カツオくんやワカメちゃんからは、「お姉さん」とよばれます。そして、波平《なみへい》さんと舟《ふね》さんからは、「サザエ」とよばれます。

同じサザエさんなのに、このように、それぞれちがったよばれ方をします。それは、サザエさんを、だれからみるかによってちがうからです。「お母さん」は、子どもからみたよび方です。「お姉さん」は、弟や妹からみたよび方です。「サザエ」は、親からみたよび方です。家族《かぞく》の中だけでも、このように、だれからみるかによって、よび方がかわります。

では、学校の中ではどうでしょう。

ワカメちゃんは、三年二組にいます。それで、同じクラスの友だちからは、「いそのさん」、あるいは「ワカメちゃん」とよばれます。でも、ほかのクラスの友だちからは、「二組のいそのさん」とよばれます。そして、ほかの学年の人からは、「三年二組のいそのさん」とよばれます。

このように、ワカメちゃんは、学校の中では、それぞれちがったよばれ方をします。それは、ワカメちゃんを、だれからみるかによってちがうからです。

「いそのさん」、あるいは「ワカメちゃん」は、同じクラスの友だちからみたよび方です。「二組のいそのさん」は、三年生の友だちからみたよび方です。そして、「三年二組のいそのさん」は、同じ学校のほかの学年の人からみたよび方です。

このように、学校の中でも、だれからみるかによって、よび方がかわります。

わたしたちは、いつでも、同時に、たくさんの人とのさまざまなつながりの中で生活しています。そして、そのときどきに、人のよび方、よばれ方もかわるのです。

（桑原茂夫《くわばらしげお》「あなたはだれ」平成四年度版　光村図書「国語三下あおぞら」）

(1) サザエさんは、次の人からそれぞれどのようによばれていますか。（15点）

① タラちゃんから　「（　　　）」

② カツオくんやワカメちゃんから　「（　　　）」

③ 波平さんと舟さんから　「（　　　）」

(2) 同じサザエさんなのに、(1)のようによび方がちがっているのはなぜですか。（20点）

（　　　）を、（　　　）によってちがうから。

(3) 次のサザエさんのよび方は、それぞれどんな立場の人からサザエさんをみたよび方ですか。（15点）

① 「お母さん」……（　　　）からみたよび方

② 「お姉さん」……（　　　）からみたよび方

③ 「サザエ」……（　　　）からみたよび方

(4) ワカメちゃんは、次の人からそれぞれどのようによばれていますか。（20点）

① 同じクラスの友だちから　「（　　　）」、あるいは「（　　　）」

② ほかのクラスの友だちから　「（　　　）」

③ ほかの学年の人から　「（　　　）」

(5) 筆者《ひっしゃ》がこの文章でいいたかったことはどんなことですか。（30点）

わたしたちは、いつでも、（　　　）に、（　　　）とのさまざまな（　　　）の中で（　　　）していて、そのときどきに、人の（　　　）、（　　　）もかわるということ。

ステップ３

時間　25分
合かく点　70点
とく点　　点

勉強した日　月　日

1 次《つぎ》の文章《ぶんしょう》を読んで、あとの問《と》いに答えなさい。

オカヤドカリは、子孫《しそん》をのこすための場所《ばしょ》として、海辺《うみべ》を利用《りよう》していました。同じく陸《りく》にすむ①ヤシガニやオカガニ、ベンケイガニなども、オカヤドカリのように満潮《まんちょう》の海辺へやってきて、子をはなし、ひき潮《しお》の力で広い海へはこんでもらいます。

いっぽう、海にすむ多くのヤドカリにとっても、潮のみちひきで海になったり、陸になったりする海辺がくらしの場所です。そこは、波《なみ》が荒《あら》かったり、強い日ざしをあびて乾燥《かんそう》したり、高温《こうおん》になったりと、②しじゅう変化《へんか》している、きびしい環境《かんきょう》です。でも、そのためヤドカリの天敵《てんてき》となるタコも、大きな魚も、めったに近づかない、安全《あんぜん》な場所なのです。ヤドカリが食べる魚などの死体《したい》も、波ではこばれてきます。

ヤドカリがだいすきな貝がらをつくるイボニシも、その食べもののフジツボや二枚貝《にまいがい》も、海辺でくらしています。そのほか、いろいろな巻貝《まきがい》、イソギンチャク、カニなど、海辺は多くの小動物《しょうどうぶつ》にとっても、このましいすみ場所となっているのです。

③そこをうめて防波堤《ぼうはてい》や防潮堤《ぼうちょうてい》、港《みなと》などがつくられ、海と陸がへだてられたらいったいどうなるでしょう。小動物たちの生活は、大きな打撃《だげき》をうけます。

たしかに防波堤や港は、わたしたちの生活にとってひつようです。しかし、少しくふうすれば、海辺の小動物も利用できて、人間も安全にくらせるものが、つくれるのではないでしょうか。オカヤドカリだったら、海と陸を行き来できるよう通《つう》路《ろ》をつくったり、のぼりやすい石組みにしたり、というように。きまった場所で子を海にはなしているなら、④そこを避《さ》けて港をつくることだって、できるはずです。そんなことを、もっともっと考えていくひつようがあると思います。

（今福道夫《いまふくみちお》「ヤドカリの浜辺《はまべ》」）

(1) オカヤドカリは、子孫をのこすための場所としてどこを利用してきましたか。（10点）

(2) オカヤドカリや——線①の生き物は、満潮の海辺にやってきて、何をしますか。（15点）

（　　　）をはなし、（　　　）の力で広い（　　　）へはこんでもらう。

(3) 海にすむ多くのヤドカリにとって、くらしの場所はどこですか。（15点）

潮のみちひきで（　　　）になったり（　　　）になったりする（　　　）。

(4) ——線②「しじゅう変化している、……」とありますが、その具体的《ぐたいてき》な例《れい》を三つ答えなさい。（15点）

（　　　）

（　　　）

（　　　）

(5) ——線③「そこをうめて……」とありますが、このぎ問《もん》の答えを書いている一文を文章中から書きぬきなさい。（15点）

（　　　）

(6) ——線④「そこ」とはどこですか。（10点）

海辺の小動物が（　　　）を（　　　）にはなしているきまった場所。

(7) 筆者《ひっしゃ》はこの文章でどんなことをもっとものべたかったのですか。次からえらび、記号で答えなさい。（20点）

ア ヤドカリがすんでいる海辺は、きびしい環境の場所である。

イ 防波堤や港は、わたしたちの生活にとってひつようなものである。

ウ 海辺の小動物のために、防波堤や港はつくってはならない。

エ 海辺の小動物も利用でき、人間も安全にくらせるようなものを、くふうしてつくるべきだ。

（　　　）

12 物《もの》語《がたり》を読む (1)

学習のねらい

物語では、場面の様子や人物の気持ちを正しく読み取ることが大切です。「いつ、だれが、どうして」など、文章《しょう》の細かいところに気をつけて、物語を読みましょう。

勉強した日　　月　　日

ステップ 1

1 次《つぎ》の文章《ぶんしょう》を読んで、あとの問《と》いに答えなさい。

小さな駅《えき》でおりて、田んぼの中のぐねぐねまがる道を、もう何時間歩いただろうか。日の高さを見ると、たぶん、おひるはすぎているだろう。時計を持《も》ってこなかったので、正確《せいかく》な時刻《じこく》はわからない。六月のはじめだというのに、真夏《まなつ》のように暑《あつ》い。

（斉藤《さいとう》洋《ひろし》「空中メリーゴーラウンド」）

(1) 人物は何をしていますか。

（　　　　）でおりて、何時間も（　　　　）。

(2) どんなときですか。

（　　　　）のはじめの（　　　　）すぎごろ。

(3) どんな気こうですか。

（　　　　）のように（　　　　）。

---

2 次の文章を読んで、あとの問いに答えなさい。

小さい北風の子が、ひのみやぐらのてっぺんでやすんでいます。

りょうひざを、りょう手でだくようなかっこうで、夕日をながめていました。

ながいたびのとちゅうでした。

うまれてはじめての、たびでした。

町は、もも色——、いえいえのやねも、ガラスまども、林も、街路樹《がいろじゅ》も、草原も、みな、うすも色にそまっています。

（とおくまできたなあ。）

風の子は、ためいき息《いき》をほっとつきました。

（あまんきみこ「金のことり」）

問 ——線のようになっているのは、何のせいですか。

[　　　　] のせい。

3 次の文章を読んで、あとの問いに答えなさい。

からすのかんざぶろうは、汽車が大すきでした。汽車がとおるころになると、せんろのちかくにとんでいきます。

すると、

ポー

と、きてきの音がきこえて、やがて、もくもくと黒いけむりをはきながら、汽車がいきおいよくはしって来ます。

かんざぶろうは、おもいっきり大きな声で、

「カーカー。」

と、なきます。

「ばんざーい。」

といったつもりですが、からすですから、カーカーときこえるのです。

（大石《おおいし》 真《まこと》「からすのかんざぶろう」）

(1) からすのかんざぶろうは何が大すきでしたか。

（　　　　）

(2) ――線は、何と言ったつもりでしたか。

「（　　　　）」

---

4 次の文章を読んで、あとの問いに答えなさい。

寒《さむ》いね。

いっしょに歩いているミズキちゃんにそう言おうとしたら、ミズキちゃんが先に、

「寒いね」

って言った。それから、さくら子の顔をじっと見て、

「さくら子ちゃん、ありがとう」

と、つづけた。

「ミズキちゃん、さっきからもう三回も『ありがとう』って言ってるよ」

さくら子はゆびを三本、立てて、ミズキちゃんの顔の前でふった。

「だって……うれしかったんだもの。さくら子ちゃんが……いっしょに遊《あそ》ぼうって、さそってくれて」

（あさのあつこ「いえででんしゃはがんばります。」）

問 ミズキは何に対《たい》し、三回も「ありがとう」と言ったのですか。

（　　　　）が（　　　　）と（　　　　）をさそってくれたこと。

ステップ2

時間	合かく点	とく点
25分	70点	点

勉強した日　月　日

1 次《つぎ》の文章《ぶんしょう》を読んで、あとの問《と》いに答えなさい。

林の中の落《お》ち葉《ば》は、かわいたかれ葉のにおいと、日のにおいがまじりあって、たちこめていました。うっとりするほど、よいにおいでした。

秋も、終《お》わりに近いというのに、林の中は、あったかでした。鼻《はな》の頭に、じりじりと、あせが、にじみでるほど、あったかでした。

この林の中には、わたしをまじえて、七人の子どもたちがいました。

わたしたちは、クリをとっていました。

クヌギやシイの木にまじって、ところどころに、クリの木がありました。クリの木を見つけると、

「あったぞ！」

さけび声をあげて、大きな子どもたちは、木に、よじのぼるのです。そして、「えいさ、えいさ」かけ声をかけて、木をゆさぶるのです。

ぎっこい、ぎっこいと、木が、はげしくゆれだすと、クリのイガは、パサパサパサと、音をたてて、かれ葉の上に、落ちてくるのです。

「うんとこさ落ちるぞ！　のこさず、拾《ひろ》えや！」

大きな子どもたちは、うれしそうな、はずんだ声で言うのです。

わたしは、まだ、小学校の三年生で、いちばん、年下だったので、木の下にいて、落ちてくるクリを拾う役目《やくめ》でした。

クリのイガは、半分ほど口を開《ひら》いているのや、とげとげの、まんまるいゴムまりのように、イガのわれていないのがありました。イガがわれて、口を開いているのは、二本指《ゆび》で、クリの実《み》を、つまみだすことができました。われていないのは、ふみつけて、ぼうの先で、ぐいと、イガを*こじると、ぽかっと、まっ二つにわれて、クリの実が、とびだすのです。

クリの実は、くり色に、つやつやと光っていま

した。宝石《ほうせき》のように、美《うつく》しく、光っていました。
「クリの実は、みんな大きいに、わしの親指《おやゆび》の、
二つ分ぐらい大きいに……。」
わたしは、木の上を、ふりあおいで、言うのでした。

(椋《むく》鳩十《はとじゅう》「クリの実」)

＊こじる＝すきまにぼうなどを入れて、強くねじる。

(1) 林の中はどんな様子《ようす》でしたか。(15点)

うっとりするほど（　　）がして、
鼻の頭に（　　）がにじみでるほど、
（　　）だった。

(2) 大きな子どもたちは、何のために木にのぼったのですか。(10点)

木を□□□□、クリのイガを□□□ため。

(3) 「わたし」はどんな役目でしたか。(15点)

（　　）

(4) 次のようなクリは、それぞれどのようにクリの実を取り出せましたか。(25点)

① イガがわれて、口を開いているもの
（　　）で、クリの実を（　　）ことができた。

② イガがわれていないもの
ふみつけて、（　　）にわれて、（　　）でこじると、（　　）がとびだした。

(5) クリの実の美しく光る様子を、たとえを使《つか》って表現《ひょうげん》している部分《ぶぶん》を、六字で書きぬきなさい。(15点)

□□□□□□

(6) ——線「クリの実は、……。」の言葉《ことば》からわかる「わたし」の様子を、次からえらび、記号で答えなさい。(20点)

ア クリの実がとれて、ふしぎに思う様子。
イ 自分も木にのぼりたいと思っている様子。
ウ クリの実におどろき、感動《かんどう》している様子。
エ はやく家に帰りたいとねがう様子。

（　　）

13 物《もの》語《がたり》を読む(2)

学習のねらい

物語では、えがかれている時間や場所、登場人物などを正しく読み取ることが大切です。様子を表す言葉や音を表す言葉、たとえを使った言い表し方などにも注意しましょう。

勉強した日　月　日

ステップ1

① 次《つぎ》の文章《ぶんしょう》を読んで、あとの問《と》いに答えなさい。

「三日月屋《みかづきや》」は、つるばら村でただひとつのパン屋《や》さんです。

パン屋さんといっても、宅配《たくはい》が専門《せんもん》で、まだお店はありません。

パン職人《しょくにん》のくるみさんが注文《ちゅうもん》をうけると、わらぶき屋根《やね》の農家《のうか》の台所《だいどころ》でパンをやいて、どこへでもおとどけするのです。

（茂市久美子《もいちくみこ》「つるばら村のパン屋さん」）

(1) 「三日月屋」は、どんなお店ですか。

（　　　　）にある宅配が専門の（　　　　）。

(2) 注文をうけてパンをやき、どこへでもおとどけするのはだれですか。

（　　　　）の（　　　　）さん。

---

② 次の文章を読んで、あとの問いに答えなさい。

いつも、橋《はし》の上に立っているおじいさんのバイオリンひきがあります。

おじいさんがバイオリンをひくと、通る人たちはみんな、足を止めてききいりました。よろこびの歌をひくと、人たちもおもしろそうにおどりだしました。悲《かな》しい歌をひくと、みんなは悲しくなりました。

（小川未明《おがわみめい》「ふしぎなバイオリン」）

(1) 橋の上にいつも立っているのはだれですか。

（　　　　）の（　　　　）。

(2) おじいさんが次の歌をひいたときの、橋を通る人たちの様子をそれぞれ書きなさい。

① よろこびの歌をひいたとき。

（　　　　）

② 悲しい歌をひいたとき。

（　　　　）

3 次の文章を読んで、あとの問いに答えなさい。

どこかで音がしている。

テレビを見おわってもどってきた修《おさむ》は、自分のへやを見まわした。

①カリカリカリ……、小さい音。

へやに放《はな》しておいたうさぎのすがたがない。

キョロキョロしていたら、音が激《はげ》しくなった。

ガガガガガ……。

勉強机《べんきょうづくえ》の下のいすが小きざみにゆれている。いすをどけると、奥《おく》にうさぎがいた。こちらにおしりをむけて前足でたたみをひっかいている。

「だめだよ、チイ子。たたみがいたむよ」

②引っぱりだしてだきあげた。

（広瀬寿子《ひろせひさこ》「うさぎの庭《にわ》」）

(1) ——線①「カリカリカリ……」とありますが、何の音でしたか。

うさぎが（　　　）を（　　　）いる音。

(2) ——線②「引っぱりだして……」とありますが、修がだきあげたものを答えなさい。

（　　　）

---

4 次の文章を読んで、あとの問いに答えなさい。

それは節分《せつぶん》の夜のことです。

空にはまあるいお月さまがのぼり、朝からふりつづいた雪のせいで、地面《じめん》は白いきぬをはったようになめらかでした。

豆《まめ》まきの声もやみ、町はもう、ねしずまっています。雪につつまれた□町を、青白い月の光が、ゆめのようにかがやかせていました。

（富安陽子《とみやすようこ》「鬼《おに》まつりの夜」）

(1) 雪がつもった地面は、どんな様子でしたか。

（　　　）をはったように

（　　　）だった。

(2) □にあてはまる言葉《ことば》はどれですか。次からえらび、記号《きごう》で答えなさい。

ア 明るい　イ しずかな

ウ 楽しい　エ にぎやかな

（　　　）

(3) ——線「節分の夜」とありますが、それがよくわかる部分《ぶぶん》を、文章中から書きぬきなさい。

（　　　）（　　　）

ステップ2

勉強した日　月　日

時間	合かく点	とく点
25分	70点	点

1 次《つぎ》の文章《ぶんしょう》を読んで、あとの問《と》いに答えなさい。

おかの上に、ぽつんと立っているかきの木が、そばの畑《はたけ》を見て言いました。

「①ふむ。今年《ことし》は、はくさい畑だな。」

畑の*うねに、うすみどりのふたばが、ぎょうぎよくならんでいます。

かきの木は、何年もここにいるので、やさいのことはよく知っているのです。

ある日、かきの木の下から、ひとりごとが聞こえました。

「ぼくはいったい、だれでしょう?」

見ると、たねがふきとばされたのか、畑からはみ出したはくさいが、[②]をかしげています。

「はくさいだよ。はくさいの子どもだよ。」

かきの木は、教えてあげました。

「あ、こんにちは。あなた、だれ?」

「わたしはかきの木。」

「ふうん。そして、ぼくは『はくさい』なのね。」

「そうだよ。あはは。まだ、赤ちゃんだね。何も知らないのだね。」

はくさいは、かきの木にいろいろ教わりながら、少しずつ、大きくなりました。やがて、はっぱがかさなり、きっちり丸くなりましたが、ちょっと小さなはくさいでした。畑の中のはくさいは、みな、よっこらしょというほど[③]でした。

④畑の上をはい色の風がふくころ、トラックが行ったり来たりして、はくさいを運《はこ》びました。

「みんな、どこへ行くの。」

小さなはくさいは、せのびしてトラックを見ます。

「やおやに行くのさ。」

かきの木が教えてあげました。

小さなはくさいも、やおやに行きたくて、トラックのお兄さんに、

「はい! はい!」

と手をあげました。でも、⑤のせてもらえません。

「どうしてなのだろう。」

「大きいものから、出発《しゅっぱつ》するんだ。」

そこで、小さなはくさいは、大きくなりたくて、体そうをしました。

いっち、に、さん、し、大きくなろう
ご、ろく、なな、はち、やおやに行こう

（工藤直子《くどうなおこ》「小さなはくさい」平成十二年度版　大阪書籍「小学国語３上」）

＊うね＝畑に種《たね》などを植《う》えるために、まっすぐ土をもり上げたもの。

(1) かきの木は何を見て――線①のように思ったのですか。(20点)

（　　　　）にならんでいる（　　　　）。

(2) ②にあてはまる言葉《ことば》はどれですか。次からえらび、記号《きごう》で答えなさい。(15点)

ア 頭　イ 耳　ウ 首　エ まゆ毛　（　　）

(3) ③にあてはまる言葉はどれですか。次からえらび、記号で答えなさい。(15点)

ア おいしそう　イ おもそう
ウ 楽しそう　エ つらそう　（　　）

(4) ――線④から、どのような様子《ようす》が感じられますか。次からえらび、記号で答えなさい。(15点)

ア 夜に近づいている様子。
イ 畑に草がたくさんはえている様子。
ウ 秋が深《ふか》まっている様子。
エ 空気がよごれている様子。　（　　）

(5) ――線⑤で、はくさいがトラックにのせてもらえなかったのはなぜですか。次からえらび、記号で答えなさい。(15点)

ア はくさいの声が、トラックのお兄さんに聞こえなかったから。
イ トラックには、すでにたくさんのはくさいがのっていたから。
ウ はくさいが小さすぎて、トラックのお兄さんには見つけられなかったから。
エ やおやに行くには、はくさいがまだ小さかったから。　（　　）

(6) はくさいは、何のために体そうをしたのですか。(20点)

（　　　　）なって、（　　　　）に行くため。

14 物《もの》語《がたり》を読む（3）

学習のねらい

物語では、楽しいこと、さびしいこと、ふしぎなことなど、さまざまなことがえがかれています。えがかれている世界を想像しながら、物語を読みましょう。

勉強した日　月　日

ステップ1

1 次《つぎ》の文章《ぶんしょう》を読んで、あとの問《と》いに答えなさい。

りんごの木たちは、ふかい雪の中で、しなやかな小えだをのばします。

なまり色の空に向《む》かって、ぴんぴんとつき立った小えだを、父さんと母さんが、パチンパチンとはさみで切っています。

せんていというしごとです。

「行ってきまあす。」

お兄ちゃんとぼくと妹は、りんごの小えだでちゃんばらごっこをしながら、学校に通います。

（後藤竜二《ごとうりゅうじ》「りんごの花」平成十二年度版　教育出版「国語3上」）

問　父さんと母さんがしているのは、どんなしごとですか。

りんごの木の（　　　）を（　　　）で切る、（　　　）というしごと。

---

2 次の文章を読んで、あとの問いに答えなさい。

でも、うれしい気持《きも》ちにはなれません。

学校をでて海にむかう坂道《さかみち》をくだりながら、アスカはなん度《ど》も左腕《ひだりうで》にはめた時計を見つめています。

去年《きょねん》のクリスマスに、北海道《ほっかいどう》のおばあちゃんからプレゼントされたペンギンの腕時計です。文字ばんの上で、秒針《びょうしん》のペンギンがひょこひょこまわるすてきな時計です。

そのペンギンが、うごかないのです。

（山下明生《やましたはるお》「海へでる道」）

問　――線「うれしい気持ちにはなれません」とありますが、どうしてですか。

アスカが去年の（　　　）に北海道の（　　　）からプレゼントされた腕時計の秒針の（　　　）がうごかないから。

❸ 次の文章を読んで、あとの問いに答えなさい。

つめたい月の光でこうこうと明るい、夜ふけの広い空でした。

そこへ、北の方から、真《ま》っ白な羽をひわひわと鳴らしながら、百羽のつるがとんできました。

百羽のつるは、みんな同じ速《はや》さで、白い羽を、ひわひわと動《うご》かしていました。首をのばしてゆっくりゆっくりととんでいるのは、つかれているからでした。

なにせ、北のはてのさびしい氷《こおり》の国から、昼も夜も休みなしに、とびつづけてきたのです。

だが、ここまで来れば、行き先はもうすぐでした。楽しんで待《ま》ちに待っていた、きれいな湖《みずうみ》のほとりに着《つ》くことができるのです。

（花岡大学《はなおかだいがく》「百羽のつる」平成十二年度版　学校図書「みんなと学ぶ小学校国語三年下」）

問　――線とありますが、つるたちがつかれていたのはどうしてですか。

北のはてのさびしい（　　）から、昼も夜も（　　）に、（　　）きたから。

❹ 次の文章を読んで、あとの問いに答えなさい。

森《もり》先生によばれて、葉子《ようこ》はそのノートを先生の前へ出した。先生はすこしこわい顔をしてノートを開けてごらんになった。□そこには、先生の顔がかいてあった。

森先生は、それをお読みになって、笑《わら》いたいのをがまんして、やっとこうおっしゃった。

「今日はゆるしてあげますけれど、これからはほかの時間に絵をかいてはいけませんよ。これはわたしがあずかっておきます。」

葉子はおじぎをして静《しず》かに自分の席《せき》へつくと、教だんの方を見あげた。けれど森先生は、決して葉子の方をごらんにならなかった。葉子にはそれが心配でならなかった。

（竹久夢二《たけひさゆめじ》「先生の顔」）

(1) □にあてはまる言葉《ことば》を次から選《えら》び、記号で答えなさい。

ア また　イ だから　ウ すると

エ では　オ けれど　（　　）

(2) ――線「それ」は何を指《さ》していますか。

（　　）

ステップ2

時間　25分
合かく点　70点
とく点　　点

勉強した日　月　日

1 次《つぎ》の文章《ぶんしょう》を読んで、あとの問《と》いに答えなさい。

二時間めは、作文の時間だった。さおりはとっくに書き上げて、①つくえの上で消《け》しゴムをころがしてあそんでいた。

とくに物《もの》を大切にするほうだなんて思ってはいないけれど、消しゴムは、本当に小さくなるまで使《つか》う。この消しゴムも、もう、パチンコ玉くらいの大きさになっている。形だってパチンコ玉のように丸い。丸くなるように使っている。だから、よくころがる。といっても、まん丸じゃないから、まっすぐにはころがらない。②そこがおもしろい。

「あ。」

ちょっと強くころがしたのがいけなかった。

③こんなことって、ある？

消しゴムは、ゆかいたの細長い三角形のあなにすいこまれるようにおちていったのだ。

とっさに、まわりを見回した。見回してなんとかなると思ったわけではないが、見回した。すると、右どなりのせきのゆきひろと目が合った。ゆきひろはあわてて目をそらせ、書くことを考えているふりをした。その口もとがわらっているように見えて、さおりは［④］した。

きっと、ゆきひろは、消しゴムがあなの中におちるところを見たのだ。

だって、目を大きくしていたもの。だったら、「たいへんなことになっちゃったね。」とか、「あなに入るなんてすごいね。」とかの顔をしてもいいじゃない。それなのに、見ていないふりをして、一人でわらうなんて。

さおりは、［⑤］をとがらせて、足もとのあなを見つめた。あなの中はまっくらだった。ゆびをつっこんでさがせる深《ふか》さではないようだ。

どうしよう。せっかくあそこまで小さくしたのに。

そう思った時、細長いあなの中から、ひょいと何かが出てきた。⑥思わずりょう足がうき上がり、声が出そうになった。それは、一ぴきのやもりだった。やもりはりょう手をゆかにかけ、さおりを見上げているように見えた。

（岡田《おかだ》 淳《じゅん》「消しゴムころりん」平成十四年度版　教育出版「ひろがる言葉小学国語３上」）

(1) ——線①「つくえの上で……」の消しゴムの大きさと形を、何にたとえていますか。五字で答えなさい。(10点)

(2) ——線②「そこがおもしろい」とありますが、どんなところがおもしろいのですか。(15点)

丸いのでよく（　　）が、（　　）ではないので、まっすぐには（　　）ところ。

(3) ——線③「こんなこと」とありますが、どのようなことですか。(15点)

（　　）が、ゆかいたの細長い（　　）にすいこまれるように（　　）こと。

(4) ④にあてはまる言葉《ことば》を次からえらび、記《き》号《ごう》で答えなさい。(10点)

ア じっと　イ そっと　ウ ほっと　エ むっと　（　　）

(5) ⑤にあてはまる言葉を次からえらび、記号で答えなさい。(10点)

ア 鼻　イ 耳　ウ ロ　エ あご　（　　）

(6) ——線⑥「思わずりょう足が……」から、さおりのどんな様子《ようす》がわかりますか。次からえらび、記号で答えなさい。(20点)

ア よろこんでいる様子。
イ おどろいている様子。
ウ 悲《かな》しんでいる様子。
エ おこっている様子。
（　　）

(7) あなの中から出てきたのは何でしたか。七字で答えなさい。(20点)

ステップ3

時間	合かく点	とく点
25分	70点	点

勉強した日　月　日

1 次《つぎ》の文章《ぶんしょう》を読んで、あとの問《と》いに答えなさい。

つぎの日、サクラさんの店に、見知らぬむすめがやってきました。

むすめは、戸口のところで立ちどまると、こっそりと、中のようすをうかがいました。

それから、なにかを見つけたらしく、①ほっとしたように、中にはいってきました。

むすめは、小柄《こがら》なサクラさんよりまだ小さくて、めぶいたばかりの、若葉《わかば》のような色の服《ふく》をきていました。

（どこのむすめさんかしら。なんだか、いまごろの季節《きせつ》の葉《は》っぱからでてきたみたいなひと……）

サクラさんがそう思ったとき、むすめが、笛《ふえ》のようにすきとおった声でききました。

「灯心《とうしん》ありますか？」

「とうしん？」

サクラさんが、いっしゅん首をかしげると、むすめは、品物《しなもの》のおいてあるたなを、［　②　］さがしながらいいました。

「ほら、ロウソクのまん中に、はいってるでしょ」

それをきくと、サクラさんは、ああ、とうなずいてこたえました。

「灯心なら、あいにく、うちでは、おいてないんですよ」

すると、むすめは、③肩《かた》をおとしました。

「そんな……。ここにきたら、なんでもあるってきいて、やってきたのに」

むすめのこまったようすを見ると、サクラさんまで肩をおとしました。

「せっかくきてくれたのに、すみませんねえ。灯心、なんにつかうんですか？」

むすめは、肩をおとしたまま、こたえました。

「灯心は、ロウソクをつくるためには、なくてはならないものなのよ」

「えっ、もしかして、じぶんで、ロウソクをつくるんですか？」

④サクラさんがおどろいた顔をすると、むすめは、ゆっくりとうなずきました。

（茂市《もいち》久美子《くみこ》「トチノキ山のロウソク」）

(1) ――線①「ほっとしたように」から、むすめのどんな様子《ようす》がわかりますか。次からえらび、記号《きごう》で答えなさい。（10点）

ア おどろいた様子　イ 安心《あんしん》した様子

ウ よろこんだ様子　エ ふしぎに思う様子

（　　）

(2) むすめのすがたを見たサクラさんは、どのように思いましたか。（20点）

なんだか、（　　　　　　）みたいなひと。

(3) むすめがさがしていたものは何でしたか。二字で答えなさい。（20点）

□□

(4) ②にあてはまる言葉《ことば》を次からえらび、記号で答えなさい。（20点）

ア きょろきょろ　イ ぎょろぎょろ

ウ じろじろ　エ そわそわ

（　　）

(5) ――線③「肩をおとしました」から、むすめのどんな様子がわかりますか。次からえらび、記号で答えなさい。（10点）

ア おどろいた様子　イ がっかりした様子

ウ おこっている様子　エ ふしぎに思う様子

（　　）

(6) ――線④「サクラさんがおどろいた顔をすると」とありますが、どうしてサクラさんはおどろいた顔をしたのですか。そのわけを答えなさい（20点）

（　　　　　　）

15 説明《せつめい》文を読む (1)

学習のねらい

説明文の問題では、こそあど言葉、つなぎの言葉、段落などがよく出題されます。説明文を読むときは、とくに注意するようにしましょう。

勉強した日　月　日

ステップ1

1 次《つぎ》の文章《ぶんしょう》を読んで、あとの問《と》いに答えなさい。

葉《は》が広がると、中から花のつぼみが出てきます。つぼみをつけたくきが、ぐいぐいとのび始《はじ》めます。つぼみがふくらんで色づくと、だんだん開《ひら》いて、大きなチューリップの花になります。

（小田《おだ》英智《ひでとも》「チューリップ」　平成十二年度版　学校図書「みんなと学ぶ小学校国語三年上」）

問　チューリップは、どんなじゅんじょで花になりますか。次の（　）に番号《ばんごう》で答えなさい。

（　）つぼみがだんだん開き、チューリップの花になる。

（　）つぼみがふくらんで色づく。

（　）つぼみをつけたくきがのび始める。

（　）葉が広がり、中から花のつぼみが出てくる。

---

2 次の文章を読んで、あとの問いに答えなさい。

カラスは冬になると、集団《しゅうだん》でねむる習性《しゅうせい》があります。ボクが子どものころにすんでいた村には、川ぞいに大きな竹やぶが広がっていました。毎年冬になると、そこに何千羽というカラスがあつまってきました。

カラスは夕方のまだ明るいうちからやってきて、いったん川原におりてすごします。

（宮崎《みやざき》学《まなぶ》「動物《どうぶつ》たちのビックリ事件簿《じけんぼ》④冬に見つかるおもしろサイン」）

(1) カラスにはどんな習性がありますか。

（　）になると、（　）でねむる習性。

(2) ——線「そこ」とはどこですか。

ボクが（　）にすんでいた村の、（　）に広がる大きな（　）。

3 次の文章を読んで、あとの問いに答えなさい。

キタキツネの狩《か》りは、そのほとんどを耳からはいる音でする。雪のしたでエゾヤチネズミが発《はっ》するかすかな音も聞きのがさない。□風の強い日は、風によっておこる雑音《ざつおん》とノネズミの足音を聞きわけることができない。そんな日は狩りをやめて、鼻《はな》をつかって風にのってただようにおいをたよりに、動物の死体《したい》などをさがす。その鼻も役《やく》にたたないときは目をつかう。農家《のうか》の庭先《にわさき》で、人間がすてたもののなかから食べられそうなものをあさる。

（竹田津《たけたづ》実《みのる》「キタキツネのおとうさん」）

(1) □にあてはまる言葉を次からえらび、記《き》号《ごう》で答えなさい。

ア だから　イ では

ウ しかし　エ なぜなら

（　　）

(2) ――線について、次のとき、キタキツネは体のどの部分をつかいますか。

① 風が強く、耳が役だたないとき。（　　）

② ①の部分も役に立たないとき。（　　）

4 次の文章を読んで、あとの問いに答えなさい。

[1] 水をいっぱいに入れた大きなガラスの水そうに、白や銀色《ぎんいろ》の紙きれをうかべます。それを、明るい所《ところ》で下の方から見ると、水面《すいめん》が光って、紙きれが見えにくくなります。

[2] このことから考えると、水面近くにすむ、サンマやマイワシのはらが白っぽいのは、深《ふか》い所からおそってくる大きな魚の目をくらませ、身《み》を守《まも》るのに役立っていることが分かります。

（太田《おおた》一男《かずお》「魚の色ともよう」平成四年度版　東京書籍「新しい国語三上」）

(1) ――線「それ」とは何ですか。

（　　）をいっぱいに入れ、（　　）をうかべた、（　　）。

(2) 次のことが書いてある段落を、[1]、[2]の段落番号で答えなさい。

① 実《じっ》けんをして分かったこと。（　　）

② どんな実けんをしたか。（　　）

ステップ2

時間	合かく点	とく点
25分	70点	点

勉強した日　月　日

1 次《つぎ》の文章《ぶんしょう》を読んで、あとの問《と》いに答えなさい。

　もぐらがトンネルをほるのは、土の中で生活をするためです。トンネルは四方八方に広がっています。地面《じめん》から深《ふか》いところ（一・五～二メートル）にすを作り、そこで、ね起《お》きをします。みみずやくもなどのえさをとるのは、地面に近い地下十～十五センチメートルのところです。

　もぐらの体は、そういうトンネルをほるのにつごうのいい、さつまいものような丸い形をしています。その体を少しかたむけて、シャベルのような手のひらをかわるがわるに使《つか》って、土をほっていきます。

　ほった土は、トンネルの上におしつけ、よぶんな土は、後足でけっとばしながら前進《ぜんしん》します。土のやわらかいところなら、手を使わないで、がんじょうな鼻先《はなさき》を使って土を持《も》ち上げ、トンネルをほります。

　そのほるはやさは、一分間におよそ三十センチメートルです。ひとばんに、三～五時間ほると、およそ六十～九十メートルにもなります。土のやわらかい牧草地《ぼくそうち》では、なんと六時間半で、およそ七百五十メートルもほったもぐらをかんさつしたことがあります。

　[①]、このようなトンネルをほるのには、たいへんな力がいるはずです。

　[②]、もぐらにはどれくらいの力があるのかを、次のような実《じっ》けんで調《しら》べてみました。

　あきばこの中に大きな石ころを入れて、その中にもぐらを放《はな》してみました。

　一～二キログラムの石ころだと、鼻先でかんたんにおしのけます。三～四キログラムの石ころだと、かた手で動《うご》かします。

　今度《こんど》は、直けい三十センチメートル、深さ二十センチメートルほどのバケツに土を入れました。③このバケツにもぐらを入れて、重《おも》さ一キログラムの木のふたをしました。そして、ふたの上に、二キログラムほどのおもしを二つのせました。合計で、およそ五キログラムほどの重さとなりますが、もぐらは、それをやすやすとはねのけてしまいました。

さらに、重さを七キログラム以上《いじょう》にしてためしてみました。今度こそむりだろうと思って見ていましたが、もぐらは、時間をかけてがんばり、さいごは、ふたをずらして、バケツからにげ出してしまいました。④もぐらは、全身《ぜんしん》の力をふりしぼって、おもしをはねのけたのでしょう。

(手塚《てづか》 甫《はじめ》「トンネルほりの名人」平成四年度版　大阪書籍「小学国語3上」)

(1) この文章は、何について書かれていますか。(20点)

［　　　］の［　　　　］ほりについて。

(2) 次のものについて、何にたとえて説明《せつめい》していますか。(20点)

・もぐらの体の形（　　　）

・もぐらの手のひら（　　　）

---

(3) もぐらのトンネルをほるはやさは、どれくらいですか。(10点)

一分間に、およそ（　　　）。

ひとばんに、三～五時間ほると、およそ（　　　）にもなる。

(4) ［①］・［②］にあてはまる言葉《ことば》の組み合わせを次からえらび、記号《きごう》で答えなさい。(15点)

ア ①だから　②では

イ ①ところで　②そこで

ウ ①たとえば　②しかし

エ ①きっと　②一方

（　　　）

(5) ――線③は、どんなバケツですか。(15点)

（　　　）を入れた、直けい（　　　）、

深さ（　　　）ほどのバケツ。

(6) ――線④は、どんなことを書いていますか。次からえらび、記号で答えなさい。(20点)

ア 筆者《ひっしゃ》が見たこと。　イ 筆者が聞いたこと。

ウ 筆者が調べたこと。　エ 筆者が考えたこと。

（　　　）

16 説明《せつめい》文を読む (2)

学習のねらい

説明文では、文章の主題や筆者の主張を正しく理解することが大切です。理由を表す文や段落構成に注意して、事実と意見を正しく読み分けるようにしましょう。

勉強した日　月　日

ステップ 1

1 次《つぎ》の文章《ぶんしょう》を読んで、あとの問《と》いに答えなさい。

ザリガニは変温動物《へんおんどうぶつ》＊です。まわりの温度《おんど》がさがると、体温《たいおん》も低《ひく》くなり、動《うご》けなくなってしまいます。そのため、寒《さむ》さで動けなくなる冬を、安全《あんぜん》などろの穴《あな》のなかですごすのです。

（小田英智《おだひでとも》「ザリガニ観察《かんさつ》ブック」）

＊変温動物＝気温《きおん》によって体温が変わる動物。

(1) ザリガニは冬、どこですごしますか。

（　　　　　　　　）

(2) どうして(1)の場所《ばしょ》ですごすのですか。

ザリガニは（　　　　）で、まわりの温度がさがると、（　　　　）も低くなり、（　　　　）なってしまうから。

---

2 次の文章を読んで、あとの問いに答えなさい。

夏の野原で、ジャンプしたキリギリスがクモの巣《す》にかかりました。コガネグモがはった、大きな円網《まるあみ》です。

ほそい糸が、キリギリスの足にからみます。うごけばうごくほど、ねばる糸がくっつきます。空中で、網がはげしくゆれます。

網のまんなかで、じっとしていたクモが、すばやく向《む》きをかえました。糸のしん動《どう》が、えもののかかったことをしらせます。ゆれる網をつたわって、クモが近づきます。

（栗林《くりばやし》　慧《さとし》「クモのひみつ」）

問　クモは、何によってえものが網にかかったことをしりますか。五字で答えなさい。

□□□□□

❸ 次の文章を読んで、あとの問いに答えなさい。

岩や石や砂《すな》が、長い年月、風や霧《きり》や太陽《たいよう》の光にさらされていると、表面《ひょうめん》の性質《せいしつ》がかわり、もろくなってゆきます。

また、雨や雪などの水は、岩や石を少しずつとかし、ひくいところやくぼんだところにたまり、水がかわくと白っぽい粉《こな》がのこります。

□、岩石がもろくなったり、とけだしたものがたまったりした、白っぽい粉のあつまりを、ねんどとよんでいます。

（加古里子《かこさとし》「大地のめぐみ　土の力大作戦《さくせん》」）

⑴ □にあてはまる言葉《ことば》を次からえらび、記《き》号《ごう》で答えなさい。

ア　だから　イ　ところで

ウ　しかし　エ　このように　（　　）

⑵ この文章は、何について説明していますか。

❹ 次の文章を読んで、あとの問いに答えなさい。

1 森にすむ動物のなかには、木の穴を巣《す》にしている動物がいます。

2 たとえば、キツツキ、ブッポウソウ、フクロウなどの野鳥や、ムササビ、モモンガ、ヤマネなどのほ乳類《にゅうるい》です。

3 このうち、キツツキは自分で巣穴をほれますが、ほかの動物はほれないので、穴をさがさなければなりません。大事《だいじ》なのは、自分の体にちょうどよい大きさの穴を見つけること。穴が小さすぎたら、体が入らないし、逆《ぎゃく》に大きすぎたら、すきまがあいて寒《さむ》いし、敵《てき》になる動物が入ってきやすくなるからです。

（宮崎《みやざき》 学《まなぶ》「動物たちのビックリ事件《じけん》簿《ぼ》③実《みの》りの秋のごちそうバトル」）

問　次のことをのべている段落《だんらく》を、それぞれ1～3の段落番号《ばんごう》で答えなさい。

① 具体的《ぐたいてき》に説明《せつめい》している。（　　）

② 例《れい》をあげて説明している。（　　）

③ どんな話題《わだい》なのかのべている。（　　）

ステップ2

時間	合かく点	とく点
25分	70点	点

勉強した日　月　日

1 次《つぎ》の文章《ぶんしょう》を読んで、あとの問《と》いに答えなさい。

[1] 一九七五年五月、名古屋《なごや》市の中心にある名古屋じょうの外ぼりに、ヒメボタルが大発生《だいはっせい》しました。外ぼりといっても、中には水がない草地になっています。近くには私鉄《してつ》電車も走っています。そのような場所《ばしょ》に、りくにすむヒメボタルが一万びきいじょうもすがたを見せたのです。その発生は、名古屋の人々に強い感動《かんどう》をあたえました。そして、ホタルへの関心《かんしん》を大いに高めました。

[2] ヒメボタルが発生した原因《げんいん》は、ヒメボタルのよう虫が食べるオカチョウジガイがたくさんいたことと、外ぼりの地めんが人々にふみかためられたり、ほり返《かえ》されたりすることがなかったからです。

[3] オカチョウジガイは、かれ草や木の実《み》を食べてくらしています。外ぼりのわきには、大木が生え、オカチョウジガイにとって、とてもすみやすい場所だったのです。また、ヒメボタルのメスは、羽がないので、とぶことができません。そのため、今すんでいる場所がすみにくくなったからといって、すむ場所をほかへうつすことはできません。それに、よう虫は、一、二年かかって成虫《せいちゅう》になります。そっとしておかれることが、ヒメボタルが生きていくためにとてもたいせつなことでした。

[4] しかし、ヒメボタルが大発生した次の年、私鉄電車のえきがほかの場所へうつりました。線《せん》路《ろ》をとり外すために多くの工事用《こうじよう》の車が入り、ほりのそこはかためられて、草地がとても少なくなりました。まわりのようすがいきなりかわったため、その年のヒメボタルの数は、二、三百びきにへりました。そこで、ホタルを守《まも》ろうという運動《うんどう》が起《お》こり、とくにえきにつとめて

いた人が中心になってどりょくがなされました。

5　外ぼりは、はばが五十メートル、長さが四百メートルと、ちょっとした広さですが、きかいをつかって草をかったり、薬《くすり》をまいて草をからしたりすることをやめました。かといって、草がのびすぎるのもこまります。地めんにいるメスをオスが見つけにくくなるからです。そのため、草をあるていどの高さにするための草かりをしました。

6　また、空の明るさについてもくふうしました。まわりが明るすぎると、オスとメスは、相手《あいて》の光を見つけにくくなります。とくに、外ぼりを明るくしている原因の一つは、高速道路《こうそくどうろ》のがいとうの明かりです。そこで、道路をてらす明るさはそのままにして、外ぼりに光がいかなくなるように、明かりをてらす方法《ほうほう》をくふうしました。このようなどりょくによって、ホタルは十《じゅう》倍《ばい》くらいにふえていきました。

（大場信義《おおばのぶよし》「ホタルを守る」平成十四年度版　大阪書籍「小学国語３上」）

(1) ヒメボタルが大発生したのは、いつですか。（20点）

（　　　　）

(2) ヒメボタルがなぜ発生したのですか。その原因を二つ答えなさい。（30点）

（　　　　）から。

（　　　　）から。

(3) ヒメボタルの数が二、三百にへったとき、何が起こりましたか。（10点）

（　　　　）が起こった。

(4) この文章を二つのまとまりに分けるとき、二つ目はどの段落《だんらく》から始《はじ》まりますか。段落番号《ばんごう》で答えなさい。（20点）

（　　　　）

(5) この文章で筆者《ひっしゃ》がもっとものべたかったことを次からえらび、記号《きごう》で答えなさい。（20点）

ア　ヒメボタルの大発生。

イ　オカチョウジガイがたくさんいたこと。

ウ　ヒメボタルの数がへったこと。

エ　ヒメボタルをふたたびふやした、さまざまなどりょく。

（　　　　）

ステップ3

時間　25分
合かく点　70点
とく点　　点

勉強した日　　月　　日

1 次《つぎ》の文章《ぶんしょう》を読んで、あとの問《と》いに答えなさい。

佐賀県《さがけん》の有田町《ありたまち》には、一月六日に、子どもたちが七福神《しちふくじん》のすがたをして、町の中の家をめぐる行《ぎょう》事《じ》があります。

七福神とは、わたしたちに幸《しあわ》せをさずけてくれると、昔《むかし》から言いつたえられてきた七人の神様《かみさま》のことです。その中でも、お米をたくさん作ってくれる大黒さんや、海のさちをあたえてくれるえびすさんはよく知られています。

その日には、子どもたちが七福神の着物《きもの》や道具《どうぐ》をあずかっている家に集《あつ》まります。①その家では、おじいさんが筆《ふで》にすみをつけて、子どもの顔に太《ふと》いまゆ毛や、黒いひげをかいてくれます。それから、子どもたちは、かすりの着物を着て、帯《おび》をしめ、はかまをはきます。頭には、頭きんをかぶります。

七福神のほかに、いちばん年上の子が②さいりょうという役《やく》をします。さいりょうは、七福神の行列《ぎょうれつ》が町をめぐるとき、道案内《みちあんない》をするのです。

子どもたちは、歩きながら、

「七福神の入りい、七福神の入りい。」

と、大きな声でさけびます。その声の聞こえた家では戸口を開《あ》けて、七福神をむかえます。さいりょうを先頭にして、七福神がぞろぞろと家の中に上がりこみ、ざしきにならんですわります。

大黒さんがいちばん初《はじ》めに、打《う》ち出のこづちをふり上げます。

「大黒さんの金銀《きんぎん》を、どっさりとさしあげましょう。」

と言って、たたみの上をトントンと打ちます。

次に、えびすさんが、

「金のつりざおと五色の糸で、大きなたいをつりこんだ、つりこんだ。」

とさけび、作り物《もの》の赤い大きな魚をつりざおでつり上げます。

ほかの五人の神様になった子どもたちも、それぞれおめでたいことばをのべていきます。

おしまいに、さいりょうの役の子が、＊さんぼうにもってある豆をにぎり取《と》って、

「おには外、福《ふく》は内。」

と唱《とな》えながら、ざしきにぱらぱらまきます。

七福神をむかえた家の人は、子どもたちのにぎやかな行事に、今年もよい正月が来たと大よろこびです。

（芳賀日出男《はがひでお》「子どもたちの祭《まつ》り」 平成八年度版 東京書籍「新編新しい国語三下」）

＊さんぼう＝神様などにおそなえをするときに使《つか》う、四角形の台《だい》。

(1) ①どこで、②いつ、行われる行事をしょうかいしていますか。（20点）

① どこ（　　）

② いつ（　　）

(2) ――線①はどんな家ですか。（20点）

（　　）が集まる、（　　）をあずかっている家。

(3) ――線②について答えなさい（20点）

① どんな人がその役をしますか。

（　　）

② その役の人は、七福神の行列が町をめぐるときに何をしますか。

（　　）

(4) 家の中に上がりこみ、ざしきにならんだ七福神は、どうしますか。正しいじゅんになるように、（　）に数字で答えなさい。（20点）

（　）えびすさんが、言葉《ことば》を言って作り物の赤い大きな魚をつり上げる。

（　）さいりょう役の子が、言葉を言ってさんぼうの豆をざしきにばらまく。

（　）大黒さんが、言葉を言って打ち出のこづちでたたみの上をトントンと打つ。

（　）ほかの五人の神様になった子どもたちが、それぞれおめでたい言葉をのべる。

(5) 七福神をむかえた家の人が大よろこびする気《き》持《も》ちを表《あらわ》す言葉を、十字で答えなさい。（20点）

17 詩《し》を読む (1)

学習のねらい
詩では、たとえやくり返し、省略などのさまざまな表現技法が使われています。表現技法に注意して、詩の中でえがかれている情景や心情を正しく理解しましょう。

勉強した日　月　日

ステップ1

1 次《つぎ》の詩《し》を読んで、あとの問《と》いに答えなさい。

□

原田直友《はらだなおとも》

ヒバリは歌をうたうし
お日さまはぽかぽか
せなかをあたためるし
土手のじぞうさまは
さっきから
こっくり
こっくり

（平成八年度版　東京書籍「新編新しい国語三上」）

問　この詩の題名《だいめい》の□にあてはまるきせつを表《あらわ》す言葉《ことば》を、次からえらび、記号《きごう》で答えなさい。

ア 春　イ 夏　ウ 秋　エ 冬　（　）

---

2 次の詩を読んで、あとの問いに答えなさい。

夕立ち

工藤直子《くどうなおこ》

夕立ちは
豪快《ごうかい》な　おふくろである
地球《ちきゅう》を　ごしごし洗《あら》う
おふくろである
畠《はたけ》の黒い土から湯気《ゆげ》がのぼり
地球は
湯上《ゆあ》がりの　いい顔である

問　夕立ちのことを何にたとえていますか。四字で答えなさい。

□□□□

3 次の詩を読んで、あとの問いに答えなさい。

山と　ぼく　　与田準一《よだじゅんいち》

のぼって　いった　山が
あそこに　ある。
おりて　きた　くつが
ここに　ある。
のぼって　みた　塔《とう》が
あそこに　ある。
おりて　きた
ぼくが
ここに　いる。

（平成十四年度版　教育出版「ひろがる言葉小学国語３下」）

問　「ぼく」の今の様子《ようす》で、正しいほうを次からえらび、記号で答えなさい。

ア　山にのぼる前　　イ　山からおりたあと　（　　）

4 次の詩を読んで、あとの問いに答えなさい。

さくら　　武鹿悦子《ぶしかえつこ》

さくらが
ちらちら　ふってくる
すきよ
すきよと
ふってくる
みんなのかたに
ふってくる
ひかって
天のどこかから

（平成十四年度版　学校図書「みんなと学ぶ小学校国語三年上」）

問　――線のあとにつづく言葉を、詩の中から五字で書きぬきなさい。

勉強した日　月　日

時間	合かく点	とく点
25分	70点	点

ステップ2

1 次《つぎ》の詩《し》を読んで、あとの問《と》いに答えなさい。

なわ一本　高木《たかぎ》あきこ

なわ一本
てっちゃんが見つけた　なわ一本
地面《じめん》にくるり　うちゅう船になった
てっちゃんのせて　月までとんだ

なわ一本
まこちゃんが見つけた　なわ一本
まほうつかいの　ふしぎなベルト
おなかにむすぶと　王女さまになれる

なわ一本
なわ一本
なわとび　ぶらんこ　つなひきオーエス
おさるのしっぽに　ぞうさんのおはな
①おすもうハッケヨイ　だいじな土ひょう
②電車ごっこじゃ　とっきゅうひかり

なわ一本
③あき地におちてる　なわ一本
夕日がきえた　夕方も
だれかをまってる　なわ一本
なにかになりたい　なわ一本

(平成十二年度版　日本書籍「わたしたちの小学国語3上」)

(1) この詩はいくつのまとまり(連《れん》)でできていますか。数字で答えなさい。(10点)

(　　)

(2) この詩でくり返《かえ》し出てくる言葉《ことば》を、四字で答えなさい。(10点)

□□□□

(3) てっちゃんの見つけた「なわ一本」は、何になりましたか。(10点)

(4) まこちゃんの見つけた「なわ一本」は、何になりましたか。(10点)

のふしぎな

(5) ——線①「おすもうハッケヨイ」、——線②「電車ごっこじゃ」は、何になった「なわ一本」にかんけいがありますか。それぞれ八字で詩の中から書きぬきなさい。(20点)

①

②

(6) ——線③「あき地におちてる　なわ一本」とありますが、「なわ一本」の様子《ようす》を表《あらわ》す言葉を二つ、それぞれ八字で詩の中から書きぬきなさい。(20点)

・

・

(7) この詩は、どんなところがおもしろい詩ですか。次からえらび、記号《きごう》で答えなさい。(20点)

ア 一本のなわをいろいろな人が見つけてはすてていくところ。

イ 一本のなわがいろいろなものにかわっていくところ。

ウ いろいろなところで一本のなわが同時に使《つか》われているところ。

エ 一本のなわをさがしているのになかなか見つからないところ。

（　　）

18 詩《し》を読む (2)

学習のねらい

詩には、さまざまな情景や気持ちがえがかれています。情景を表す言葉や、気持ちを表す言葉に注意して、その情景や気持ちについて考えましょう。

勉強した日　月　日

ステップ1

1 次《つぎ》の詩《し》を読んで、あとの問《と》いに答えなさい。

いいきもち

うみひろみ

うみが　しんこきゅうすると
かぜが　うまれる
うみの　しんこきゅうに
おでこを　なでてもらって
ちきゅう　いいきもち

（工藤直子《くどうなおこ》「のはらうたⅣ」所収）

問　――線は、海のどんな様子《ようす》を表していますか。次からえらび、記号《きごう》で答えなさい。

ア まったく波《なみ》がない様子。
イ 波がよせたり引いたりする様子。
ウ 強い風で海があれている様子。
エ はげしい雨が海にふっている様子。

（　　）

2 次の詩を読んで、あとの問いに答えなさい。

びりの　きもち

阪田寛夫《さかたひろお》

びりのきもちが　わかるかな
みんなのせなかや　足のうら
じぶんの鼻《はな》が　みえだすと
びりのつらさが　ビリビリビリ

だからきらいだ　うんどうかい
まけるのいやだよ　くやしいよ
おもたい足を　追《お》いぬいて
びりのきもちが　ビリビリビリ

問　――線と対《つい》になっている行を書きぬきなさい。

（　　）

3 次の詩を読んで、あとの問いに答えなさい。

だいちゃん　武《ぶ》鹿《しか》悦《えつ》子《こ》

だいちゃんは
大きくなったら　橋《はし》を架《か》けると
きょうも　わたしに話します

わたしは
わたりたいと　こたえます

だいちゃんは　だまって
水平線《すいへいせん》をみています

わたしは
だいちゃんの目のなかの
ひとすじの橋　みています

問 ——線で、「わたし」が見たのは何ですか。

（　　　）が架けたいと思っている（　　　）。

---

4 次の詩を読んで、あとの問いに答えなさい。

えんそく　小《お》野《の》十三郎《とうざぶろう》

おひるについた山の上
くまなくすんだ青い空
うごくともなくうごいてる
遠い小さなレンズ雲
すすきっぱらの風の中
ああいいなあと先頭で
歩みをとめた先生の
びっくりするような声がした

（平成四年度版　大阪書籍「小学国語3上」）

(1) どのような場面《ばめん》が表現《ひょうげん》されていますか。

（　　　）で（　　　）についた場面。

(2) ——線で、先生は何にびっくりしたのですか。
次からえらび、記号で答えなさい。

ア 山から見たけしき。
イ 山のぼりのつらさ。
ウ おべんとうのおいしさ。
エ みんなのえがお。

（　　　）

ステップ2

時間	合かく点	とく点
25分	70点	点

勉強した日　月　日

1 次《つぎ》の詩《し》を読んで、あとの問《と》いに答えなさい。

こうていでねる　　糸井《いとい》重里《しげさと》

がっこうの　こうていの　まんなかに
ふとんをしいて　ねたら
きもちいいだろうなあ

うえをみると　そらがみえて
ほしや　つきが　みえる
とりも　とんでいるかも　しれない
ふとんのしたは　つち
ありが　あるいている

よこを　ふりむくと　てつぼうとか
ぶらんこが　あって
ずうっとむこうは　くらくてみえない

おおーい　と　おおきなこえを　だす
だれも　へんじを　しない
そして　ぼくは　ねむってしまう

あかるくなって　あさがくる
みんなが　がっこうに　くる

がっこうの　こうていの　まんなかに
ふとんをしいて　ねたら
きもちがいいだろうなあ

（平成十四年度版　日本書籍「わたしたちの小学国語3上」）

(1) この詩はいくつのまとまり(連《れん》)でできていますか。数字で答えなさい。(10点)

（　　）

(2) この詩はどんなことを書いた詩ですか。次からえらび、記号《きごう》で答えなさい。(10点)

ア むかし、やったことがあること。

イ やってみたいことを想像《そうぞう》したこと。

ウ 人がやったことを聞いたこと。

エ 調《しら》べてみたらわかったこと。

（　　）

(3) うえを見たときに見えるものは何ですか。（　）にあてはまる言葉《ことば》を、詩の中から書きぬきなさい。(20点)

（　　）に（　　）や（　　）がみえて、（　　）がとんでいるかもしれない。

(4) 「がっこうの　こうてい」に実《じっ》さいにあるもので、この詩に出てくるものを二つ書きぬきなさい。(10点)

□□□□・□□□□

(5) ——線からどんな様子《ようす》がわかりますか。次の□にあてはまる言葉を詩の中から書きぬきなさい。(10点)

「ぼく」のほかには、□□□□に□□□いない様子。

(6) 詩の中で、時間がたったことがわかる一行を書きぬきなさい。(20点)

（　　）

(7) この詩には、よくにた二つの連があります。その二つの連のうち、あとのほうの連を書きぬきなさい。(20点)

（　　）

ステップ3

時間　25分
合かく点　70点
とく点　　点

勉強した日　　月　　日

1 次《つぎ》の詩《し》を読んで、あとの問《と》いに答えなさい。

ぶどう

与田準一《よだじゅんいち》

ぶどうのように、
ひとつ　ひとつが
まるく。

ぶどうのように、
みんなが　ひとつの
ふさになって。

ぶどうのように、
ゆったりと
においも　あまく。

ぶどうのように、
よろこびを
ひとから　ひとへ。

---

(1) この詩で、何度《なんど》もくり返《かえ》されている一行を書きぬきなさい。(20点)

（　　　　）

(2) それぞれのまとまり（連《れん》）のさいごの行のとくちょうを、次からえらび、記号《きごう》で答えなさい。(10点)

ア 行の終《お》わりの部分《ぶぶん》をはぶいている。
イ じゅんじょをぎゃくにしている。
ウ 音を表《あらわ》す言葉《ことば》を使《つか》っている。
エ 読み手に話しかけている。

（　　）

(3) この詩でえがかれている作者《さくしゃ》の気持《きも》ちを、次からえらび、記号で答えなさい。(20点)

ア おいしいぶどうを食べてみたい。
イ ぶどうはふしぎな食べ物《もの》だ。
ウ ぶどうのことをもっと知りたい。
エ ぶどうのようになりたい。

（　　）

❷ 次の詩を読んで、あとの問いに答えなさい。

かぼちゃのつるが　　原田直友《はらだなおとも》

かぼちゃのつるが
はい上がり
はい上がり
葉《は》をひろげ
葉をひろげ
はい上がり
葉をひろげ
細い先は
竹をしっかりにぎって
屋根《やね》の上に
はい上がり
短《みじか》くなった竹の上に
はい上がり
小さなその先たんは
いっせいに
赤子《あかご》のような手を開《ひら》いて
ああ　今
空をつかもうとしている

（平成十四年度版　学校図書「みんなと学ぶ小学校国語三年上」）

(1) この詩で何度もくり返《かえ》されている言葉を二つ、それぞれ五字で書きぬきなさい。（10点）

□□□□□・□□□□□

(2) かぼちゃのつるの先たんの葉を、どのようにたとえていますか。七字で書きぬきなさい。（20点）

□□□□□□□

(3) この詩でえがかれている、かぼちゃのつるの様子《ようす》を次からえらび、記号で答えなさい。（20点）

ア あちこちにまがりながらのびる様子。
イ 竹のまん中ぐらいまでのびた様子。
ウ ゆっくりと下におりてくる様子。
エ 元気よく上へ上へとのびていく様子。

（　　）

そうふく習テスト ❶

時間	合かく点	とく点
45分	70点	点

勉強した日　月　日

1 次《つぎ》の文章《ぶんしょう》を読んで、あとの問《と》いに答えなさい。

だれがおいていったのか。

すなはまに、いすがぽつんとありました。

ところどころペンキのはげた、白いいすです。

いすはだれかをまつように、ずっと海を見ています。

病院《びょういん》のベッドの上でひろくんも、ずっといすを見ています。

朝になりました。

①「おはよう！」

のぼりはじめた太陽《たいよう》が、海にきんいろの手をのばし、いすとあくしゅをしにきました。

いすの顔がばらいろ。

ひろくんの顔もばらいろ。

②みゃお　みゃお　みゃお。

朝ごはんのかもめたちが、いすのまわりにあつまりました。

おやおや。いすの上で、ごちそうのとりっこをしているかもめもいます。

「あ、犬だ！」

かもめたちは、わっわっととんでにげました。

犬は、いすのあしにおしっこをして、かもめをおいかけていきました。

ながぐつをはいたさかなつりのおじさんが、あるいてきました。

おじさんは、つりざおをふると、いすにすわってラジオの音楽をかけました。

それから、おべんとうをたべました。

さかなは、いっぴきもつれません。

おじさんは、かもめがおとしたさかなをひろって、帰っていきます。

＊

ひろくんの朝ごはんも、すみました。

どこかのお母さんが、あかちゃんをだいて、ひなたぼっこにでてきました。
お母さんは、いすにこしかけて、あかちゃんにおっぱいをのませます。
きいろいちょうちょがとんできて、いすのせなかにとまりました。
なみのこもりうたをききながら、あかちゃんもねむそう。
お母さんもねむそう。
ひろくんもひとねむり。

（山下明生《やましたはるお》「はまべのいす」）

(1) すなはまにぽつんとおいてあったいすは、どんないすでしたか。（10点）

ところどころ（　　）のはげた、ずっと（　　）を見ている（　　）いす。

(2) ずっといすを見ているのはだれですか。（10点）

（　　）の（　　）の上の（　　）。

(3) ――線①「おはよう！」とありますが、だれの言葉《ことば》ですか。（5点）

(4) 太陽の光のことを表《あらわ》している言葉を、六字で書きぬきなさい。（5点）

(5) ――線②「みゃお　みゃお　みゃお」とありますが、何を表していますか。（5点）

（　　）

(6) あかちゃんが聞いてねむくなった、なみがよせたり引いたりする音を表している言葉を、文章中から八字で書きぬきなさい。（5点）

(7) すなはまのいすにやってきたじゅんに、（　）に数字で答えなさい。（10点）

（　）犬
（　）太陽
（　）お母さんとあかちゃん
（　）さかなつりのおじさん
（　）かもめたち
（　）きいろいちょうちょ

2 次《つぎ》の文章《ぶんしょう》を読んで、あとの問《と》いに答えなさい。

1 シャボン玉は、どんな色をしているのでしょうか。また、どうして、そのような色になるのでしょうか。シャボン玉を作って調《しら》べてみましょう。

2 まず、湯《ゆ》ざましの水を、コップに半分用意《ようい》します。その中に、けしょう石けんを、小指《こゆび》の頭くらいけずってとかします。よくふくらむように、さとうも少しとかします。[①]、ふきこむ息《いき》を弱めるために、中ほどに、二、三か所《しょ》あなを空けたストローを用意します。このえきとストローをつかって、シャボン玉を作ります。

3 ストローの一方の口にシャボン玉えきをつけて、ゆっくりとふきます。すると、シャボン玉はふくらみ、いろいろな色が、あらしのように目まぐるしく動《うご》き回ります。さらに、ゆっくりと息をふきこんでいくと、あらしはおさまって、青一色になります。

4 つづけてゆっくり息をふきこんで、もっと大きくします。すると、青いシャボン玉には、赤いふちどりができてきます。そして、赤いふちどりは広がり、全体《ぜんたい》が赤っぽくなります。

5 そのうちに、黄色のふちどりがあらわれます。そして、黄色のふちどりは全体に広がり、黄色の一色になります。

6 このように、シャボン玉は、さまざまにまじり合った色のもようから、[②]、[③]、[④]の三色にかわります。そして、この色がわりは、何回やっても同じ順番《じゅんばん》です。

7 では、どうして、シャボン玉は、このように決《き》まった順番で色がわりをするのでしょうか。

8 じつは、シャボン玉の色は、まくのあつさによって決まるのです。息をふきこんで、シャボン玉が大きくなるにつれて、まくはうすくなります。まくのあつさがかわると、色がかわります。[②]、[③]、[④]と色がかわったのは、まくがうすくなっていったからです。

9 さまざまな色のもようがまじり合うのは、まくのあつさがどこも等《ひと》しくないときです。にじのようなしまもようができるのは、下の方ほど、まくがあつくなっているときだったのです。一色になるのは、ゆっくりとふいて、まくのあつさがどこも等しくなったときだったのです。

（佐藤早苗《さとうさなえ》「シャボン玉の色がわり」　平成四年度版　光村図書「国語わかば　三上」）

(1) ①にあてはまる言葉《ことば》を次からえらび、記《き》号《ごう》で答えなさい。（5点）

ア しかし　イ だから

ウ 次に　エ このように

（　　）

(2) 中ほどに、二、三か所あなを空けたストローを用意するのは、何のためですか。（5点）

（　　）

(3) ふくらんだシャボン玉で、いろいろな色が目まぐるしく動き回る様子《ようす》を何にたとえていますか。三字で答えなさい。（5点）

□□□

(4) 二か所の②～④には、どちらもシャボン玉の色のかわり方の、正しい順番が入ります。あてはまる言葉を次からそれぞれえらび、記号で答えなさい。（10点）

ア 黄色　イ 赤　ウ 青

②（　　）③（　　）④（　　）

(5) シャボン玉の色は、何によって決まるのですか。（5点）

（　　）

(6) 次のとき、しゃぼん玉の色はどうなりますか。（10点）

① まくのあつさがどこも等しくなったとき。（　　）

② まくのあつさがどこも等しくないとき。（　　）

③ 下の方ほど、まくがあつくなっているとき。（　　）

(7) この文章を、三つのまとまりに分けるとき、三つ目のまとまりは、どの段落《だんらく》からはじまりますか。1～9の段落番号《ばんごう》で答えなさい。（10点）

（　　）

そうふく習テスト ❷

時間 35分
合かく点 70点
とく点　　点

勉強した日　月　日

1 次《つぎ》の文章《ぶんしょう》を読んで、あとの問《と》いに答えなさい。

〔おにたは気のいいおにです。節分《せつぶん》の夜におい出されたおにたは、女の子の家に入りこみ、天じょうのはりの上にかくれました。〕

部屋《へや》のまん中に、うすいふとんがしいてあります。ねているのは、女の子のお母さんでした。

女の子は、新しい雪でひやしたタオルを、お母さんのひたいにのせました。すると、お母さんが、ねつでうるんだ目をうっすらと開《あ》けて言いました。

「おなかがすいたでしょう？」

①女の子は、はっとしたようにくちびるをかみました。でも、けん命《めい》に顔を横《よこ》にふりました。そして、

「いいえ、すいてないわ。」

と答えました。

「あたし、さっき、食べたの。あのねえ……、あのねえ……、お母さんがねむっている時。」

と話しだしました。

「知らない男の子が、もってきてくれたの。あったかい赤ごはんと、うぐいす豆《まめ》よ。今日は節分でしょう。だから、ごちそうがあまったって。」

お母さんは、［②］したようにうなずいて、また、とろとろねむってしまいました。すると、女の子が、フーッと長いためいきをつきました。

おにたは、なぜか、せなかがむずむずするようで、じっとしていられなくなりました。それで、こっそりはりをつたって、台所《だいどころ》に行ってみました。

「ははあん――。」

③台所は、かんからかんにかわいています。米つぶ一つありません。大根《だいこん》一切れありません。

「あのちび、何も食べちゃいないんだ。」

④おにたは、もうむちゅうで、台所のまどのやぶれた所《ところ》から、さむい外へとび出していきました。

（あまんきみこ「おにたのぼうし」）
平成十四年度版　教育出版「広がる言葉小学国語３上」

(1) 女の子は、お母さんのねつをさますために、何をしましたか。（10点）

（　　　　　　）

(2) ――線①「女の子は……」とありますが、このときの女の子の気持《きも》ちを次からえらび、記《き》号《ごう》で答えなさい。（10点）

ア お母さんにごはんを食べたことを、知られたくない。
イ 病気のお母さんにも、ごはんを食べさせてあげたい。
ウ お母さんに本当のことを知られて、心配《しんぱい》をかけたくない。
エ おにたがかくれて見ているので、本当のことを言いたくない。

（　　）

(3) ［②］にあてはまる言葉《ことば》を次からえらび、記号で答えなさい。（10点）

ア はっと　　イ ほっと
ウ むっと　　エ そっと

（　　）

(4) ――線③「台所は、かんからかんに……」とありますが、どんな様子《ようす》がわかりますか。（10点）

（　　　　　　）

(5) (4)の様子から、おにたはどんなことに気づいたのですか。（10点）

［　　　］が何も［　　　］いないこと。

(6) ――線④「おにたは、もうむちゅうで……」とありますが、このときのおにたの気持ちを次からえらび、記号で答えなさい。（10点）

ア 女の子に見つかったらたいへんなので、はやくにげ出そう。
イ ここには何もないので、新しい家をはやくさがそう。
ウ お母さんの病気《びょうき》を、自分の力で治《なお》してあげたい。
エ 食《た》べ物《もの》を持《も》ってきて、女の子に食べさせてあげたい。

（　　）

2 次《つぎ》の詩《し》を読んで、あとの問《と》いに答えなさい。

こころ　　からすえいぞう

ゆうやけが
あんまり　きれいだったりすると
おれ　①しんとした　こころになる
②ゆうやけの　ところへいって
はなしあいたくなる

なにを　はなすかっていうと
あかちゃんだったときの　こととかさ
しょうらいどうなるかって　こととかさ……

いつもは　こんなこと
おもわないんだぜ
・・・・・
③おれ　こころ
いっぱい　もっているんだな

（工藤直子《くどうなおこ》）

（平成十四年度版　日本書籍「わたしたちの小学国語３下」）

---

(1) ——線①「しんとした　こころ」とありますが、どんなこころですか。次からえらび、記号《きごう》で答えなさい。（10点）

ア はらだたしいこころ
イ しんみりしたこころ
ウ ゆかいで楽しいこころ
エ のんびりしたこころ

（　　）

(2) ——線②「ゆうやけの……」とありますが、たとえばどんなことを話すのですか。詩の中から二つ書きぬきなさい。（20点）

（　　）
（　　）

(3) ——線③の「おれ　こころ　いっぱい　もっている」とはここではどのようなことですか。次からえらび、記号で答えなさい。（10点）

ア たくさんのからすがいる。
イ したことをすぐにわすれる。
ウ 気分がすぐにかわる。
エ いろいろな思いがある。

（　　）

小学3年

答え

国語 読解力／標準問題集

1　言葉の意味

●2・3ページ（ステップ1）

❶ (1)春（のまん中）　(2)ア

考え方　(1)「春のまん中」は、「春のまっさかり」という意味です。(2)ありたちは、すいせんのラッパの音が気になって、急いでやってきたのです。

❷ (1)エ

(2)ちいさな目が、たくさんあつまって、できている。

考え方　(1)アは「すぐれている」、イは「つくられる」、ウは「生じる」、エと——線①は「する力がある」という意味です。(2)「ふくがん」という言葉に着目して答えます。

ここに注意　(2)「ちいさな目が、たくさんあつまって、できている」というトンボの目のとくちょうを、「ふくがん」という言葉で表しています。

❸ (1)イ　(2)黒い点

考え方　(1)「まぶしい」は、光がきらきらしてよく見えない様子を表す言葉で、天気がよいことがわかります。(2)黒い点にしか見えないほど、ヒバリは空高くとんでいるのです。

ここに注意　(2)ヒバリは横にとばないで、まっすぐ上にのぼっていったのです。

❹ (1)上町・下町・六千人　(2)手

(3)稲わら・細いつな

考え方　(1)どんなつな引きなのかを正しく読み取ります。(2)「手つき」は、あるものごとをするときの、手の動かし方のことです。(3)「このつな」という言葉に着目して、その意味を正しく読み取ります。

●4・5ページ（ステップ2）

❶ (1)ウ　(2)イ　(3)ウ

(4)光の海　(5)夢・光

(6)ヤエヤマボタル

(7)イ　(8)ウ　(9)エ

考え方　(1)「たそがれどき」の言葉の意味を正しくとらえます。(2)「ピタリと」は、「その時間にちょうど」という意味の言葉です。(3)ホタルの光が点滅する様子を、「パッパッと」という言葉で表現しています。(4)そのときの情景を、「わたし」がたとえを使って表現していることに着目します。(5)「夢のような光のショー」という言葉から、「わたし」がとても感動していることがわかります。(6)光っていたホタルの名前を正しく書きます。(7)「ちらほら」はあちこちに少しずつある様子を表す言葉です。(8)「あとかたもない」は「あとに何ものこっていない」という意味です。(9)「とっさに」の言葉の意味を正しくとらえます。

ここに注意　この文章には、「光のじゅうたん」という言葉が何度も出てきます。たくさんのホタルが群れになり、帯のように集まって光っている様子を「光のじゅうたん」にたとえています。

ひっぱると、はずして使えます。

2　こそあど言葉

●6・7ページ（ステップ1）

❶ ①イ　②ア　③エ　④ウ

考え方　①聞き手の近くにある本を指しているので、「その」を使います。②話し手の近くにある本を指しているので、「この」を使います。③いくつかの本の中からえらぶので、「どの」を使います。④話し手からも聞き手からもはなれた場所にある本を指しているので、「あの」を使います。

ここに注意　こそあど言葉をえらぶ問題では、まず「指しめすものがはっきりしているか、はっきりしていないか」を考えます。指しめすものがはっきりしている場合は、「指しめすものが話し手の近くにあるか、聞き手の近くにあるか、どちらからもはなれた場所にあるか」を考えます。

❷ ①いちごのケーキ
②ごはんとパン
③わたしが毎日行く公園
④校門の前にいる男の人

考え方 ①すぐ前の部分を指しています。②「どちら」は二つからえらぶときに使います。③「そこ」は場所を指すときに使います。④話し手からも聞き手からも遠くにいるので、「あの」を使っています。

❸ オオハクチョウ・両方のつばさ

考え方 「ぼく」が写真にとったのは何だったのかを考えて答えます。

❹ (1)葉・養分
(2)葉の色・緑色・黄色
(3)日光・養分

考え方 (2)「これら」は複数のものを指すこそあど言葉です。(3)「工場」は直後で説明されています。

ここに注意 一つの文章の中に、複数のこそあど言葉が使われています。それぞれのこそあど言葉のすぐ前の部分に着目して、指している言葉を正しくとらえます。

- **8・9ページ（ステップ2）**

❶ (1)一年の始まりをいわう行事
(2)一月十一日・十四日・十五日
・いろいろな行事
(3)ウ
(4)二月四日・五日・立春
(5)一月十五日・田植えいわい歌
(6)十三日から十五日
五才から十五才まで
・くるみの木で作った木刀
・鳥追い歌
(7)もぐら打ち・きね・わらたば

考え方 (2)・(3)それぞれ、こそあど言葉の「これ」の、すぐ前の部分を指しています。(4)行事は、毎年、決まった時期に行われます。(5)・(6)・(7)それぞれ、こそあど言葉の「これ」の、すぐ前の部分を指しています。

ここに注意 このあど言葉が指ししめす言葉は、ふつう、こそあど言葉のすぐ前の部分にあります。ただし、少しはなれた前の部分にあったり、後の部分にあったりする場合もあるので、注意します。

3 つなぎ言葉

- **10・11ページ（ステップ1）**

❶ ①ウ ②ア ③エ ④イ

考え方 ①前の部分が後の部分の理由になっているので、「だから」があてはまります。②前の部分に対して、後の部分に反対の内容がつづくので、「しかし」があてはまります。③後の部分で前の部分の理由を説明しているので、「なぜなら」があてはまります。④後の部分で前の部分につけ加えているので、「そのうえ」があてはまります。

❷ ①しかし（「けれど」「だけど」なども正解）
②つまり（「よって」「だから」「すると」なども正解）
③たとえば
④そのうえ（「さらには」「それから」なども正解）

考え方 ①前の部分に対して、後の部分に反対の内容がつづいています。②前の部分のことを後の部分で言いかえています。③前の部分のことについて、後の部分で例をあげています。④後の部分で前の部分につけ加えています。

ここに注意 字数に合う、正しいこそあど言葉を考えます。たとえば、①の場合は同じ字数なら「けれど」「だけど」、二字なら「でも」、四字なら「けれども」などがあてはまります。

❸ ①ウ ②ア

考え方 ①前の部分にならぶようなことが、後の部分に続いているので、「そして」があてはまります。②前の段落と反対の内容が後につづくので、「でも」があてはまります。

❹ ①ウ ②イ ③ア

考え方 それぞれ、前後の続き方から考えます。①は後の部分で例をあげて説明しているので、「たとえば」があてはまります。

ここに注意 つなぎ言葉をあてはめたら、それぞれ正しくつながるかどうか、たしかめるようにします。

● 12・13ページ（ステップ2）

❶ (1)イ (2)イ (3)人間・さる
(4)ほね・人さし指・中指
・薬指・小指
(5)エ (6)イ
(7)かた手・親指・人さし指

考え方 (1)後の部分では、前の部分と視点を変えているので、「では」があてはまります。(2)どちらも、前の部分と反対の内容が後の部分につづいています。(3)人間も、さるの仲間であることに注目します。(4)「それ」はすぐ前の部分を指していますが、「それぞれの指」が何かについても正しくとらえます。(5)前の部分にならぶようなことが、後の部分につづいているので、「そして」があてはまります。(6)後の部分で例をあげて説明しているので、「たとえば」があてはまります。(7)最後の一文の内容から読み取ってまとめます。

ここに注意 (1)視点を変えるときに使われる「では」、(6)例をあげて説明するときに使われる「たとえば」など、説明文の中でよく使われるつなぎ言葉に注意します。

● 14・15ページ（ステップ3）

❶ (1)ウ (2)エ
(3)ラッコ・エジプトハゲワシ
(4)えんぴつ・はさみ・のり
(5)ウ
(6)道具を作る
(7)イ
(8)チンパンジー
・木のえだ・はっぱ

考え方 (1)前の部分と後の部分で反対の内容を述べているので、「けれども」があてはまります。(2)例をあげて説明しているので、「たとえば」があてはまります。(3)「これら」は複数のものを指す場合に使われるこそあど言葉です。(4)「それら」も複数のものを指す場合に使われます。(5)「しかし」は「けれども」と同じように、前の部分と後の部分で反対の内容を述べる場合に使われます。(6)すぐ前の部分を指しています。(7)前の段落にならぶようなことが、後の部分に続いているので、「また」があてはまります。(8)すぐ前の部分の内容をまとめます。

ここに注意 (6)「そこ」は場所だけでなく、文章の中の一部分を指ししめす場合もあるので、注意します。

4 場面をおさえる

● 16・17ページ（ステップ1）

❶ 十一月・全校なわとび大会
・左足・ゼロ回

考え方 いつ行われたどんなことで、何が起こったかを読み取ります。

ここに注意 「サイテーの大記録」とは、「ゼロ回」という全校なわとび大会での記録のことです。

❷ 松井さん・ごんざみさき・林のなかのほそい道

考え方 登場人物は、うんてんしゅの松井さんです。松井さんがお客さんをおくったあとの、帰り道の場面です。

❸ 学校・ゆうこ・おかっぱの女の子

考え方 目を覚ましたゆうこが、知らないおかっぱの女の子がねていることに気づく場面です。ゆうこは、この女の子がだれなのか、今、どこにいるのか、わからないのです。

❹ (1)大きなくすのき・くすのきまち・終バス

(2)くすのき

考え方 (1)終バスがバスの終点に着いた場面です。人かげが路地に消え、ひっそりとしているあたりの様子を読み取りましょう。(2)この作品は、バスの終点の道のほとりに立つ、くすのきの視点でえがかれています。

ここに注意 (2)物語では、人間以外のものが言葉を話すことがあるので注意します。

● **18・19ページ（ステップ2）**

1 (1)・はまゆり写真機店 ・周一さん
(2)長い雨の季 (3)イ
(4)はまなす写真館
(5)周一さん・おばあさん・むすめ・写す

考え方 (1)カメラ店の名前は、店の屋根にあるかんばんからわかります。その店にすむ周一さんが、この物語の主人公です。(2)つゆが明けたばかりの、夏のはじめの夜の場面です。(3)「ほっぺたを、ぽっとあかくしました」という部分から、周一さんと目が合ってはずかしがっているおばあさんの様子がわかります。(4)「写真機店」はカメラなどを売る店であるのに対し、「写真館」は写真を写す場所です。(5)おばあさんが自分をなくなった父親とまちがえていることを知り、周一さんはおばあさんの望みどおりに自分で写真を写そうと思ったのです。

ここに注意 登場人物による会話の部分から、どのような場面で、人物がどのようなことを考えているかを、正しく読み取るようにします。

5 話題をとらえる

● **20・21ページ（ステップ1）**

1 アブ・針・ハチ・敵

考え方 最後から二つ目の一文で、アブの体について自分の考えたことを、疑問の形で述べています。

2 シャボン玉・どんな色
シャボン玉・そのような色

考え方 「シャボン玉は、……でしょうか。また、……でしょうか。」と、疑問を投げかけています。

ここに注意 この説明文では、あることを説明した後、「……でしょうか。」と読む人に疑問を投げかけています。

3 ヤドカリ・ハサミ・貝がら

考え方 ヤドカリが、ほかのヤドカリから貝がらをうばう様子が書かれています。

ここに注意 筆者が、自分の見たことをくわしく書いて説明していることに着目します。

4 (1)キツネ・子育て
(2)三〇〇・五〇〇・四・八

考え方 (1)キツネの子育てについてくわしく説明しています。(2)数字を用いて、正確に説明しています。

● **22・23ページ（ステップ2）**

1 (1)正月（新年）・祭り・行事
(2)悪霊・祭り・行事
(3)中国・中国南部・日本
(4)わか水くみ
(5)イギリス・日本・沖縄県
(6)国・地いき・年の始まり・ねがう

考え方 (1)文章の初めの部分で、どんな話題なのかが書いてあります。(2)正月の祭りや行事について、「まず、……」という言い方で、説明しています。(3)世界のさまざまな国や地いきで、よくにた行事が行われていることがわかります。(4)「もう一つ、……」という言い方で、別の正月の祭りや行事について説明しています。(5)「わか水くみ」の行事についても、世界のさまざまな国や地いきでよくにた行事が行われているのです。(6)文章の終わりの部分で、「……よく分かるのではないでしょうか。」と、筆者が思ったことを書いてまとめています。

ここに注意 (6)説明文では、終わりの部分でその文章の話題に対する筆者の考えが書かれている場合が多いので、注意します。

● 24・25ページ（ステップ3）

❶ (1)ア
(2)渡辺さんの家・うら手
(3)スリルまんてん
(4)渡辺さんのゲレンデ
(5)ウ
(6)イ

考え方　(1)「うめの花がさいた」「雪がのこっている」などの部分から、春のはじめであることがわかります。(2)「北の斜面で日あたりがわるい」のは、渡辺さんの家のうら手です。(3)「スリルまんてん」とは、「とてもはくりょくがある」という意味です。(4)「けいしゃのある畑」を使って、ソリで遊んでいたので、スキー場にある「ゲレンデ」にたとえたのです。(5)「いつもの年もおそくまで（雪が）のこっているが」とあります。特別に感じたのは、雪がのこっていることとは別の理由があるのです。(6)「へんじをしてみせた」とあります。三年生の太一は、弟で一年生になったばかりの直人に、あわてたところを見せたくなかったのです。

ここに注意　(6)登場人物の気持ちは、場面の様子からも考えるようにします。アやウと答えないように注意すること。

6　段落の関係をつかむ

● 26・27ページ（ステップ1）

❶ エ

考え方　段落[1]のような犬について、具体的に例をあげて説明しています。

❷ ①[3]　②[2]　③[1]

考え方　①「もし、……したら」と、仮定の話をしてさらに説明しています。②[1]段落のノミの話題について、説明しています。③「……知っていますか？」と、読み手にたずねる形で、ノミの話題を出しています。

ここに注意　説明文を読むときには、それぞれの段落に書かれている内容と、段落どうしの関係を正しくとらえることが大切です。

❸ イ

考え方　月が一か月ごとにまるくなったり、細くなったりする理由について、説明しています。

ここに注意　[2]段落のはじめの部分にある、「これは」に着目します。[1]段落で出した話題について、[2]・[3]段落でその理由を説明しています。段落と段落の関係を考える場合は、段落のはじめの部分にあるつなぎ言葉と理由を表す言葉がヒントになる場合があります。

❹ ①[2]　②[1]　③[3]

考え方　[1]段落で「トンネルほりの名人」という話題を出し、[2]段落で「トンネルほりの名人」であるもぐらの体について数字を使って具体的に説明し、[3]段落で、「もぐらがトンネルほりの名人」といわれるのはなぜかと、疑問を投げかけています。

● 28・29ページ（ステップ2）

❶ (1)ヤドカリ・すみかえ
(2)まき貝のからの中
(3)貝がら（まき貝）・大きく
(4)イ　(5)エ
(6)体の大きさ・貝がら
(7)①[6]　②[1]　③[2]
④[3]・[4]・[5]

考え方　(1)[1]段落で、「どうやってすみかえるのでしょう」という、この文章の話題を出しています。(2)[1]段落のはじめに、「ヤドカリは、まき貝のからの中にすんでいます」とあります。(3)――線①の前にある、「それで」という言葉に着目します。(4)「〜ようです」という言い方から、ヤドカリを見て、筆者が考えたことを書いているとわかります。(5)[4]段落に「はじめ」とあり、[5]段落は「次に」とつづきます。(6)[6]段落から読み取ります。(7)[1]段落で話題を出し、[2]段落で調べるために自分がしたことを書き、[3]〜[5]段落でかんさつして自分が見たことを書き、6段落で結論を出し、文章全体をまとめています。

ここに注意　(7)「はじめに話題を出し、読み手に疑問を投げかける」→「次にその話題について説明する」→「最後に結論を出して文章全体をまとめる」というこの文章の段落の組み立ては、説明文でよく使われる構成なので、よくおぼえておきます。

7　理由を考える

● 30・31ページ（ステップ1）

❶ こむぎこ・がある。
（母ちゃん・がある。）

考え方　町へいく用事があるのに、母ちゃんはかぜをひいて町へいくことができません。だから、マサルはひとりで町へいくことを決めたのです。

ここに注意　物語を読むときには、登場人物の行動についてその理由を正しくとらえることが大切です。

❷ はさみ・大きい

考え方　かにの兄弟なので、じゃんけんははさみだけでいつもあいこです。しかし、はさみの大きさがちがっていたのです。

❸ ミズナラの林・シマリス

考え方　シマリスは、冬の間は冬眠しているため、そのすがたを見かけることはありません。

❹ (1)産卵
(2)毎年・2〜3年ごと

考え方　(1)「産卵のために……」とあります。(2)「そのため」という言葉に着目します。

ここに注意　説明文を読むときは、「そのため」「だから」などの言葉に気をつけて、理由を正しく読み取ることが大切です。

● 32・33ページ（ステップ2）

❶ (1)漢字・かな・変化・意味の切れ目
(2)漢字・中国・文字
(3)漢字
(4)手間・めんどう
　文章・読みにくかった
(5)くずして書いたもの
　漢字の一部分
(6)漢字・かな・読み書き・便利

考え方　(1)すぐ後に「それは、……からです」と、理由を説明している文があります。(2)文頭にある「ですから」に着目します。その前の部分を読めば、理由がわかります。(3)すぐ前の文に「漢字だけで文章を書いていたのです」とあります。(4)前の段落に、漢字だけで日本語を書き表すことの不便さが書いてあります。(5)「ひらがなは、……作られ、かたかなは、……作られました」の一文に着目して答えます。(6)漢字にかなをまぜた書き方によい点があったので、その書き方をするようになったのです。

ここに注意　日本語を書き表すのに使われる漢字とかなについて、その歴史を正しく理解します。私たちが日ごろ使っている日本語の表記についても考えてみるようにします。

● 34・35ページ（ステップ3）

❶ (1)①2　②3　③1
(2)①7　②6　③5
(3)しお
(4)石油・石炭・ダイヤモンド・鉄
(5)太陽の光・やみの世界
　深く・あつ力
(6)4

考え方　(1)4段落に「この広くて深くて大きな海」とあります。これは、1〜3段落で陸とくらべた海のことを指しています。(2)5段落「まず第一に」、6段落「第二に」、7段落「第三に」と、海の使い方を順序よく説明しています。(3)人間は、昔から、海水にとけたしおを取り出して使ってきたのです。(4)すぐ前の二つの文に書かれているものです。(5)文頭の「ですから」に着目します。すぐ前の部分に、二つの理由が書いてあります。(6)1〜3段落で海の広さ、深さ、大きさを、4〜9段落で海の利用方法を、10段落で深い海の中での作業のたいへんさを、それぞれ説明しています。

ここに注意　(6)説明文をいくつかのまとまりに分ける場合には、文章全体を読んで全体の組み立てから段落と段落のつながり方を考えます。

8　気持ちを読み取る

● 36・37ページ（ステップ1）

❶ ウ

考え方　「あっ！」とさけんで急にブレーキをかけた運転手の様子から、びっくりしている気持ちがわかります。

❷ エ

考え方　「むっとする」は、急に腹立たしい気持ちになった様子を表す言葉です。「あたし、がっかりだわ……。」というミドリの言葉にタカシは腹立たしい気持ちになったのです。

ここに注意　ミドリの言葉を聞いたときのタカシの気持ちの変化を読み取ります。物語を読むときは、登場人物の気持ちの変化に注意します。

❸ イ

考え方　年取ったサーカスのライオンのじんざは、元気だったころのアフリカでの生活を思い出して、なつかしい気持ちになっているのです。

❹ エ

考え方　年賀状の漢字の使い方について、きびしく注意するおばあちゃんの手紙を読んで、ゆいはショックを受けているのです。その気持ちが「黒目は、半分だけ上まぶたにかくれました」「かんぜんに白目になりました」という、ゆいの表情の変化からわかります。

ここに注意　人物の気持ちの変化は、言葉や行動のほか、表情からも読み取れる場合があるので注意します。

● 38・39ページ（ステップ2）

1 (1)エ　(2)イ　(3)イ
(4)こうた（男の子）
　きつね
(5)イ

考え方　(1)とうげをこえればお祭りをやっている場所です。お祭りの音も聞こえてきています。ごんじいは、目的地に近づいてほっとしています。(2)人間に化けてお祭りに行きたいと、きつねが考えていると思ったごんじいは、わざと――線②のように言ったのです。(3)「目をぱちくりする」のは、思いがけないことにびっくりしたときです。ごんじいは、顔だけがきつねで、ほかは人間に化けたきつねのすがたを見て、びっくりしたのです。(4)こうたがおめんをかぶったら、顔がきつねのままでも化けていることがわかならいと、ごんじいは考えたのです。(5)こうたは、ごんじいのまごにまちがわれたことがうれしかったのです。

ここに注意　ごんじいとこうた、それぞれの気持ちの変化を、会話文や行動から正しく読み取ります。

9　せいかくを読み取る

● 40・41ページ（ステップ1）

❶ ①元気者　②あまえんぼ

考え方　物語には、登場人物の性格が、具体的に書いてある場合があります。

❷ ウ

考え方　自分のことではないのに、兄に合わせてでんぐりがえしをする弟のタケの行動から、性格を読み取ります。

ここに注意　性格を読み取るときには、人物の言葉や行動に着目します。

❸ ウ

考え方　泣いている女の子をほうっておくことができず、声をかける昭代ちゃんの様子から、性格を読み取ります。

❹ イ

考え方　マリ子にいたずらをしますが、先生にしかられると後であやまっているとおるの様子から、性格を読み取ります。

ここに注意　一つの行動や言葉だけからは、その人物の性格がわからないことがあるので注意します。

●42・43ページ（ステップ2）

1 (1)朝ねぼう
(2)ひろし・起こす
(3)エ　(4)イ　(5)エ

考え方　(1)文章のいちばん初めに、「ひろしは朝ねぼうだ。」とあります。(2)お母さんに、起こしてもなかなか起きないひろしのことを相談されて、おじいさんは、「まかしとけ」と言ったのです。(3)おじいさんが朝、ひろしにかけた電話の内容から、性格を読み取ります。(4)「（ひろしが）起きるまで、待ってやろうよ」というごろうに対し、あきおは、「ほっといて行こう」と言っています。(5)朝ねぼうのひろしですが、おじいさんの電話の言葉には、文句を言いながらもしたがっています。

ここに注意　それぞれの行動や言葉から、人物一人一人の性格のちがいに気をつけて読み取ります。

●44・45ページ（ステップ3）

1 (1)ウ　(2)ウ
(3)しょうぼう車・男の子（子ども）
(4)エ　(5)ウ

考え方　(1)「ひとかたまりの風になって」の部分から、少しでも早くアパートへ行って男の子を助けようとしている、じんざの様子がわかります。(2)自分もあぶない目にあうことを知っていながら、男の子を助けるためにじんざは火の中にとびこんだのです。(3)しょうぼう車をよんで男の子をわたすことができたら、男の子は助かるのです。(4)人々は、じんざが男の子を助けるのを見ていたので、じんざにも何とか助かってほしいと思っています。(5)自分があぶない目にあうことを知りながら、男の子を助けようとするじんざの行動から、性格を読み取ります。

ここに注意　(5)物語では、主人公の性格がよく出題されます。文章全体をよく読んで、主人公の行動や言葉から性格を正しく読み取ります。

10　主題をつかむ

●46・47ページ（ステップ1）

1 売って・見たい

考え方　「その男の前で足を止めてしまう」という、筆者の気持ちが主題としてえがかれています。

2 イ

考え方　赤ちゃんが生まれることになり、自分の周辺が変わってとまどう「ぼく」の気持ちが、主題としてえがかれています。

ここに注意　物語では、登場人物の気持ちの変化が主題としてえがかれる場合があります。

3 アフリカ・（でっかい）むぎわらぼうし

考え方　「ぼく」には、アフリカの「まっかまんまる」なお日さまが、まっ白いむぎわらぼうしに見えたのです。

ここに注意　物語では、題名に主題のヒントがかくされている場合があります。

4 ちる・どこへいくのか

考え方　旅人とおさびし山のさくらの木の会話から読み取ります。

●48・49ページ（ステップ2）

1 (1)お母さん・家
(2)自分が一年生だった時のこと
(3)ウ　(4)イ　(5)ウ

考え方　(1)文章の初めの部分に、急いで家を出てしまったマユミの様子がえがかれています。(2)マユミは女の子を見て、一年生の時の自分とお母さんのことを思い出したのです。(3)「ほっとする」は、安心した気持ちを表します。お母さんは、マユミの言葉を聞いて安心したのです。(4)「もじもじする」は、はずかしがる様子を表します。

(5)女の子たちと出会って、マユミがどのように変わったのか、その気持ちの変化が主題としてえがかれています。

ここに注意 (5)文章の終わりの部分に、「さっきまでの、とがった気持ちが、やさしくほぐれていくように思えました。」とあります。文章の初めの部分とくらべ、マユミの気持ちが大きく変わっていることに着目します。

11 筆者の考えを読み取る

● **50・51ページ（ステップ1）**

❶ えさ・敵・えさ

考え方 「……ようです」という言い方で、筆者が思ったことが書いてあります。

❷ ひと・とくべつな動物

考え方 チンパンジーのアイについて研究を続けた筆者の考えたことです。

ここに注意 「……と思います」という言い方で、筆者が考えたことが書かれています。説明文で筆者の考えを読み取るには、文の終わりの言い方に着目します。

❸ カマキリが昼だけでなく、夜も活動していること。

考え方 「こうして、……わかりました」と、文章の最後でわかったことが書かれています。

❹ 野生動物・人間の生活

考え方 最後の段落で、筆者の考えたことを書いて、文章全体をまとめています。

ここに注意 説明文では、文章の最後の部分に筆者の考えが書かれている場合が多いので、注意して読むようにします。

● **52・53ページ（ステップ2）**

1 (1)①お母さん ②お姉さん
③サザエ

(2)サザエさん・だれからみるか

(3)①子ども ②弟や妹 ③親

(4)①いそのさん・ワカメちゃん
②二組のいそのさん
③三年二組のいそのさん

(5)同時・たくさんの人・つながり
・生活・よび方・よばれ方

考え方 (1)よぶ人によって、サザエさんのよび方が変わっていることに注目します。(2)サザエさんのよび方が変わる理由を正しく読み取ります。(3)サザエさんのよび方が変わる理由について、具体的に説明している部分を正しく読み取ります。(4)ワカメちゃんも、サザエさんと同じように、よび方が変わっています。(5)サザエさん一家の例をあげたあと、筆者はまとめの段落で、自分の言いたかったことをのべています。

ここに注意 (5)段落構成にも着目します。初めの段落で話題を出し、その話題について例をあげて説明した後、最後の段落で自分の言いたかったことをのべて、文章全体をまとめています。

● **54・55ページ（ステップ3）**

❶ (1)海辺

(2)子・ひき潮・海

(3)海・陸・海辺

(4)波が荒い。
強いひざしをあびて乾燥する。
高温になる。

(5)小動物たちの生活は、大きな打撃をうけます。

(6)子・海 (7)エ

考え方 (1)ヤドカリなどの小動物がすむ海辺をどうしたらいいかということが、この文章の主題です。(2)陸にすむ小動物たちも、オカヤドカリと同じように、子孫を残す場所として海辺を利用しているのです。(3)陸にすむ小動物たちと同じように、海にすむ小動物も、海辺を利用しているのです。(4)きびしい環境だからこそ、ヤドカリにとっては安全な場所なのです。(5)「どうなるでしょう。」と、疑問を投げかけ、続けて「小動物たちの生活は、……」と、その答えを書いています。(6)「そこ」のすぐ前の部分に指ししめしている内容が書かれています。(7)最後の段落に、筆者の考えがのべられています。

ここに注意　説明文では、筆者がもっとものべたかったことは、文章の最後の部分に書かれていることが多いので、注意します。

12　物語を読む (1)

● 56・57ページ（ステップ1）

❶ (1)小さな駅・歩いている
(2)六月・おひる
(3)真夏・暑い

考え方　物語の初めの部分を読んで、人物の行動や場面の様子を読み取ります。

❷ 夕日

考え方　町が夕日をあびてうすもも色にそまっている、夕方の場面がえがかれています。

ここに注意　物語を読むときは、季節や時間、天気などにも注意します。

❸ (1)汽車
(2)ばんざーい。

考え方　登場人物の性格を考えながら、その行動について読み取ります。

❹ さくら子（ちゃん）
いっしょに遊ぼう
ミズキ（自分）

考え方　「ありがとう」を三回くり返していることから、ミズキがさくら子の言葉にたいへん喜んでいることがわかります。

ここに注意　物語では、人物の言葉の使い方にそのときの気持ちが表れる場合があります。

● 58・59ページ（ステップ2）

1 (1)よいにおい・あせ・あったか
(2)ゆさぶって・落とす
(3)木の下にいて、落ちてくるクリを拾う役目。
(4)①二本指・つまみだす
②ぼうの先・まっ二つ（二つ）
・クリの実
(5)宝石のように
(6)ウ

考え方　(1)よいにおいがしてあたたかい、林の中の様子が、くわしくえがかれています。(2)(3)大きな子どもたちは木にのぼってクリのイガを落とし、年下の子どもが木の下でそれを拾うのです。(4)クリのイガのわれ方によって、実の取り出し方がちがうのです。(5)「宝石のように」というたとえから、クリの実の美しく光る様子がわかります。(6)場面の様子や人物の言葉から、「わたし」がクリの実を見ておどろき、感動している様子を読み取ります。

ここに注意　(5)物語で使われている、たとえの表現に注意します。

13　物語を読む (2)

● 60・61ページ（ステップ1）

❶ (1)つるばら村・パン屋さん
(2)パン職人・くるみ

考え方　「三日月屋」がどんなお店でだれが働いているか、正しく読み取ります。

❷ (1)おじいさん・バイオリンひき
(2)①おもしろそうにおどりだした。
②悲しくなった。

考え方　(1)おじいさんが橋の上でバイオリンをひき、それを通る人が足を止めてきいていたのです。(2)おじいさんがバイオリンでひく歌によって、きく人の様子が変わっていることに着目します。

ここに注意　(2)登場人物の様子に着目して答えます。

❸ (1)たたみ・ひっかいて
(2)チイ子（うさぎ）

考え方　見つかったうさぎのチイ子の様子と、見つけたときの修の様子を、正しく読み取ります。

❹ (1)白いきぬ・なめらか

(2)イ
(3)豆まきの声もやみ（、町はもう、ねしずまっています。）

考え方 (1)雪が地面にやわらかくつもっている様子を、「白いきぬをはったように」と表現しています。(3)「おには外、福は内」という節分の豆まきの声が、夜になってやんでいるのです。

ここに注意 (2)場面の様子から、あてはまる言葉を考えます。

● 62・63ページ（ステップ2）

1 (1)畑のうね・うすみどりのふたば
(2)ウ (3)イ (4)ウ (5)エ
(6)大きく・やおや

考え方 (1)かきの木は、長い間この場所にいるので、ふたばを見ただけでどんなやさいなのかがわかるのです。(2)「首をかしげる」は不思議に思う気持ちや変だと思う気持ちを表す慣用句です。(3)「よっこらしょ」という言葉は、重い物を持ち上げるときに使う言葉です。畑の中の大きくなったはくさいがとても重いことがわかります。(4)春に芽をだしたはくさいが、秋の出荷の時期をむかえています。「はい色の風」はそのような季節にふいている風を表しています。(5)「小さなはくさい」は、やおやで売るにはまだ小さかったので、お兄さんはトラックにのせなかったのです。(6)小さなはくさいは「体そうをして大きくなったら、自分もトラックにのせてもらえる。」そう考えたのです。

ここに注意 場面の様子に注意して、小さなはくさいの気持ちを正しく読み取ります。

14 物語を読む(3)

● 64・65ページ（ステップ1）

1 小えだ・はさみ・せんてい

考え方 父さんと母さんのしごとの様子を、「せんてい」という言葉に注意して読み取ります。

2 クリスマス・おばあちゃん・ペンギン

考え方 文章の最後に、うれしい気持ちになれない理由が書かれています。

ここに注意 物語で人物の気持ちを読み取るには、どうしてそのような気持ちになったかを考えることが大切です。

3 氷の国・休みなし・とびつづけて

考え方 「なにせ……のです」という言い方で、つるたちがつかれている理由を説明しています。

4 (1)ウ
(2)森先生が葉子の方をごらんにならなかったこと。

考え方 (1)□の前後の関係を読み取ります。ノートを開いた当然の結果として、そこにかかれていた落書きが見つかったのです。(2)指示語をふくむ文から、葉子の心配していることを、さがせばよいとわかります。

● 66・67ページ（ステップ2）

1 (1)パチンコ玉
(2)ころがる・まん丸・ころがらない
(3)消しゴム・三角形のあな・おちていった
(4)エ (5)ウ (6)イ
(7)一ぴきのやもり

考え方 (1)さおりの消しゴムは、パチンコ玉のように、小さくて丸くなっていたのです。(2)「そこ」に着目します。すぐ前の部分に、「おもしろい」ところが書かれています。(3)すぐあとの部分に、「こんなこと」の内容が書かれています。(4)「むっとする」は、急におこりたくなる気持ちを表します。ゆきひろの口もとがわらっているように見えたので、さおりははらを立てたのです。(5)「口をとがらす」は、不満な気持ちを表す言葉です。(6)あなの中から出てきたものを見て、さおりはおどろいているのです。(7)あなの中から出てきたやもりは、さおりを見上げているように見えたのです。

ここに注意　この物語は、ゆかのあなに落ちた消しゴムと、ゆかから出てきたやもりをめぐる、ふしぎな物語です。さおりの気持ちの変化にも注意します。

● **68・69ページ（ステップ3）**

❶ (1)イ
(2)いまごろの季節の葉っぱからでてきた
(3)灯心　(4)ア　(5)イ
(6)(例)むすめがじぶんでろうそくをつくるとこたえたから。

考え方　(1)「ほっとする」は、安心した気持ちを表す言葉です。さがしていたものが見つかりそうなので、むすめは安心しているのです。(2)小さくて、めぶいたばかりの、若葉のような色の服を着ているむすめを見て、サクラさんはそのように思ったのです。(3)「灯心」は、ロウソクのまん中に入っているものです。(4)「きょろきょろ」は、ものをさがしている様子を表します。むすめは、たなを見て、灯心をさがしているのです。(5)「灯心はない」とサクラさんに言われて、むすめはがっかりしたのです。(6)むすめの言葉を聞き、自分でロウソクをつくろうとしていると知って、サクラさんはおどろいたのです。

ここに注意　店にやってきたのはどんなむすめだったか、また、そのむすめを見てサクラさんはどのように思ったかを正しく読み取ります。

15 説明文を読む (1)

● **70・71ページ（ステップ1）**

❶ (右から順に) 4・3・2・1

考え方　葉が広がってから花がさくまでのチューリップの様子を、順序よく読み取ります。

❷ (1)冬・集団
(2)子どものころ・川ぞい・竹やぶ

考え方　(1)文章の初めの部分で、カラスの習性について説明しています。(2)筆者（＝ボク）が子どものころに見た、カラスが集まってきた場所です。

ここに注意　(2)「そこ」は場所を指ししめすこそあど言葉です。

❸ (1)ウ
(2)①鼻　②目

考え方　(1)前の内容と反対の内容が、後につづいています。(2)キタキツネの狩りは、ほとんどが耳からはいる音でするのですが、耳がつかえないときは鼻、鼻もつかえないときは目をつかうのです。

❹ (1)水・白や銀色の紙きれ・大きなガラスの水そう
(2)①2　②1

考え方　(1)すぐ前に書いてある部分から、「それ」の指す内容をまとめます。(2)前半の段落でどんな実験をしたのかを、後半の段落で実験をしてわかったことを書いています。後半の段落の初めにある「このこと」は、前半の段落の実験の結果のことを指しています。

ここに注意　(2)説明文では、実験したことを書いている部分と、その実験でわかったことを書いている部分を、正しく読み分けることが大切です。

● **72・73ページ（ステップ2）**

❶ (1)もぐら・トンネル
(2)・さつまいも　・シャベル
(3)三十センチメートル
・六十〜九十メートル
(4)イ
(5)土・三十センチメートル
・二十センチメートル
(6)エ

考え方　(1)「もぐらのトンネルほり」がこの文章の話題です。(2)「さつまいものような」「シャベルのような」と、たとえを使って言い表しています。(3)数字を使って説明しています。(4)①「ところで」は話題を変えるときに使うつなぎ言葉、②「そこで」は前のことが理由になり、後のことがつづく場合に使うつなぎ言葉です。(5)すぐ前の部分に書いてあることをもとに、まとめます。(6)「もぐらは……でしょう。」と、筆者が考えたことを書いています。

ここに注意 (3)・(5)数字だけでなく、単位もまちがえないように気をつけます。

16 説明文を読む(2)

● 74・75ページ（ステップ1）

❶ (1)安全などろの穴のなか。
(2)変温動物・体温・動けなく

考え方 (1)動けなくても安全なところです。(2)「そのため」の「その」は、すぐ前の文の内容を指しています。

❷ 糸のしん動

考え方 えものがかかると網がゆれ、糸のしん動でえものがかかったことを知り、クモはゆれる網をつたってえものに近づくのです。

ここに注意 「糸」だけでは不正解です。かならず「糸のしん動」と答えます。

❸ (1)エ (2)ねんど

考え方 (1)前の二つの段落を受けて、説明しています。(2)「ねんど」がどのようにできるかを説明しています。

❹ ①3 ②2 ③1

考え方 1段落で話題についてのべ、それを受けて2段落で例をあげ、さらに3段落で具体的に説明しています。

ここに注意 段落の初めの部分に着目します。2段落の初めには「たとえば」、3段落の初めには「このうち」とあります。

● 76・77ページ（ステップ2）

1 (1)一九七五年五月
(2)ヒメボタルのよう虫が食べるオカチョウジガイがたくさんいた（から。）
外ぼりの地めんが人々にふみかためられたり、ほり返されたりすることがなかった（から。）
(3)ホタルを守ろうという運動
(4)4
(5)エ

考え方 (1)名古屋市の中心にある名古屋じょうの外ぼりに大発生したのです。(2)2段落に、ヒメボタルが大発生した理由が書かれています。(3)とくにえきにつとめていた人が中心になってどりょくがなされました。(4)1～3段落でヒメボタルの大発生について、4～6段落で数がへったヒメボタルが、さまざまなどりょくによってふたたびふえる様子が、それぞれ書かれています。(5)自然の生き物を守るためのどりょくの大切さが、この文章のテーマです。

ここに注意 (5)文章全体から考えます。特に初めの段落と最後の段落に注意します。

● 78・79ページ（ステップ3）

❶ (1)①佐賀県の有田町
②一月六日
(2)子どもたち
・七福神の着物や道具
(3)①いちばん年上の子
②道案内
(4)（右から順に）2・4・1・3
(5)今年もよい正月が来た

考え方 (1)文章の初めで、どこで、いつ行われる行事かを説明しています。(2)すぐ前の文から、「その家」が指している内容をまとめます。(3)さいりょうは、七福神の行事の中でも、とくに大切な役です。(4)「いちばん初めに」「次に」「おしまいに」という言葉から読み取ります。(5)七福神をむかえた家の人からもよろこばれる、お正月の行事なのです。

ここに注意 七福神の行事が、いつ、どこで行われていて、地元の人にどのように思われているかを正しく読み取ります。

17 詩を読む(1)

● 80・81ページ（ステップ1）

❶ ア

考え方 「ヒバリは歌をうたうし」「お日さまはぽかぽか」などの表現から、あたたかい春の様子が伝わってきます。

❷ おふくろ

考え方 「おふくろ」とは「お母さん」のことです。「夕立ちは……おふくろである」と、たとえを使って表現しています。

ここに注意 詩で使われるたとえの表現には、「～のような」などの言葉を使うもののほか、「夕立ちは……おふくろである」のように「～のような」などの言葉を使わないものもあります。

❸ イ

考え方 「のぼって　いった　山」「あそこ」、「おりて　きた　くつ」「ここ」などの表現に着目します。山から下りたあと、今までいた山を見ている情景がえがかれています。

❹ ふってくる

考え方 詩の最後の「ふってくる」という言葉が、省略されています。

ここに注意 言葉を省略するのも、詩の表現技法の一つです。

● 82・83ページ（ステップ2）

1 (1)4
(2)なわ一本
(3)うちゅう船
(4)まほうつかい・ベルト
(5)①だいじな土ひょう
②とっきゅうひかり
(6)・だれかをまってる
・なにかになりたい
(7)イ

考え方 (1)連と連の間の、一行空きに着目します。(2)「なわ一本」という言葉のくり返しが、詩の中で効果的に使われています。(3)(4)「なわ一本」が、使う人によって変わっています。(5)「なわ一本」が、さらにいろいろなものに変わっています。(6)日がしずみ、だれもいなくなったあき地に落ちている、「なわ一本」を想像してみましょう。(7)さまざまなものに変わっていく「なわ一本」がリズムよくえがかれているところが、特徴の詩です。

ここに注意 (2)同じ言葉のくり返しも、詩の中でよく使われる表現技法です。

18 詩を読む(2)

● 84・85ページ（ステップ1）

❶ イ

考え方 「しんこきゅう」というたとえを使って、波がしずかによせたり引いたりする海の様子を表現しています。

❷ びりのきもちが　ビリビリビリ

考え方 第一連の最後の行と、第二連の最後の行が対になり、「びりのきもち」を表現しています。

ここに注意 対の表現は、「びりのつらさが　ビリビリビリ」「びりのきもちが　ビリビリビリ」のように、対になる言葉を使った詩の表現技法です。

❸ だいちゃん・橋

考え方 だいちゃんは、水平線を見ながら「大きくなったら　橋を架ける」と「わたし」に話しています。そんなだいちゃんの目の中に、「わたし」は、だいちゃんが架けたいと思っている橋を見ているのです。

❹ (1)えんそく・山の上　(2)ア

考え方 山の上から見たけしきのすばらしさにおどろいて、先生は「ああいいなあ」と言ったのです。

ここに注意 詩にえがかれている情景から、その情景を見た人物の気持ちを想像します。

● **86・87ページ（ステップ2）**

1 (1)6 (2)イ
(3)そら・ほし・つき・とり
(4)てつぼう・ぶらんこ
(5)こうてい・だれも
(6)あかるくなって あさがくる
(7)がっこうの こうていの まんなかに
ふとんをしいて ねたら
きもちがいいだろうなあ

考え方 (1)連と連の間の、一行空きに着目します。(2)「こうていでねる」というやってみたいことについて、いろいろと想像しています。(3)第二連に、「うえをみると」、「ふとんのしたは」と、上のこと、下のことを書いています。(4)第三連にてつぼうとぶらんこという、「がっこうの こうてい」に実際にあるものがえがかれています。(5)広い校庭に「ぼく」一人だけしかいない情景を想像してみます。(6)第五連から朝が来て、目がさめた様子が表現されています。(7)第一連と第六連で、作者の気持ちがくり返し表現されています。

ここに注意 詩では、実際に見た情景だけでなく、作者が想像した世界の情景もえがかれる場合があります。

● **88・89ページ（ステップ3）**

1 (1)ぶどうのように、
(2)ア (3)エ

考え方 (1)連の初めがそれぞれ「ぶどうのように、」で始まり、何度もくり返されています。(2)第一連「まるく。」、第二連「ふさになって。」のように、各連のさいごの行の終わりの部分がはぶかれています。(3)「ぶどうのように、」のくり返しの表現から、作者のぶどうに対するあこがれの気持ちがわかります。

2 (1)はい上がり・葉をひろげ
(2)赤子のような手
(3)エ

考え方 (1)「はい上がり」の言葉が、詩の中で五回、「葉をひろげ」の言葉が三回くり返されています。(2)空にむかっている、つるの先たんの小さな葉の様子を、空をつかもうとする赤ちゃんの小さな手にたとえています。(3)「はい上がり」という言葉のくり返しによって、かぼちゃのつるが元気にのびていく様子が表現されています。

ここに注意 (3)詩の技法に注意して、えがかれている情景を想像してみます。

そうふく習テスト① ……

● **90〜93ページ**

1 (1)ペンキ・海・白い
(2)病院・ベッド・ひろくん
(3)太陽
(4)きんいろの手
(5)かもめたちの鳴き声
(6)なみのこもりうた
(7)（右から順に）3・1・5・4・2・6

考え方 (1)(2)この物語は、はまべにおいてある白いいすのところに、いろいろなものがやってきて、それを病院のまどからひろくんが見ている、というお話です。(3)朝になり、のぼりはじめた太陽が、あいさつをしています。(4)あたたかい日の光がのびる様子を、「きんいろの手」という言葉を使って表しています。(5)朝ごはんで集まったかもめたちが鳴いている声です。(6)こもりうたのようにやさしい音なので、みんなねむくなってしまうのです。(7)いすのところにやってきたいろいろなものを、順序よく読み取ります。

ここに注意 場面の様子の移り変わりに注意して読みます。

2 (1)ウ
(2)ふきこむ息を弱めるため。
(3)あらし
(4)②ウ ③イ ④ア
(5)まくのあつさ
(6)①一色になる。

②さまざまな色のもようがまじり合う。

③にじのようなしまもようができる。

(7)[7]

考え方　(1)「まず」、「次に」と、順序よく説明しています。(2)ふきこむ息が強すぎると、うまくシャボン玉ができないのです。(3)「あらしのように」「あらしはおさまって」と、「あらし」にたとえています。(4)[3]～[5]段落で、色の変わり方の順序について説明しています。(5)[8]段落で、シャボン玉の色が何によって決まるか、説明しています。(6)[9]段落の内容を正しく読み取ります。(7)[1]段落で話題を出し、[2]～[6]段落で実験の結果を、[7]～[9]段落でそのような結果になった理由を、それぞれ説明しています。

ここに注意　(7)文章構成に気をつけて、話題を出している段落、実験の結果を説明している段落、そのような結果になった理由を説明している段落の、三つのまとまりに分けます。

そうふく習テスト ②

● 94～96ページ

[1] (1)新しい雪でひやしたタオルを、お母さんのひたいにのせた。

(2)ウ　(3)イ

(4)(例)台所に食べ物がまったくないこと。

(5)女の子・食べて

(6)エ

考え方　(1)女の子の家には氷もないので、雪でタオルをひやしたのです。(2)女の子は、自分が何も食べていないことを病気のお母さんが知ったら、心配するだろうと思ったのです。(3)「ほっとする」は「安心する」という意味の言葉です。お母さんは、女の子が食べ物を食べたと思って安心したのです。(4)台所には、食べ物も、ごはんを作った様子も、まったくなかったのです。(5)おにたは、女の子がお母さんにうそを言ったことに気づいたのです。(6)気のいいおにのおにたは、何も食べていない女の子をほうっておくことができなかったのです。

ここに注意　(6)物語を読むときには、人物の行動から気持ちを考えることが大切です。人物の性格にも着目します。

[2] (1)イ

(2)あかちゃんだったときの　こと

しょうらいどうなるかって　こと

(3)エ

考え方　(1)しずかで落ち着いたこころです。(2)第二連の内容から考えます。(3)きれいなゆうやけを見て、ゆうやけのところに行って話し合いたくなる。そのような気持ちに気づき、「こころにいろいろな思いがある」と、感じているのです。

ここに注意　(3)詩にえがかれている心情を問う問題もよく出題されますので、注意します。

こたえ ➡ べっさつ 2 ページ

1 あつまりと　かず

学習のねらい

- 数を数えるということの前に，**同種のものの集まり**が意識できることがたいせつです。他のものと区別して数えられることにねらいがあります。
- **1対1の対応**づけができることが，多少や大小を見分けるコツです。

ステップ 1

たいせつ **1** おなじ　かずを，せんで　むすびましょう。

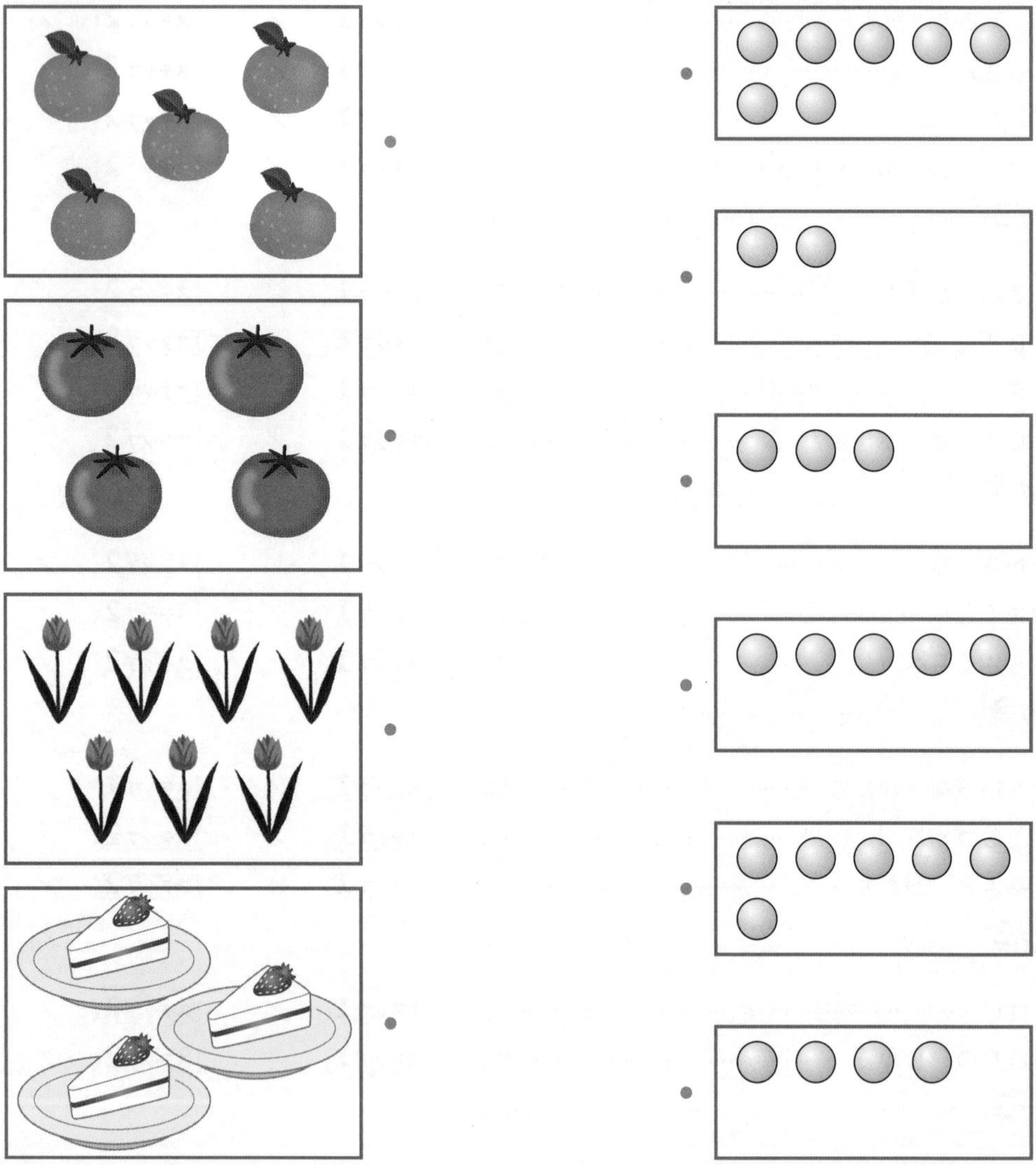

2 ひとつずつ　せんで　むすびましょう。
おおい　ほうに　◯を　かきましょう。

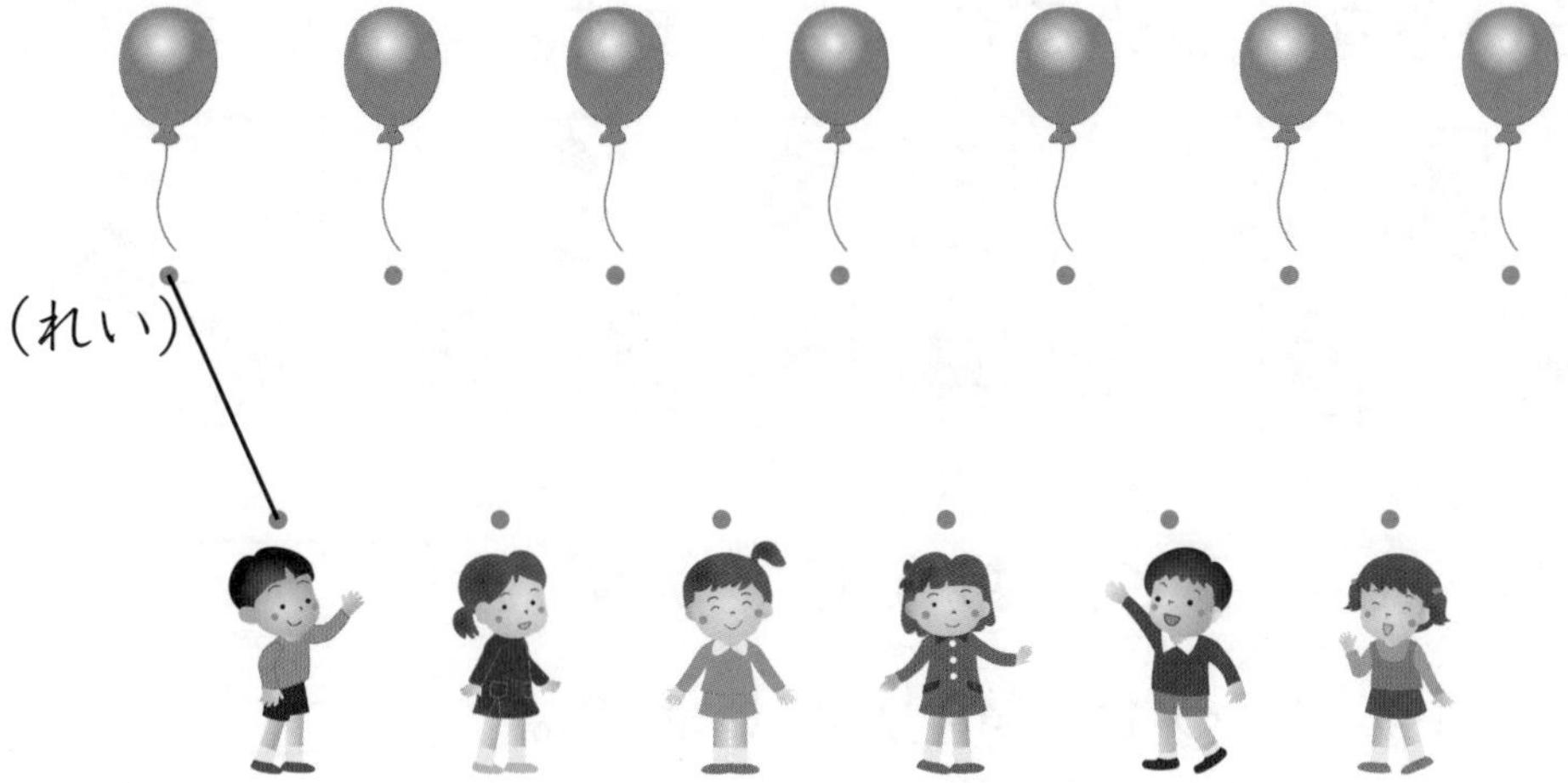

〔　　〕

〔　　〕

3 おおい　ほうに，◯を　かきましょう。

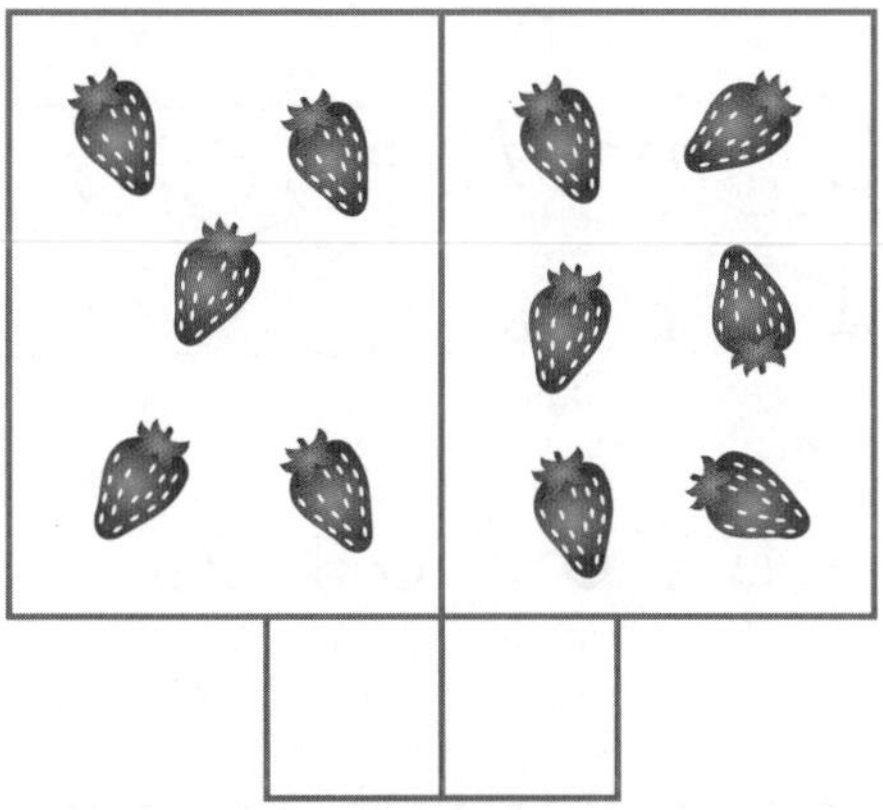

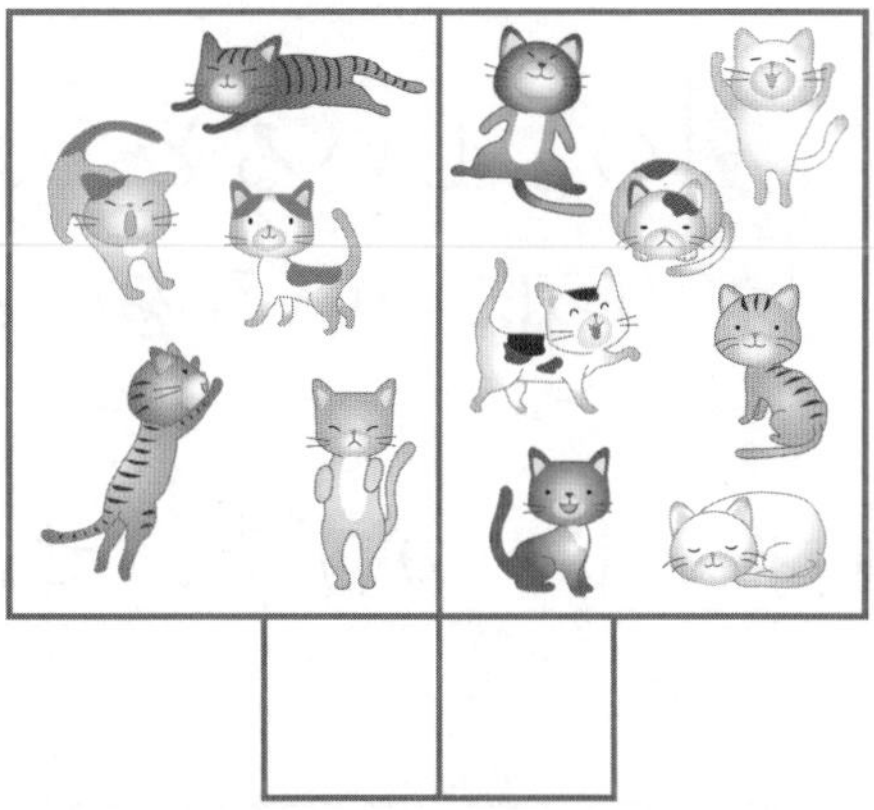

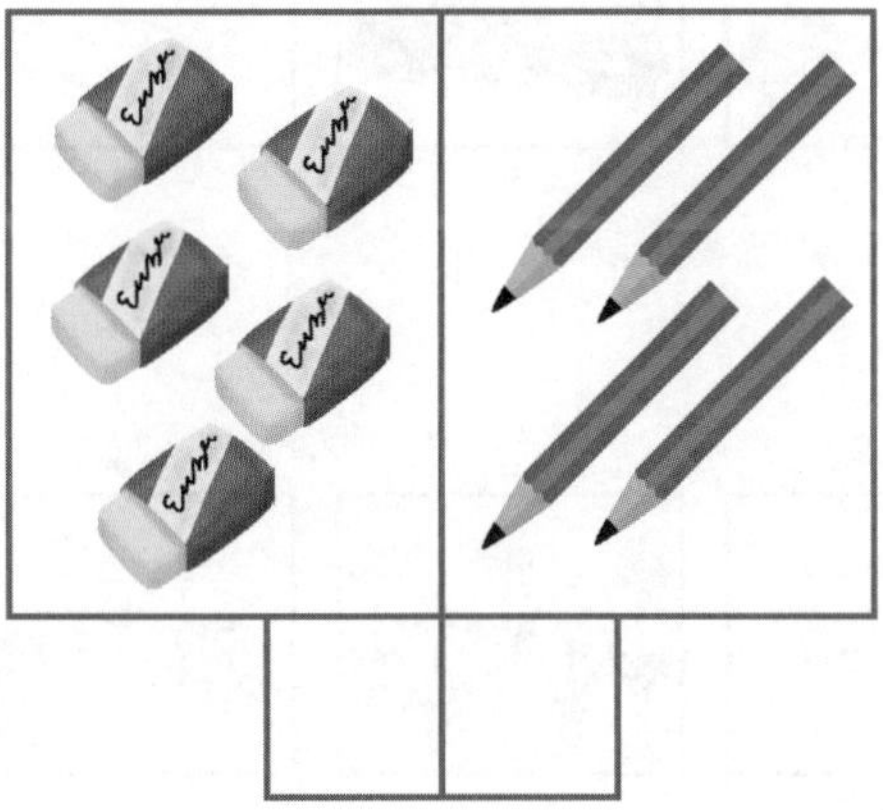

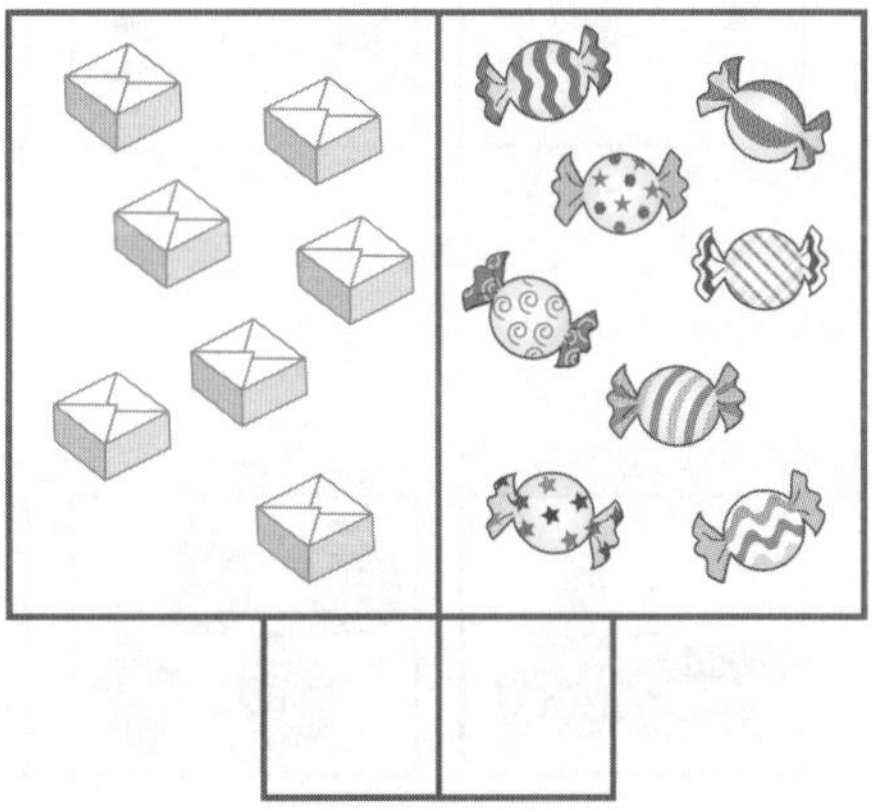

月　　日　こたえ ➡ べっさつ 2 ページ

STEP 2 ステップ 2

じかん 20ぷん
ごうかく 80てん

とくてん　　　てん

シール

1 いろいろな　しいるが　あります。（24てん/1つ8てん）

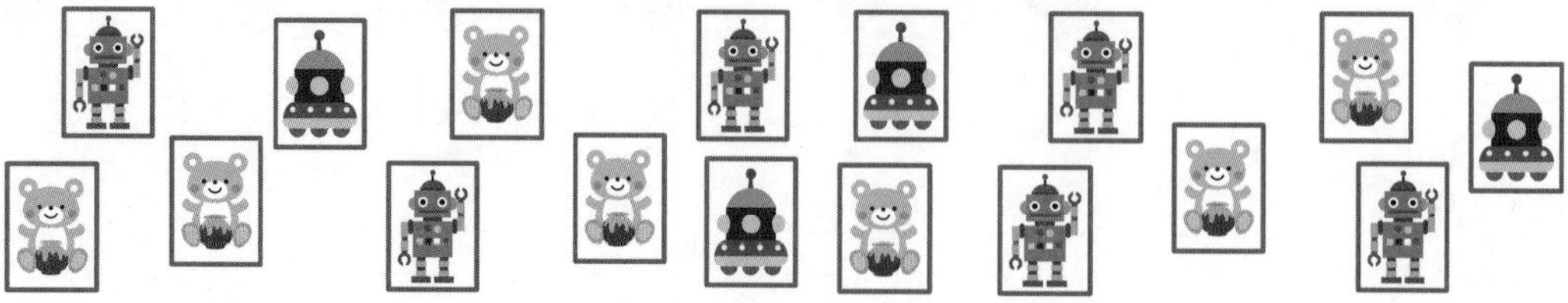

(1)  の　しいると，おなじ　かずだけ　○に　いろを　ぬりましょう。

○○○○○
○○○○○

(2)  の　しいると，おなじ　かずだけ　○に　いろを　ぬりましょう。

○○○○○
○○○○○

(3)  の　しいると，おなじ　かずだけ　○に　いろを　ぬりましょう。

○○○○○
○○○○○

2 おなじ　かずを，せんで　むすびましょう。

（30てん/1くみ6てん）

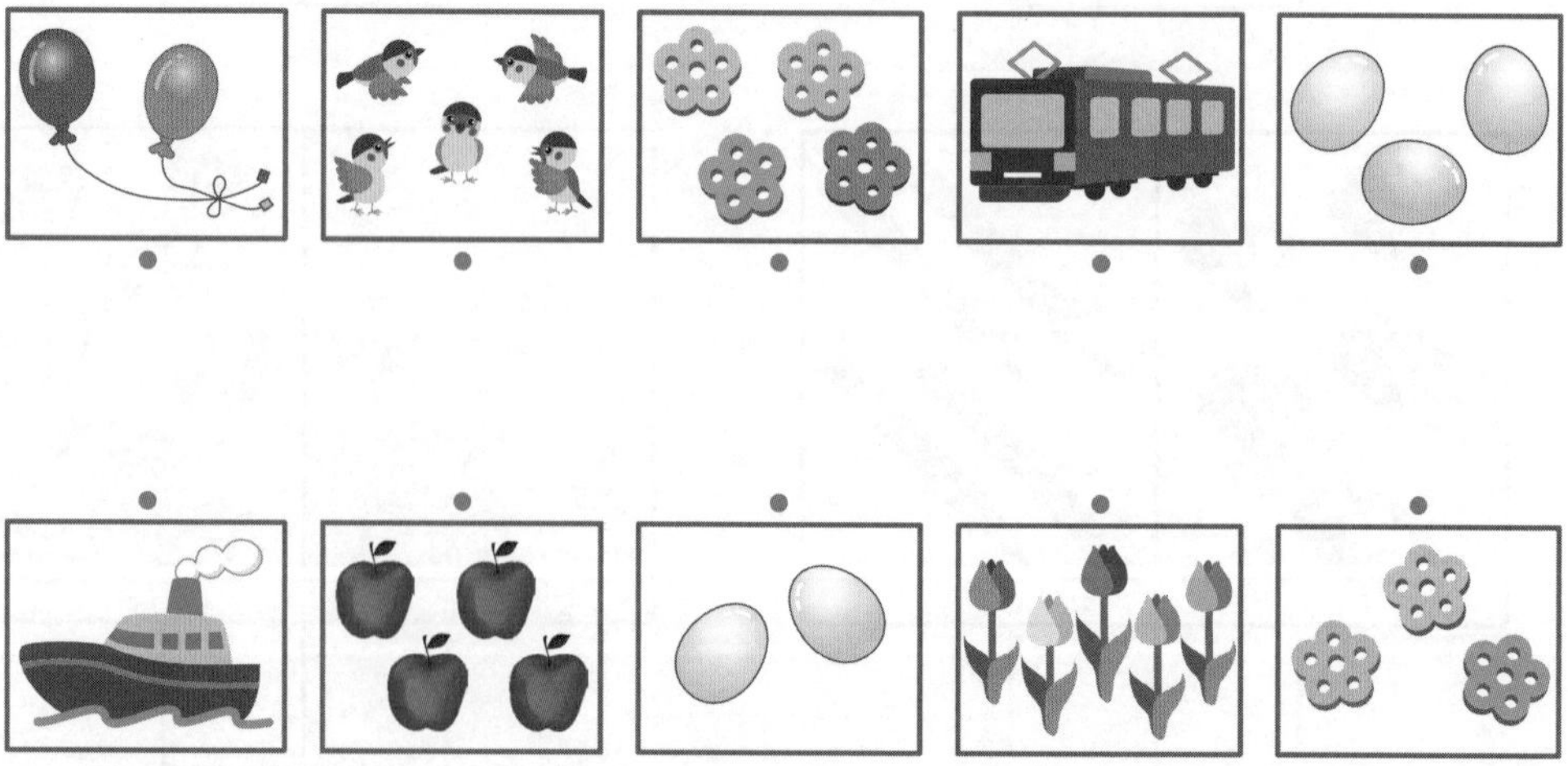

3 ●の　かずが　いちばん　すくない　ずに　○を　かきましょう。(6てん)

●●●●● ●	●●●●●	●●●●
〔　　〕	〔　　〕	〔　　〕

たいせつ **4** えを　みて，こたえの　かずだけ　○に　いろを　ぬりましょう。(40てん/1つ8てん)

(1) すかあとを　はいた　こは，なんにんですか。

○○○○○
○○○○○

(2) ずぼんを　はいた　こは，なんにんですか。

○○○○○
○○○○○

(3) ぼうしを　かぶった　こは，なんにんですか。

○○○○○
○○○○○

(4) めがねを　かけて　いる　こは　なんにんですか。

○○○○○
○○○○○

(5) めがねを　かけて　いない　こは　なんにんですか。

○○○○○
○○○○○

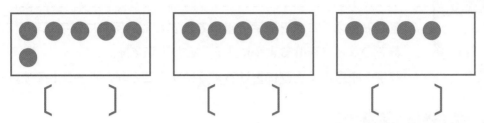

2 10までの　かず

学習のねらい

- 事物を数え，これを**数字で書いて表す**こと，反対に数字が表している数を○などで表せるようにすることが大切です。
- 数字を**順序よく正確に書ける**ようにすることが，ポイントです。

ステップ 1

1 いくつですか。すうじで　かきましょう。

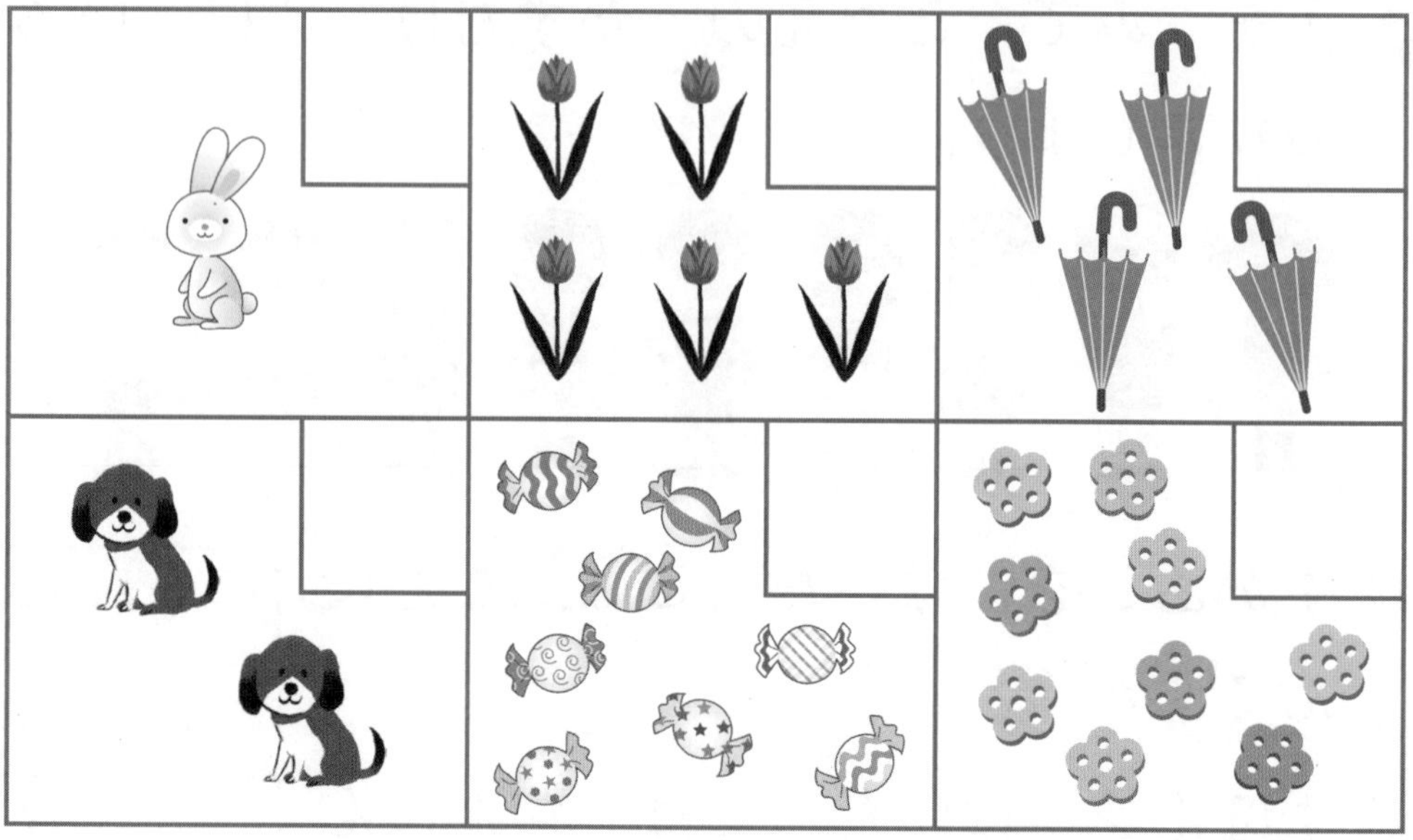

2 すうじで　かきましょう。

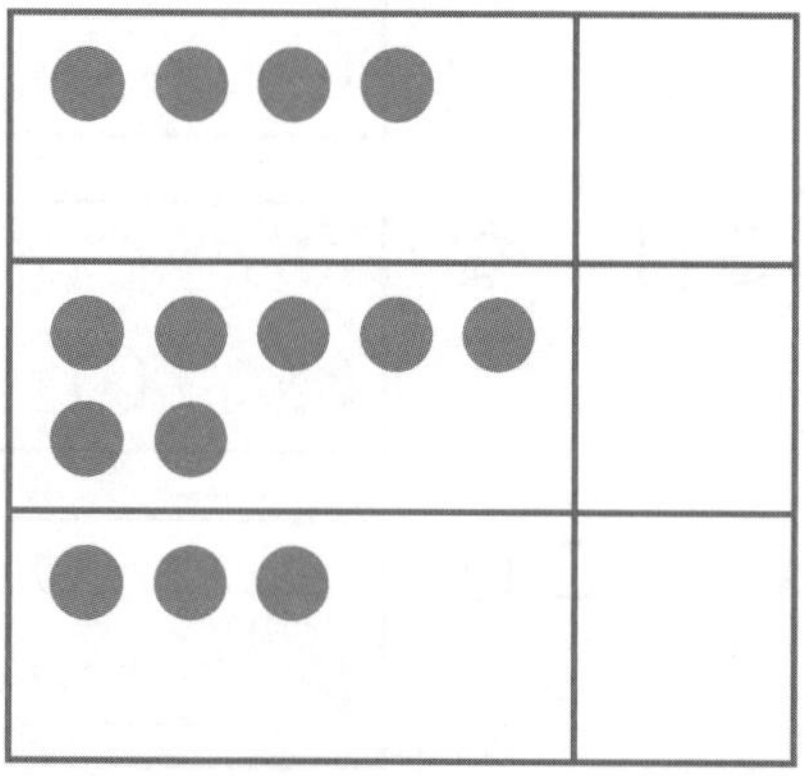

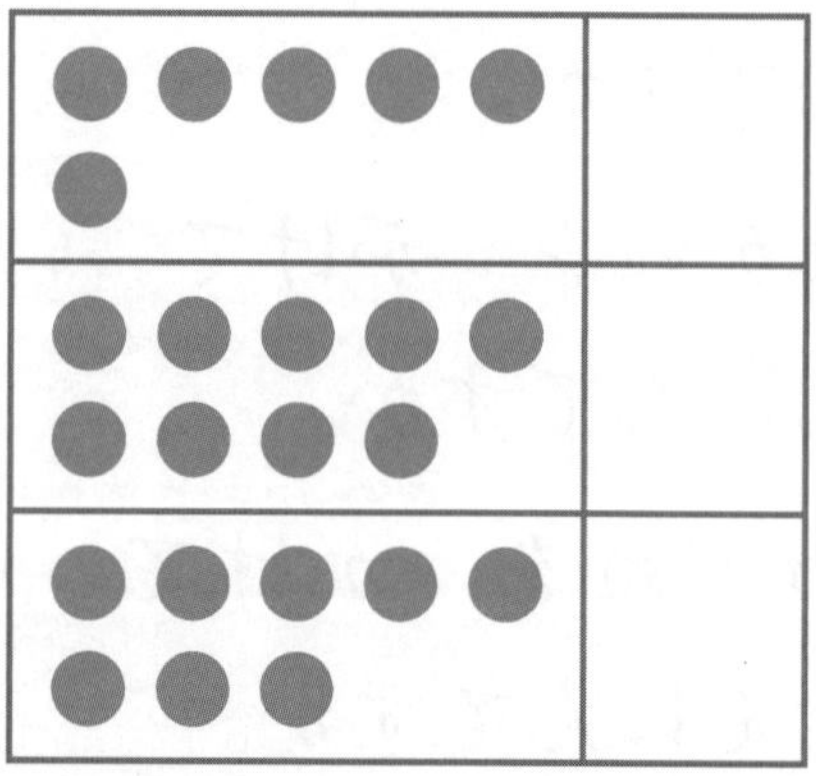

3 □に　かずを　かきましょう。

(1) 1 − 2 − □ − 4 − □

(2) 10 − □ − 8 − □ − 6

(3) 4 − □ − 6 − □ − 8

4 おおきい　ほうの　かずに　○を　つけましょう。

(1) 7 − 5　　(2) 6 − 8

(3) 10 − 9　　(4) 1 − 10

(5) 4 − 2　　(6) 8 − 3

5 □に　かずを　かきましょう。

□　□　□

月　日 こたえ ➡ べっさつ 3 ページ

ステップ 2

じかん 20ぷん
ごうかく 80てん

とくてん　　てん

シール

1 えの　かずと　おなじ　すうじに，◯を　つけましょう。（20てん/1つ5てん）

	1　3　4　5　6　7
	5　8　7　9　6
	3　5　9　7　4
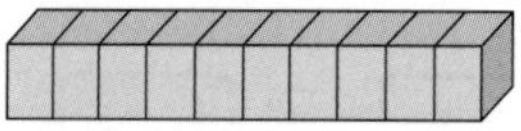	7　9　4　8　6　10

たいせつ **2** 1から　10までの　かずで，たりないのは　どの　かずですか。（15てん）

6	9	2
4	8	10
3	1	5

こたえ［　　　］

たいせつ

3 □に　かずを　かきましょう。(40てん/1もん10てん)

(1) □－□－3－□－5

(2) 6－□－8－□－□

(3) 10－□－8－□－□

(4) □－7－□－□－4

4 おおきい　じゅんに　ならべましょう。(15てん/1もん5てん)

(1) 3, 2, 7　→ □□□

(2) 8, 5, 6, 1　→ □□□□

(3) 4, 0, 9, 3　→ □□□□

5 ○が　6つに　なるように, ○を　かきたしましょう。
おおい　○は, ×で　けしましょう。(10てん/1つ5てん)

(1) ○○○○

(2) ○○○○○
○○○○

こたえ ➡ べっさつ 3 ページ

3 なんばんめ

学習のねらい

- 数の基本的な性質の1つとして，順序数についての学習をします。
- 個数や順番，位置に関する言葉を使い，物の位置を表す学習です。

STEP 1 ステップ1

たいせつ **1** いろを　ぬりましょう。

(1) ひだりから　3つめ

(ひだり)  (みぎ)

(2) ひだりから　3つ

(ひだり)  (みぎ)

(3) みぎから　2つめ

(ひだり)  (みぎ)

(4) みぎから　2つ

(ひだり)  (みぎ)

2 いろが　ぬって　ある　かさは　なんばんめですか。

(ひだり) 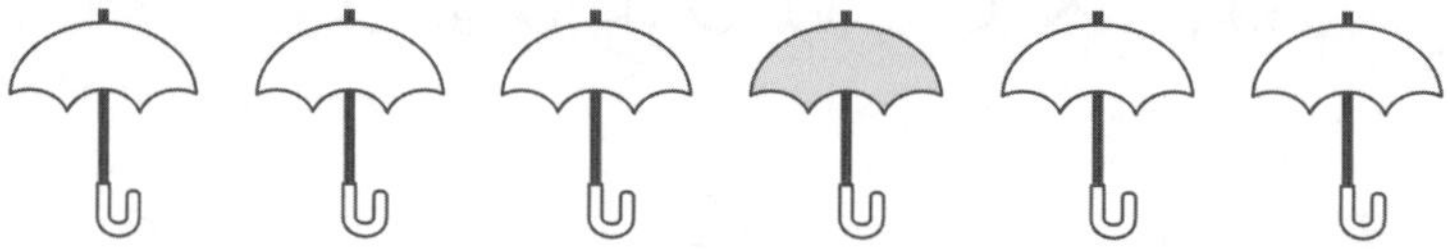 (みぎ)

ひだりから〔　　　〕ばんめ

3 えを　みて，こたえましょう。

(1) さるは，まえから　なんばんめに　いますか。

〔　　〕ばんめ

(2) さるより　まえに，なんびき　いますか。

〔　　〕びき

4 えを　みて，こたえましょう。

(1) りすは，うえから　なんばんめに　いますか。

〔　　〕ばんめ

(2) いちばん　うえに　いる　どうぶつは　なんですか。

〔　　　　〕

(3) くまは，うえから　なんばんめに　いますか。

〔　　〕ばんめ

(4) りすより　したに，なんびき　いますか。

〔　　〕ひき

月　日　こたえ ➡ べっさつ 4 ページ

STEP 2

ステップ 2

じかん 20ぷん
ごうかく 80てん
とくてん　　てん

シール

1 ひだりから　かぞえて，すうじの　ばんごうの　ところに，○を　つけましょう。（20てん／1つ5てん）

5	
9	
6	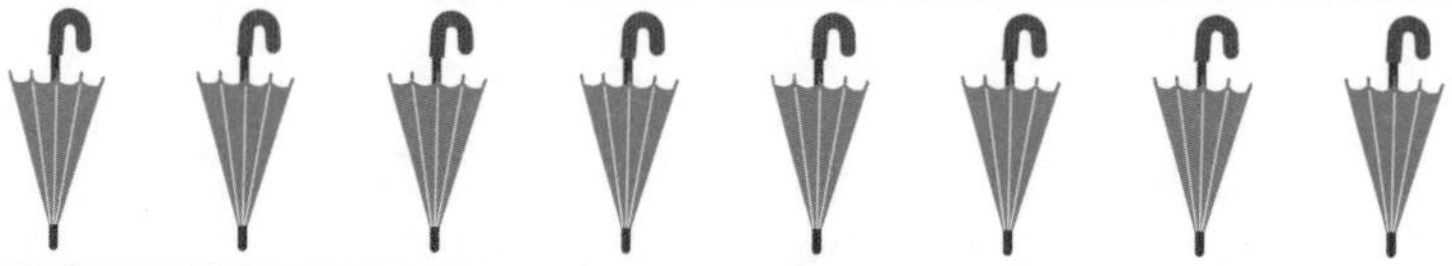
10	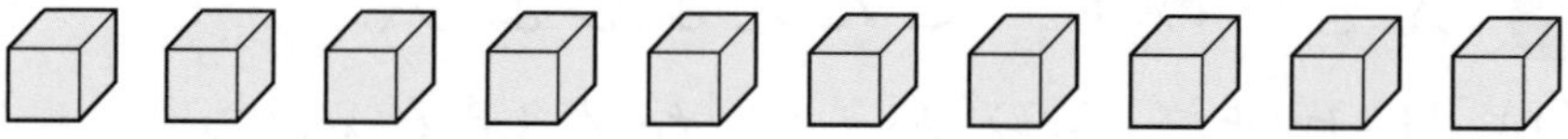

2 いろを　ぬった　ところは，みぎから　かぞえて　なんばんめですか。（20てん／1つ5てん）

○ ○ ○ ○ ○ ○ ○ ● ○ ○	ばんめ
△ △ △ △ ▲ △ △ △ △ △	ばんめ
□ □ □ □ □ □ ■ □ □ □	ばんめ
◇ ◆ ◇ ◇ ◇ ◇ ◇ ◇ ◇ ◇	ばんめ

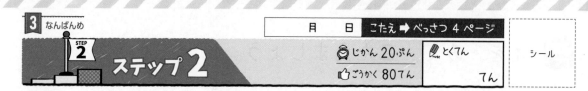

3 □に　かずを，かきましょう。(20てん/1つ10てん)

(1) ねこは　うしろから　□ばんめです。

(2) くまの　まえには　□だい　います。

4 つみきが　つんで　あります。(40てん/1つ10てん)

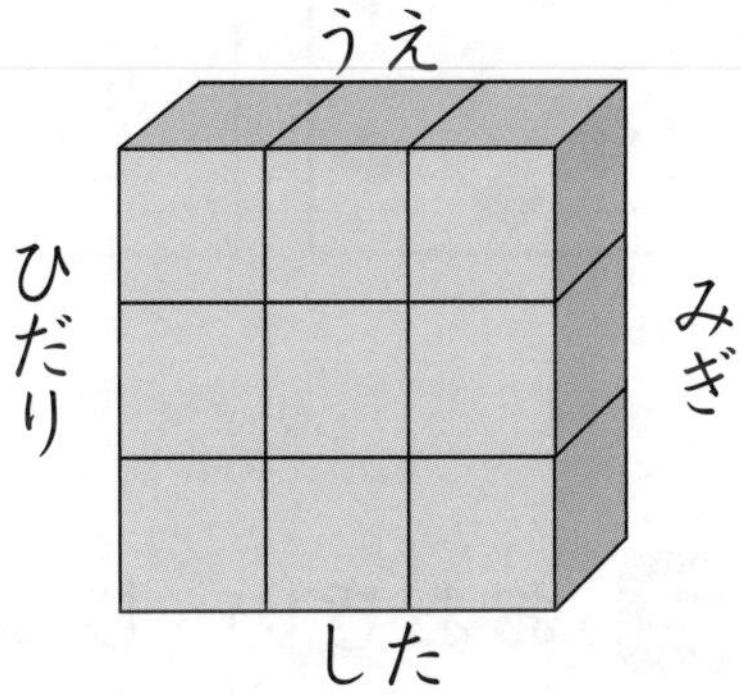

(1) つみきは　なんだん　つんで　ありますか。

〔　　〕だん

(2) つみきは　ぜんぶで　なんこ　ありますか。

〔　　〕こ

(3) したから　2だんめの　ひだりから　2つめの　つみきに，○を　つけましょう。

(4) したから　3だんめの　ひだりから　3つめの　つみきに，×を　つけましょう。

月　日　こたえ ➡ べっさつ 4 ページ

じかん 20ぷん
ごうかく 80てん
とくてん　　てん
シール

1 いくつですか。すうじで　かきましょう。(20てん/1つ2てん)

(1)

(2)
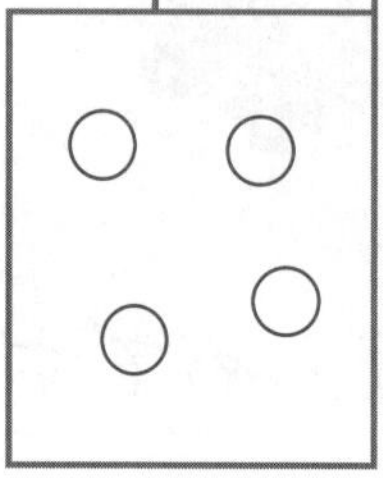

(3)

(4)
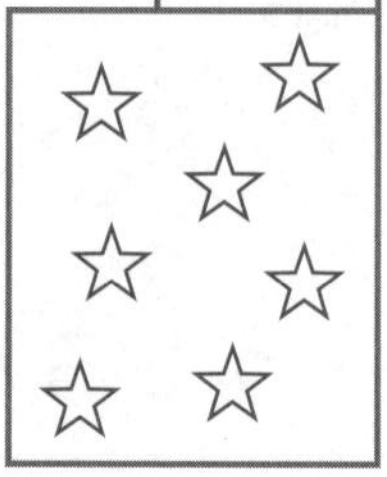

(5)

(6)

(7)
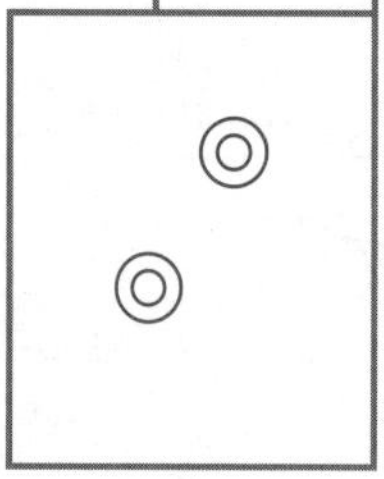

(8)
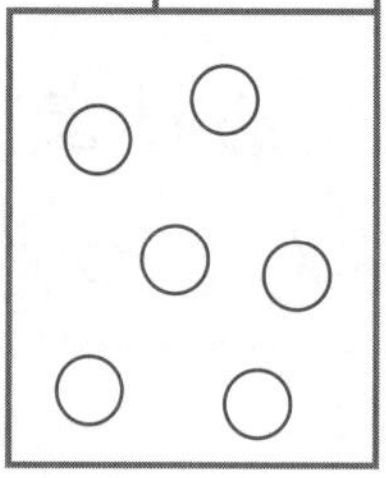

(9)
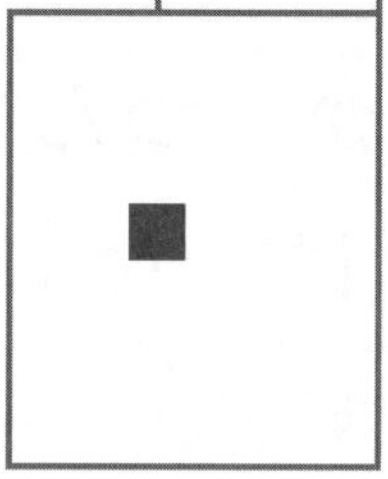

(10)
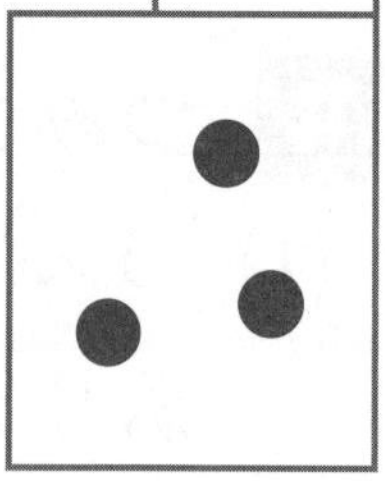

2 おおきい　じゅんに　ならべましょう。(30てん/1もん10てん)

(1) 5, 3, 1, 4, 2 →

(2) 8, 6, 4, 9, 7 →

(3) 1, 0, 10, 9, 3, 7 →

3 2つの　かずの　ちがいを　すうじで　かきましょう。

(30てん/1つ6てん)

(1) ●●●●●●● ●●●●●●●●●●

ちがいは □

(2) ●●●●●●●● ●●●●

ちがいは □

(3) 6 3

ちがいは □

(4) 7 5

ちがいは □

(5) 9 4

ちがいは □

4 つぎの　もんだいに，こたえましょう。(20てん/1もん5てん)

(1) ひだりから　4ばんめの　○に，いろを　ぬりましょう。

○ ○ ○ ○ ○ ○ ○ ○ ○ ○

(2) みぎから　3つの　○に，いろを　ぬりましょう。

○ ○ ○ ○ ○ ○ ○ ○ ○ ○

(3) ひだりから　6ばんめの　○に，いろを　ぬりましょう。

○ ○ ○ ○ ○ ○ ○ ○ ○ ○

(4) □に　かずを　かきましょう。

○ ○ ○ ○ ○ ● ○ ○ ○

●は　みぎから　□ばんめです。

●は　ひだりから　□ばんめです。

4 いくつと　いくつ

学習のねらい

- 10までの数について，**合成・分解**をさせます。
- 例えば，7がどんな数とどんな数でできるかを考えさせる分解，○と□でいくつになるかを考えさせる合成を学習します。（**加減**の基になります。）

ステップ 1

たいせつ **1** □に　かずを　かきましょう。

(1) [●●●●●] は，[4] と □

(2) [●●●●●] は，[2] と □

(3) [●●●●●●●] は，[●●●] と □

(4) [●●●●●●●] は，[●●] と □

2 □に　かずを　かきましょう。

(1) 5は，[3] と □ に　わかれます。

(2) 6は，[4] と □ に　わかれます。

(3) 7は，□ と [2] に　わかれます。

(4) 8は，□ と [4] に　わかれます。

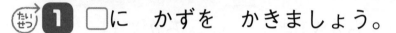

3 □に　かずを　かきましょう。

(1) 7は，［●●●●］と　□

(2) 5は，［●］と　□

(3) 9は，［●●●●●●●］と　□

(4) 10は，［●●●●］と　□

4 □に　かずを　かきましょう。

(1) ［●●●］と　［3］で，□に　なります。

(2) ［●●●●●］と　［4］で，□に　なります。

(3) ［●●］と　［6］で，□に　なります。

5 □に　かずを　かきましょう。

(1) ［2］と　［3］と　［3］で，□に　なります。

(2) ［1］と　［4］と　［2］で，□に　なります。

月　日　こたえ ➡ べっさつ 4 ページ

ステップ 2

じかん 20ぷん
ごうかく 80てん

とくてん　　てん

シール

1 れいを　みて，かずを　かきましょう。（15てん/1つ3てん）

（れい）

7	
4	3

（1）

6	
	4

（2）

3	6

（3）

9	
	1

（4）

10	
2	

（5）

8	
4	

たいせつ **2** □に　かずを　かきましょう。（25てん/1つ5てん）

（1）6は，1 と 2 と □

（2）8は，2 と 2 と □

（3）5は，2 と 1 と □

（4）7は，3 と 3 と □

（5）9は，1 と 3 と □

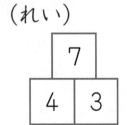

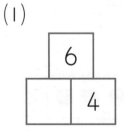

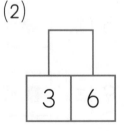

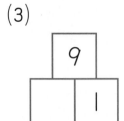

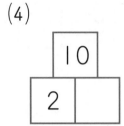

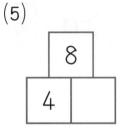

3 7や　8を，つぎのように　わけます。□に　かずを　かきましょう。(30てん/1つ5てん)

(1) 3 と □ で，7

(2) 2 と □ で，8

(3) 5 と 1 と □ で，7

(4) 3 と 2 と □ で，8

(5) 2 と 3 と □ で，7

(6) 1 と 4 と □ で，8

4 9や　10を，つぎのように　わけます。□に　かずを　かきましょう。(30てん/1つ5てん)

(1) 3 と □ で，9

(2) 4 と □ で，10

(3) 5 と 2 と □ で，9

(4) 4 と 3 と □ で，10

(5) 2 と 3 と □ で，9

(6) 2 と 5 と □ で，10

こたえ ➡ べっさつ 5 ページ

5 たしざん ①

学習のねらい

- たし算の意味を学習させます。
- ここでは，たし算になるいろいろな場面を考えさせることと，**たし算の計算のしかた**をわからせることがねらいです。

ステップ 1

1 □に　かずを　かきましょう。

(1) 5と　3で □　　(2) 6と　2で □

(3) 4と　3で □　　(4) 3と　3で □

2 あわせた　かずは　いくつですか。○に　いろを　ぬりましょう。

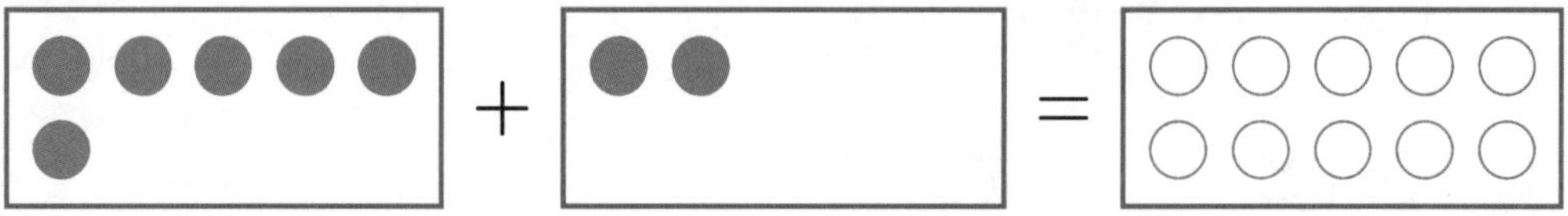

たいせつ **3** たしざんを　しましょう。

(1) 3+4= □　　(2) 2+6= □

(3) 3+6= □　　(4) 5+4= □

(5) 1+8= □　　(6) 4+4= □

(7) 8+2= □　　(8) 3+3= □

4 こたえが　おなじに　なる　かあどを，せんで　むすびましょう。

3+7 ・	・ 2+2
3+3 ・	・ 4+3
2+5 ・	・ 3+6
8+1 ・	・ 2+8
1+3 ・	・ 4+2

たいせつ **5** もんだいを，しきに　かいて　こたえましょう。

(1) 5ほんの　えんぴつと，4ほんの　えんぴつを　あわせると　なんぼんに　なりますか。

（しき）□ ＋ □ ＝ □　　　こたえ〔　　　〕ほん

(2) おんなのこが　4にん　あそんで　います。そこへ　おとこのこが　3にん　きました。みんなで　なんにんに　なりましたか。

（しき）□ ＋ □ ＝ □　　　こたえ〔　　　〕にん

ステップ 2

月　　日　こたえ ➡ べっさつ 5 ページ

じかん 20ぷん　ごうかく 80てん　とくてん　　てん　シール

1 ＋を　つかった　すうじの　しきで　かきましょう。また，□に　あう　かずを　かきましょう。

(25 てん/1 つ 5 てん)

(1) ●●●● と ●●● で，●●●●●●●

(しき) ____________________

(2) 1 と ●●●●● で，□

(しき) ____________________

(3) ●●●● と　4 で，□

(しき) ____________________

2 こたえが　5に　なる　たしざんの　しきを　2つ　かきましょう。(20 てん/1 つ 10 てん)

□＋□＝5　　□＋□＝5

3 こたえが　7に　なる　たしざんの　しきを　2つ　かきましょう。(20 てん/1 つ 10 てん)

□＋□＝7　　□＋□＝7

たいせつ **4** すうじの　しきで，かきましょう。(20てん/1つ5てん)

(1) 2と　4で，6に　なります。

(しき) ＿＿＿＿＿＿＿＿

(2) 4に　5を　たすと，9に　なります。

(しき) ＿＿＿＿＿＿＿＿

(3) 6と　4を　あわせて　10です。

(しき) ＿＿＿＿＿＿＿＿

(4) 5から　3　ふえると，8に　なります。

(しき) ＿＿＿＿＿＿＿＿

たいせつ **5** さくらさんは，えんぴつを　2ほん，そうたさんは，えんぴつを　7ほん　もって　います。えんぴつは　あわせて　なんぼん　ありますか。(5てん)

(しき) ＿＿＿＿＿＿＿＿　　こたえ［　　　］ほん

たいせつ **6** いろがみを　3まい　もって　います。ともだちから　4まい　もらうと，あわせて　なんまいに　なりますか。(10てん)

(しき) ＿＿＿＿＿＿＿＿　　こたえ［　　　］まい

こたえ ➡ べっさつ 5 ページ

6 ひきざん ①

学習のねらい

- ひき算の意味と，計算のしかたを学習させます。
- ひき算になるいろいろな場面を考えさせることと，式の形式的な書き表し方をわからせることがねらいです。

ステップ 1

1 いくつに　なりますか。

(1) 8から　5を　とると，□に　なります。

(2) 9と　4の　ちがいは，□です。

2 いくつに　なりますか。○に　いろを　ぬりましょう。また，□に　かずを　かきましょう。

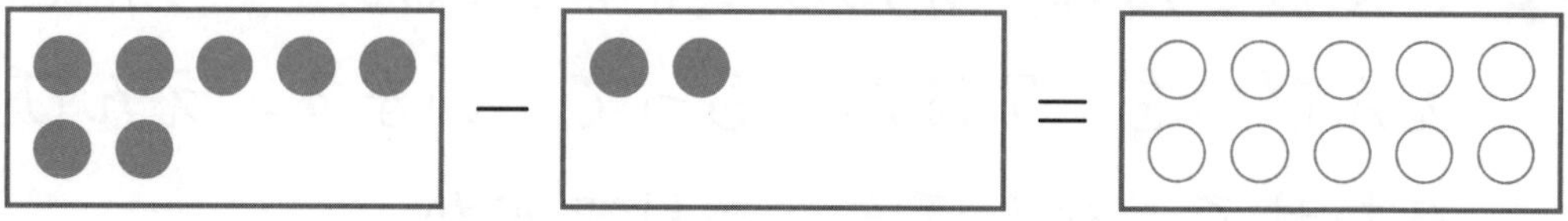

7から　2を　ひくと，□に　なります。

たいせつ **3** ひきざんを　しましょう。

(1) 3−2=□　　(2) 4−1=□

(3) 8−4=□　　(4) 9−7=□

(5) 7−5=□　　(6) 6−2=□

4 こたえが　おなじに　なる　かあどを，せんで　むすびましょう。

8−2	6−3	10−5	5−4

7−2	9−3	2−1	5−2

5 くるまが，8だい　とまって　います。6だい　でて　いきました。なんだい　のこって　いますか。

（しき）□−□＝□　　　こたえ〔　　〕だい

6 7ほん　あった　えんぴつから　4ほん　あげました。いま　なんぼん　のこって　いますか。

（しき）□−□＝□　　　こたえ〔　　〕ぼん

7 9この　あめから　4こ　たべると　なんこ　のこりますか。

（しき）□−□＝□　　　こたえ〔　　〕こ

月　日　こたえ ➡ べっさつ 6 ページ

シール

ステップ 2

じかん 20ぷん
ごうかく 80てん
とくてん　てん

1 もんだいを　よんで，しきで　かきましょう。

(20てん/1つ5てん)

(1) 6から　4を　ひくと，2に　なります。

[　　　　　　]

(2) 8から　7を　とると，1に　なります。

[　　　　　　]

(3) 7から　3を　とると，4に　なります。

[　　　　　　]

(4) 9と　7の　ちがいは，2です。

[　　　　　　]

2 □に　かずを　かきましょう。(40てん/1つ5てん)

(1) 8−4=□　　(2) 9−3=□

(3) 10−2=□　　(4) 7−2=□

(5) 3−□=1　　(6) 9−□=5

(7) □−4=3　　(8) □−6=4

たいせつ **3** おりがみを　9まい　もって　います。ともだちに　6まい　あげたら，のこりは　なんまいに　なりますか。(20てん/1つ10てん)

(1) この　もんだいを　しきに　かくとき，つぎの　どれが　よいですか。□に　○を　かきましょう。

□ 9まい−3=6まい　　□ 9まい−6=3まい

□ 9−3=6　　□ 9−6=3

(2) こたえの　かきかたは，つぎの　どれが　よいですか。□に　○を　かきましょう。

□ 3　　□ 3まい　　□ 6まい

たいせつ **4** くるまが　8だい　とまって　います。4だい　でて　いきました。いま　なんだい　のこって　いますか。(20てん/1つ10てん)

(1) しきを　かきましょう。

〔　　　　　　〕

(2) こたえを　かきましょう。

〔　　　　　〕

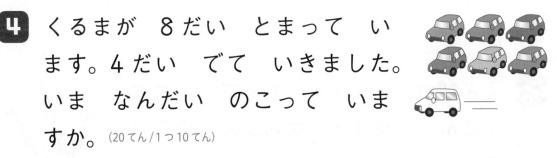

 こたえ ➡ べっさつ 6 ページ

7 たしざんと　ひきざん ①

学習のねらい

- たし算とひき算のいろいろな場面を考えながら，その**意味**と**計算のしかた**をより深く理解させることがねらいです。
- **問題の場面**を，**操作**と結びつけることが大切です。

ステップ 1

1 がようしを　6まい　もって　います。ともだちが　4まい　くれました。あわせて　なんまいに　なりますか。

●●●●●●
●●●●

（しき）□○□＝□　　こたえ〔　　〕まい

2 えんぴつを　9ほん　もって　います。5ほん　つかうと，なんぼん　のこりますか。

●●●●●●●●●
●●●●●

（しき）□○□＝□　　こたえ〔　　〕ほん

3 けいさんを　しましょう。

(1) 10−4=□　　(2) 10−5=□

(3) 8−6=□　　(4) 7−5=□

(5) 9−4=□　　(6) 3+2=□

(7) 5+2=□　　(8) 8−7=□

(9) 7−4=□　　(10) 6+4=□

4 つぎの　えを　みて，たしざんに　なる　おはなしと　しきを　かきましょう。

すずめが　□わ　いました。□わ　くると　□わに　なります。

（しき）＿＿＿＿＿＿＿＿＿＿　　こたえ〔　　〕わ

月　　日　こたえ ➡ べっさつ 6 ページ

STEP 2

ステップ 2

じかん 25ふん
ごうかく 80てん
とくてん　　てん
シール

1 ＝の　ひだりと　みぎの　かあどの　こたえが　おなじに　なるように　□に　かずを　かきましょう。(40てん/1つ5てん)

5+2	＝	4+□	8	＝	10−□
6+□	＝	9	5−4	＝	□−6
3−2	＝	6−□	10	＝	□+5
7−3	＝	2+□	□−2	＝	8−3

2 おりがみを　9まい　もって　いました。ともだちに，5まい　あげました。なんまい　のこりましたか。(10てん)

(しき) ＿＿＿＿＿＿＿＿＿＿＿＿　　こたえ〔　　　〕まい

たいせつ **3** きゃらめるを　4こ　たべました。そのあと，5こ　たべました。ぜんぶで　なんこ　たべましたか。

(10てん)

(しき) ＿＿＿＿＿＿＿＿＿＿＿＿　　こたえ〔　　　〕こ

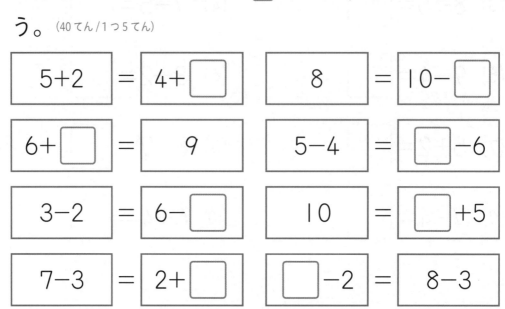

4 あかい　あさがおが　６つ　さいて　います。あおい　あさがおが　９つ　さいて　います。どちらが　いくつ　おおいですか。(10 てん)

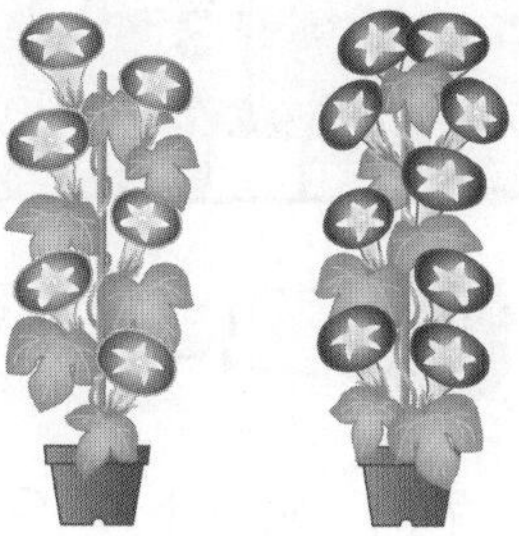

(しき) ＿＿＿＿＿＿＿＿＿＿

こたえ [　　　　] あさがおが [　　] つ

おおい。

5 つぎの　えを　みて，ひきざんに　なる　おはなしと　しきを　かきましょう。(30 てん / おはなし 20 てん，しきと　こたえ 10 てん)

＿＿＿＿＿＿＿＿＿＿＿＿＿＿＿＿＿＿＿＿

＿＿＿＿＿＿＿＿＿＿＿＿＿＿＿＿＿＿＿＿

＿＿＿＿＿＿＿＿＿＿＿＿＿＿＿＿＿＿＿＿

＿＿＿＿＿＿＿＿＿＿＿＿＿＿＿＿＿＿＿＿

(しき) ＿＿＿＿＿＿＿＿＿＿　　こたえ [　　] わ

STEP 3 4～7

ステップ 3

月　　日	こたえ ➡ べっさつ 6 ページ
じかん 20ぷん ごうかく 80てん	とくてん てん

シール

1 □に　かずを　かきましょう。(20てん/1つ4てん)

(1) 8は，2と □

(2) 7は，4と □

(3) 9は，□ と　5

(4) 6と　1の　ちがいは，□

(5) 10から □ を　ひくと，3

2 こたえが　おなじに　なる　かあどを，せんで　むすびましょう。(20てん/1つ4てん)

3+5	2+8	5+4	2+5	1+4
5+5	3+4	2+3	4+4	6+3

3 こたえが　おなじに　なる　かあどを，せんで　むすびましょう。(20てん/1つ4てん)

9−5	8−2	5−3	7−4	7−2
5−2	9−4	7−3	4−2	7−1

4 つぎの　もんだいに　こたえましょう。(40てん/1つ10てん)

(1) おりがみを　6まい　おりました。つぎに，3まい　おりました。ぜんぶで，なんまい　おりましたか。

(しき) ＿＿＿＿＿＿＿＿＿＿　　こたえ〔　　〕まい

(2) あめを　9こ　もらいました。いもうとに，3こ　あげました。のこりは　なんこですか。

(しき) ＿＿＿＿＿＿＿＿＿＿　　こたえ〔　　〕こ

(3) あかい　はなが　5ほん，しろい　はなが　2ほん　さいて　います。あわせて　なんぼんですか。

(しき) ＿＿＿＿＿＿＿＿＿＿　　こたえ〔　　〕ほん

(4) いぬが　6ぴき，ねこが　4ひき　います。いぬは　ねこより　なんびき　おおいですか。

(しき) ＿＿＿＿＿＿＿＿＿＿　　こたえ〔　　〕ひき

月　　日　こたえ ➡ べっさつ 7 ページ

8　20までの　かず

学習のねらい

- **20までの数**について，**10のかたまり**を意識して，数と数字がきちんと対応できるようにします。
- 数の**大小**，**順序**，**集まり**，**数の合成・分解**などを理解させます。

ステップ 1

1 えの　かずと　おなじ　すうじに，◯を　つけましょう。

	10　11　12 13　14　15
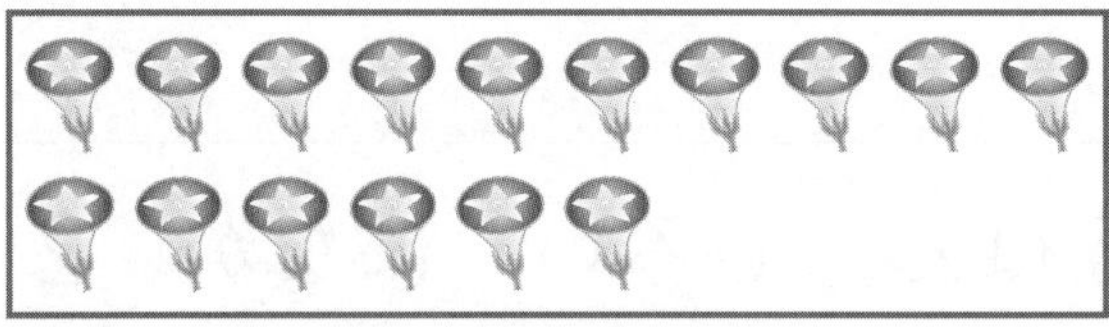	13　14　15 16　17　18
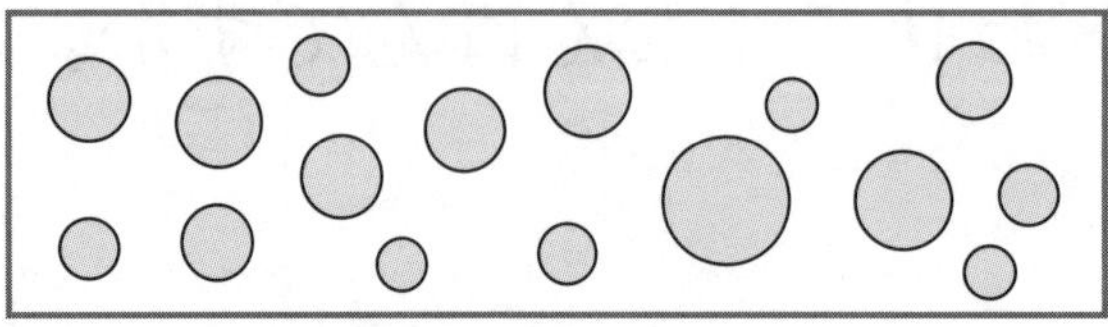	12　16　15 13　11　18
	18　13　11 16　17　19
	13　15　18 17　19　14
	18　16　15 10　12　20

2 □に　かずを　かきましょう。

(1) 14は，10と □　　(2) 16は，10と □

(3) 18は，□と　8　　(4) 10と □で，19

たいせつ **3** □に　かずを　かきましょう。

(1) 12 ― 13 ― □ ― □ ― 16 ― □ ― 18

(2) 20 ― □ ― 18 ― □ ― □ ― 15 ― 14

4 □に　かずを　かきましょう。

(1) 14　15　□　17　□　□　20

(2) 10　□　12　□　□　15　□　17　18

たいせつ **5** おおきい　ほうの　かずに　○を　つけましょう。

12　14　　15　13　　19　17

月　　日 こたえ ➡ べっさつ 7 ページ

シール

ステップ 2

じかん 20ぷん　ごうかく 80てん　とくてん　　てん

1 いくつですか。すうじで　かきましょう。（10てん/1つ5てん）

(1)

〔　　　〕

(2)

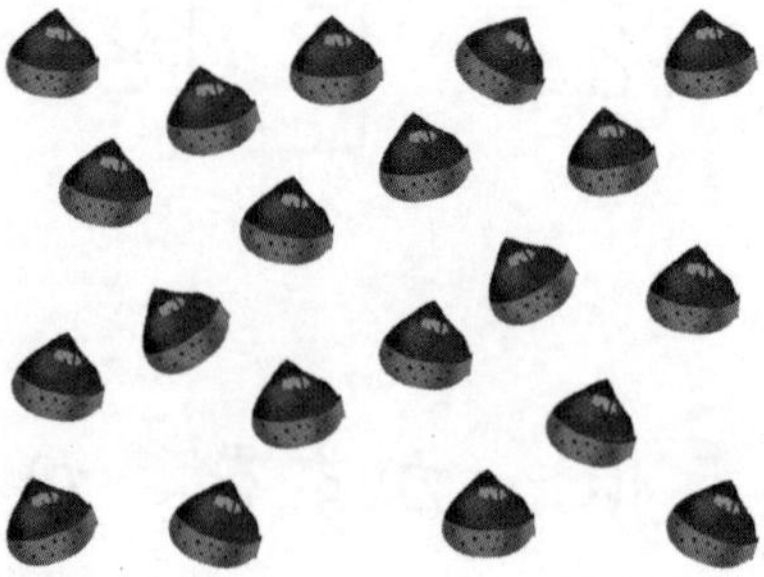

〔　　　〕

2 □に　かずを　かきましょう。（40てん/1つ4てん）

(1) 10と　5で，□

(2) 10と　7で，□

(3) 10と　□で，13

(4) 10と　□で，18

(5) □と　4で，14

(6) □と　6で，16

(7) □は　10と　2

(8) 1と　□で，11

(9) □は　9と　10

(10) 10と　10で，□

たいせつ **3** 1ばんから　20ばんまで，ほんが　ならんで　います。なんばんの　ほんが　ないですか。
ない　ばんごうを　ぜんぶ　かきましょう。(20てん)

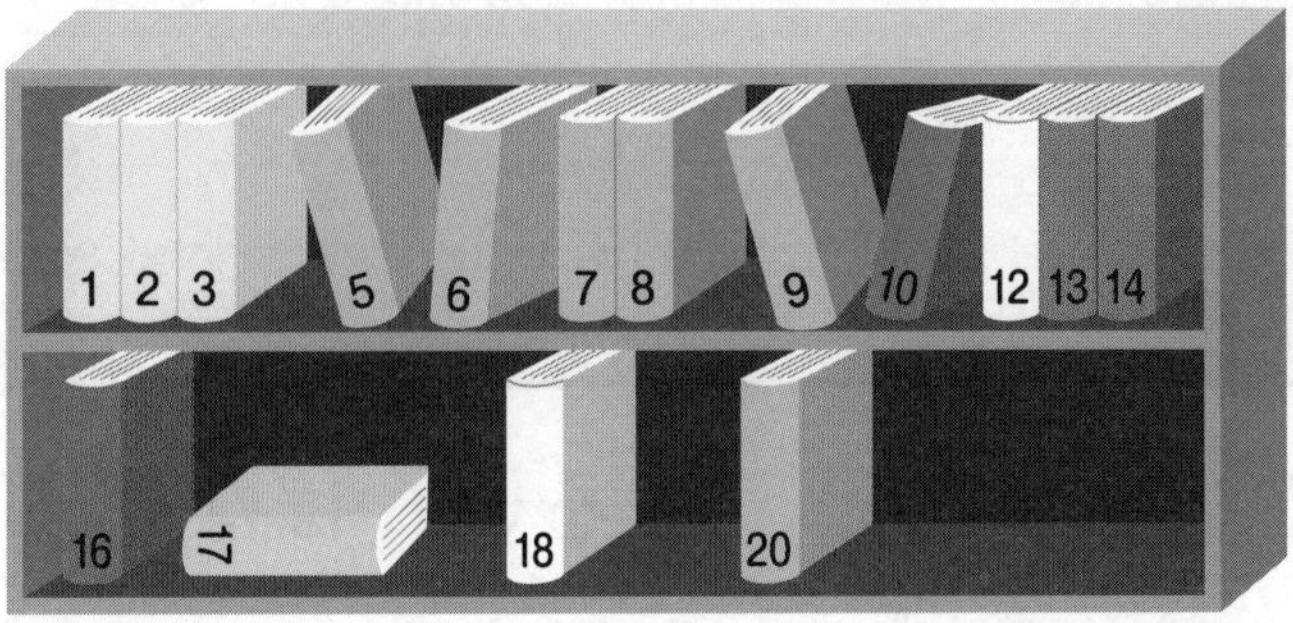

[　　　　　　　　]

たいせつ **4** おおきい　じゅんに　ならべましょう。(20てん/1もん10てん)

(1) 17，11，8，20，9

→ □□□□□

(2) 8，14，10，16，19

→ □□□□□

5 □に　かずを　かきましょう。(10てん/1つ5てん)

(1) 13より　5　おおきい　かずは　□です。

(2) 20より　1　ちいさい　かずは　□です。

こたえ ➡ べっさつ 7 ページ

9 たしざん ②

学習のねらい

- ✓ 8＋6＝14 のように，10までの数のたし算で，**和が10以上**になる計算の学習です。和が10より大きくなる計算を重視して扱います。
- ✓ **10とあといくつ**，という見方がとても大切です。

ステップ 1

1 あかい　はなが　9ほんと　しろい　はなが　3ぼん　あります。ぜんぶで　なんぼんか　かんがえます。

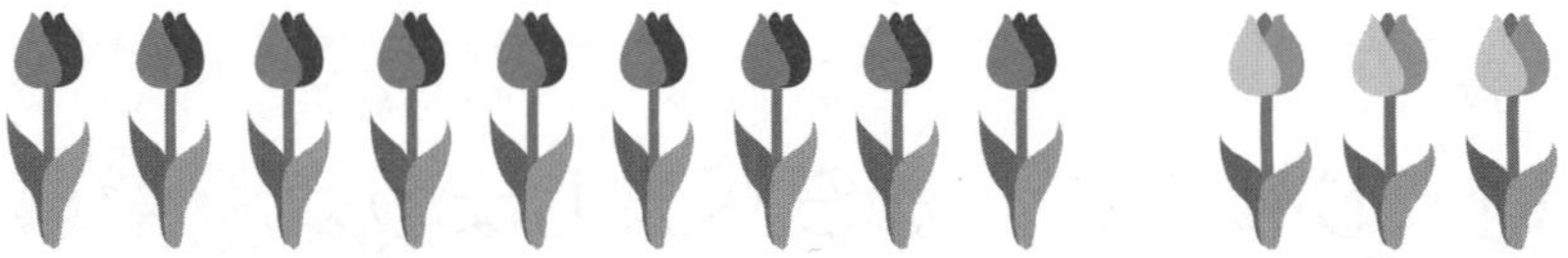

(1) しきを　かきましょう。

［　　　　　　］

(2) 9+3の　けいさんの　しかたを　かんがえます。□に　かずを　かきましょう。

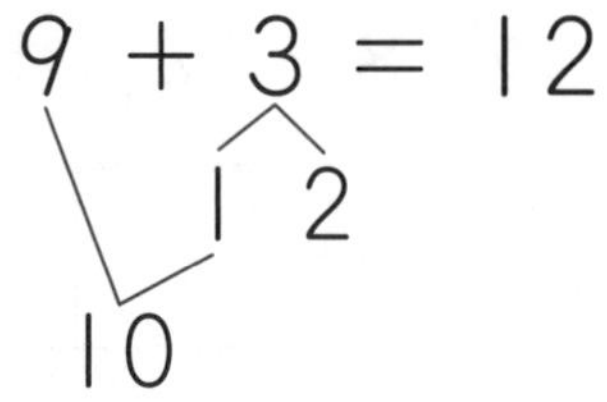

① 3を　1と　□　に　わけます。

② 9に　□　を　たして，10

③ 10と　□　で，12に　なります。

(3) ぜんぶで　なんぼんですか。　［　　　　］

2 けいさんを　しましょう。

(1) 9＋ 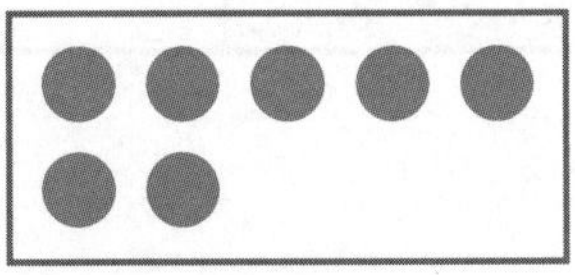 ＝ □

(2) 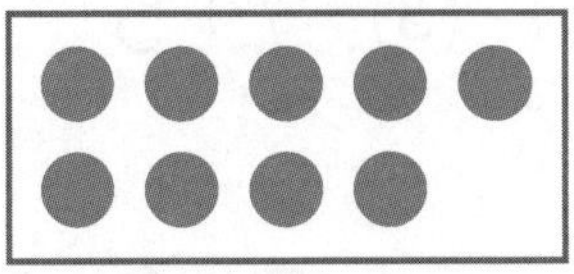 ＋6＝ □

たいせつ **3** けいさんを　しましょう。

(1) 9+2　　(2) 9+5　　(3) 8+3

(4) 8+4　　(5) 6+6　　(6) 6+7

(7) 7+4　　(8) 7+6　　(9) 5+8

(10) 7+7　　(11) 7+9　　(12) 3+9

(13) 5+7　　(14) 5+5　　(15) 4+9

(16) 7+8　　(17) 8+9　　(18) 6+9

たいせつ **4** こどもが　8にん　あそんで　います。そこへ　ともだちが　6にん　きました。あわせて　なんにんに　なりましたか。

（しき）＿＿＿＿＿＿＿＿＿＿　こたえ［　　　　］

月　日　こたえ ➡ べっさつ 7 ページ

STEP 2

ステップ 2

じかん 25ふん
ごうかく 80てん
とくてん　　てん

シール

1 けいさんを　しましょう。（18 てん／1 つ 2 てん）

(1) 6+4　　(2) 6+6　　(3) 7+5

(4) 8+4　　(5) 4+8　　(6) 5+8

(7) 2+9　　(8) 8+5　　(9) 3+8

たいせつ 2 けいさんを　しましょう。（12 てん／1 つ 2 てん）

(1) 10+6　　(2) 10+2　　(3) 13+6

(4) 11+7　　(5) 15+2　　(6) 12+4

3 まんなかの　かずに，まわりの　かずを　たしましょう。（20 てん／1 もん 10 てん）

(1)

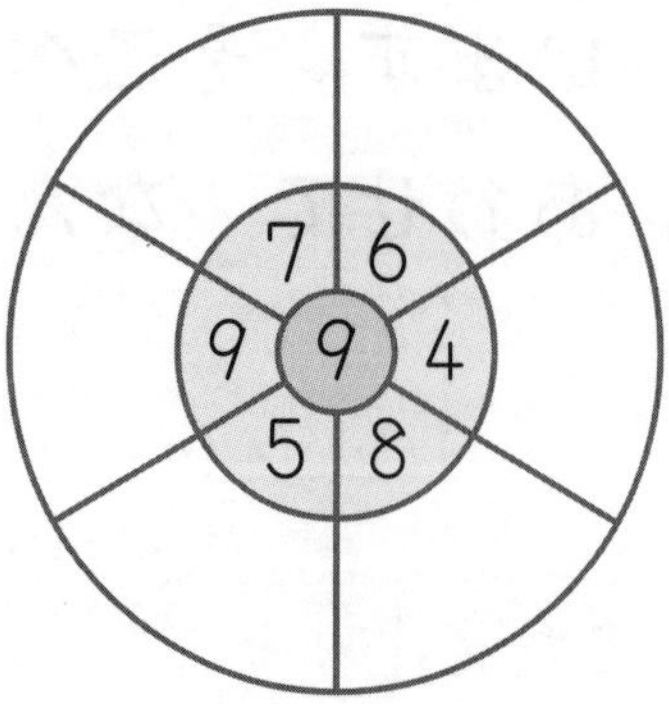

(2)

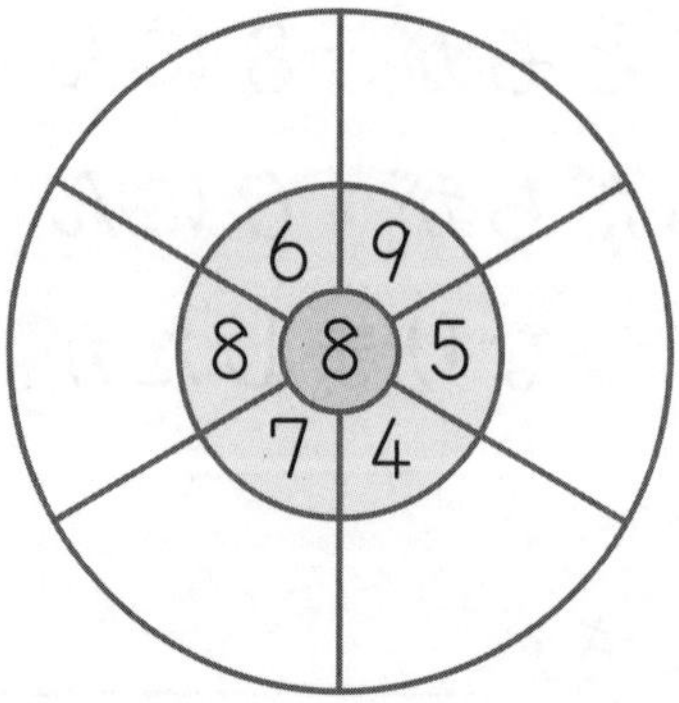

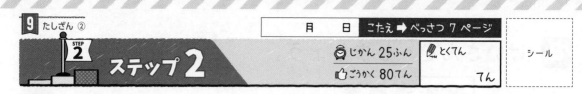

4 あんぱんを　8つ，めろんぱんを　7つ　かいました。あわせて　なんこ　かいましたか。(10てん)

(しき)＿＿＿＿＿＿＿＿＿＿　こたえ［　　　　　］

5 12にんで　あそんで　いました。ともだちが　3にん　きました。みんなで　なんにんに　なりましたか。(10てん)

(しき)＿＿＿＿＿＿＿＿＿＿　こたえ［　　　　　］

6 したの　2つの　かずを　たして，うえの　ますに　こたえを　かきましょう。(18てん/1つ6てん)

(1)
□
10 □
3 7 1

(2)
□
□ □
1 4 8

(3)
□
□ □
6 5 3

いて
とめる

7 えを　みて，10+3の　しきに　なる　おはなしを　かきましょう。(12てん)

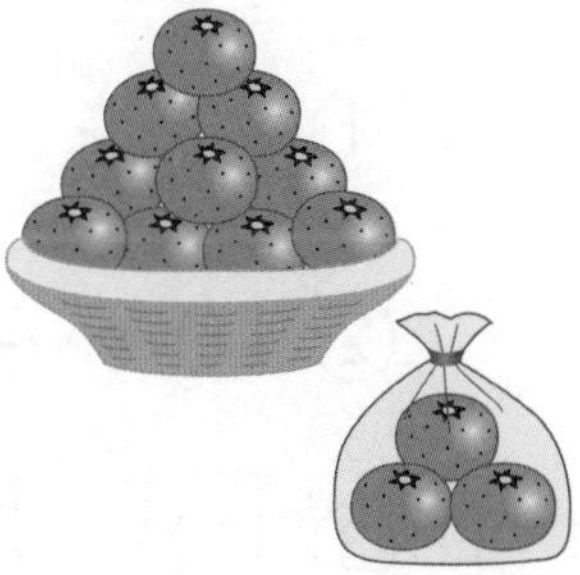

みかんが　かごに＿＿＿＿＿＿＿＿

＿＿＿＿＿＿＿＿＿＿＿＿＿＿

＿＿＿＿＿＿＿＿＿＿＿＿＿＿

10 ひきざん ②

学習のねらい

- 11～18までの数から，9までの数をひく，**繰り下がり**の問題です。ひき算の計算の大切な基礎になる学習です。
- 速く，正確に，じっくり積み上げていくことが，重要です。

ステップ 1

1 こどもが　12にん　あそんで　います。9にん　かえりました。のこりは　なんにん　いるか　かんがえます。

(1) しきを　かきましょう。

［　　　　　　］

(2) 12−9の　けいさんの　しかたを　かんがえます。□に　かずを　かきましょう。

12 − 9 = 3
2 10
1

① 12を　2と　□に　わけます。

② 10から　□を　ひいて，1

③ 1と　□で，□に　なります。

(3) のこりは　なんにんですか。　［　　　　］

2 けいさんを　して，すうじで　こたえましょう。

(1) 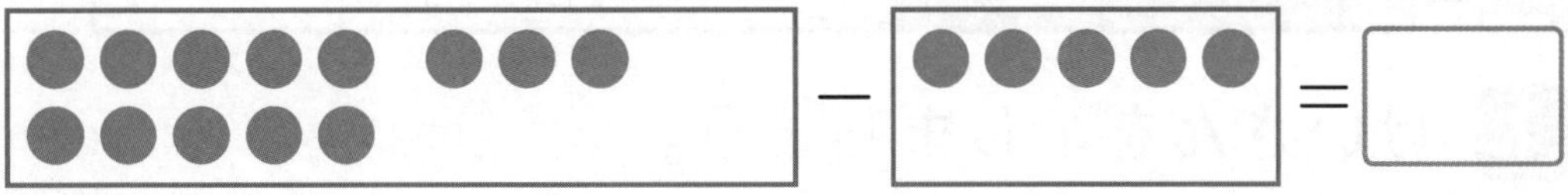

(2) 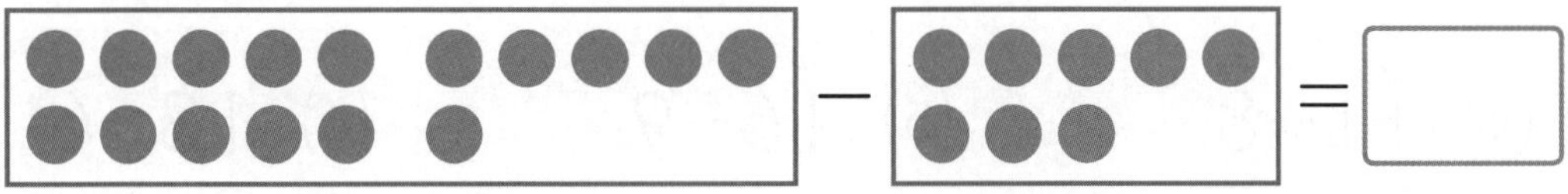

3 けいさんを　しましょう。

(1) 12−4　　(2) 12−6　　(3) 11−3

(4) 11−5　　(5) 12−7　　(6) 14−8

(7) 17−8　　(8) 11−6　　(9) 11−9

(10) 13−7　　(11) 11−7　　(12) 15−7

(13) 14−9　　(14) 16−7　　(15) 17−9

4 15こ　くりが　あります。6こ　たべました。のこりは　なんこですか。

(しき) ＿＿＿＿＿＿＿＿　こたえ〔　　　　〕

月　日　こたえ ➡ べっさつ 8 ページ

STEP 2 ステップ 2

じかん 20ぷん
ごうかく 80てん
とくてん　　てん
シール

1 けいさんを　しましょう。(18てん/1つ2てん)

(1) 12−3　　(2) 14−7　　(3) 15−8

(4) 11−8　　(5) 16−9　　(6) 13−6

(7) 12−5　　(8) 13−5　　(9) 11−4

2 こたえが　おなじに　なる　かあどを　せんで　むすびましょう。(12てん/1つ3てん)

15−9	16−7	12−8	14−6
•	•	•	•
•	•	•	•
11−7	14−8	12−4	14−5

たいせつ **3** けいさんを　しましょう。(18てん/1つ3てん)

(1) 15−5　　(2) 19−9　　(3) 11−1

(4) 14−3　　(5) 16−2　　(6) 17−4

4 ばななが　ぜんぶで　16ぽん　あります。8ほん　たべると，なんぼん　のこりますか。(10てん)

(しき) ＿＿＿＿＿＿＿＿＿＿＿＿　こたえ［　　　　　］

5 ひなさんは　おりがみを　18まい　もって　います。ともだちに　9まい　あげると，なんまい　のこりますか。(10てん)

(しき) ＿＿＿＿＿＿＿＿＿＿＿＿　こたえ［　　　　　］

6 おとこのこが　13にん，おんなのこが　9にん　あそんで　います。どちらが　なんにん　おおいですか。(10てん)

(しき) ＿＿＿＿＿＿＿＿＿＿＿＿

こたえ［　　　　　　　　］が　［　　　　］おおい。

7 まんなかの　かずから，まわりの　かずを　ひきましょう。(22てん/1もん11てん)

(1)

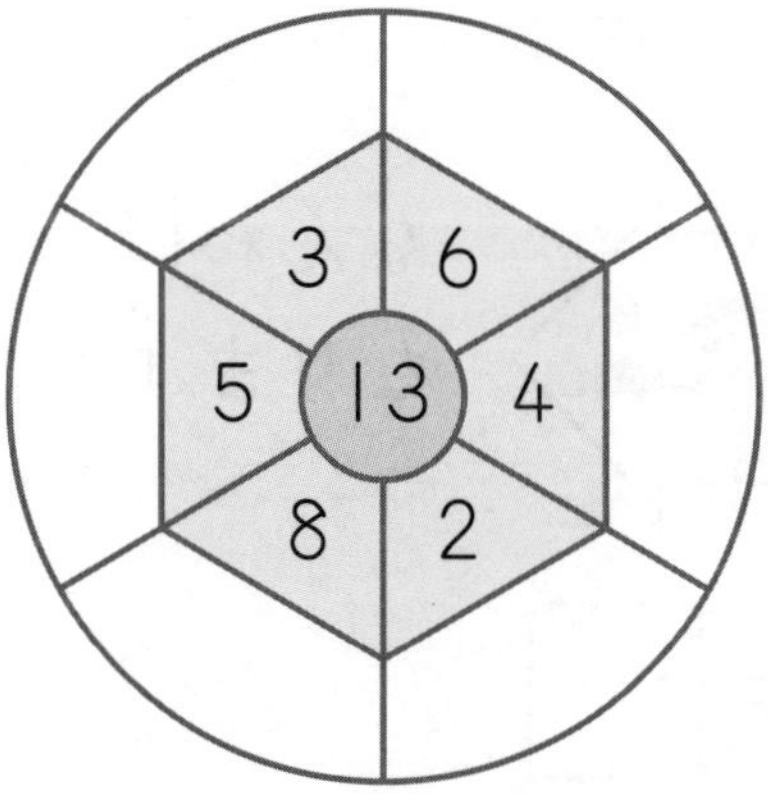

(2)

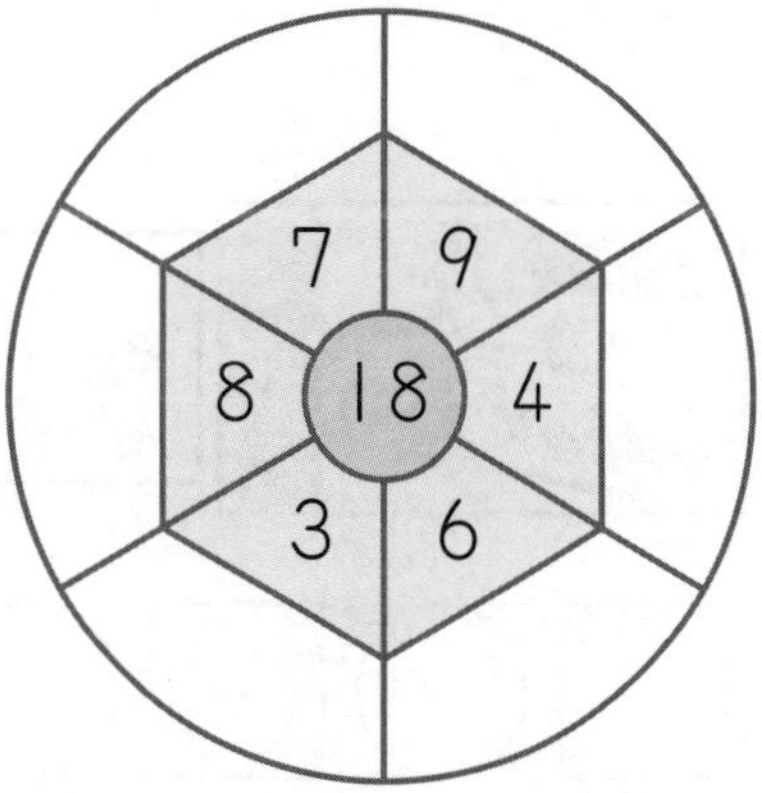

11 3つの　かずの　けいさん

学習のねらい

- **3つの数の加減計算**ができるようにさせます。
- **たし算・ひき算の意味**の理解を深め，問題場面から式をたてたり，式から情景の説明ができるようにさせます。

ステップ 1

たいせつ **1** えを　みて，□には　かずを，○には　＋，－の　きごうを　かきましょう。

(1) 

ぜんぶで　なんこ　はいりましたか。

□○□○□＝□

(2) 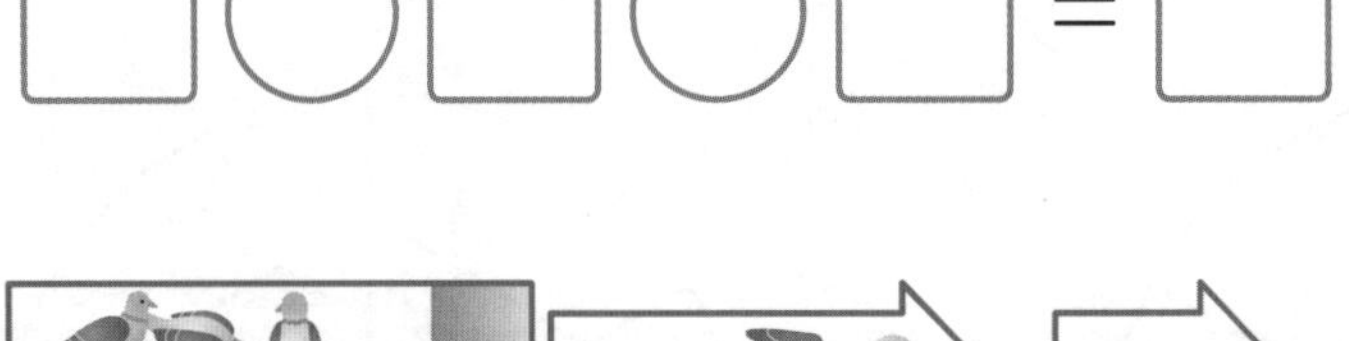

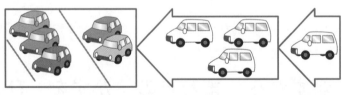

なんだいに　なりますか。

□○□○□＝□

(3) 

なんわに　なりますか。

□○□○□＝□

2 けいさんを　しましょう。

(1) 7+3+6　　(2) 4+6+9

(3) 9−7+3　　(4) 7−5−2

(5) 2+6−5　　(6) 8−4+3

(7) 1+9+7　　(8) 15−1−4

(9) 10−6+3　　(10) 14−4+5

(11) 7+3−2　　(12) 13−3−5

3 えを　みて，5+2+3 の　しきに　なる　おはなしを　かきましょう。

いろがみを，みきさんは　5まい　もって　います。

りかさんは

月　日　こたえ ➡ べっさつ 9 ページ

シール

ステップ 2

じかん 20ぷん　ごうかく 80てん

とくてん　　てん

1 けいさんを　しましょう。(24てん/1つ6てん)

(1) 5+8+4　　(2) 6+6−2

(3) 4+7−9　　(4) 12−3+8

2 えを　みて　こたえましょう。

れっしゃに　さるが　のって　います。2つの　えきを　とおりました。れっしゃに　さるは　なんびき　のって　いますか。(16てん)

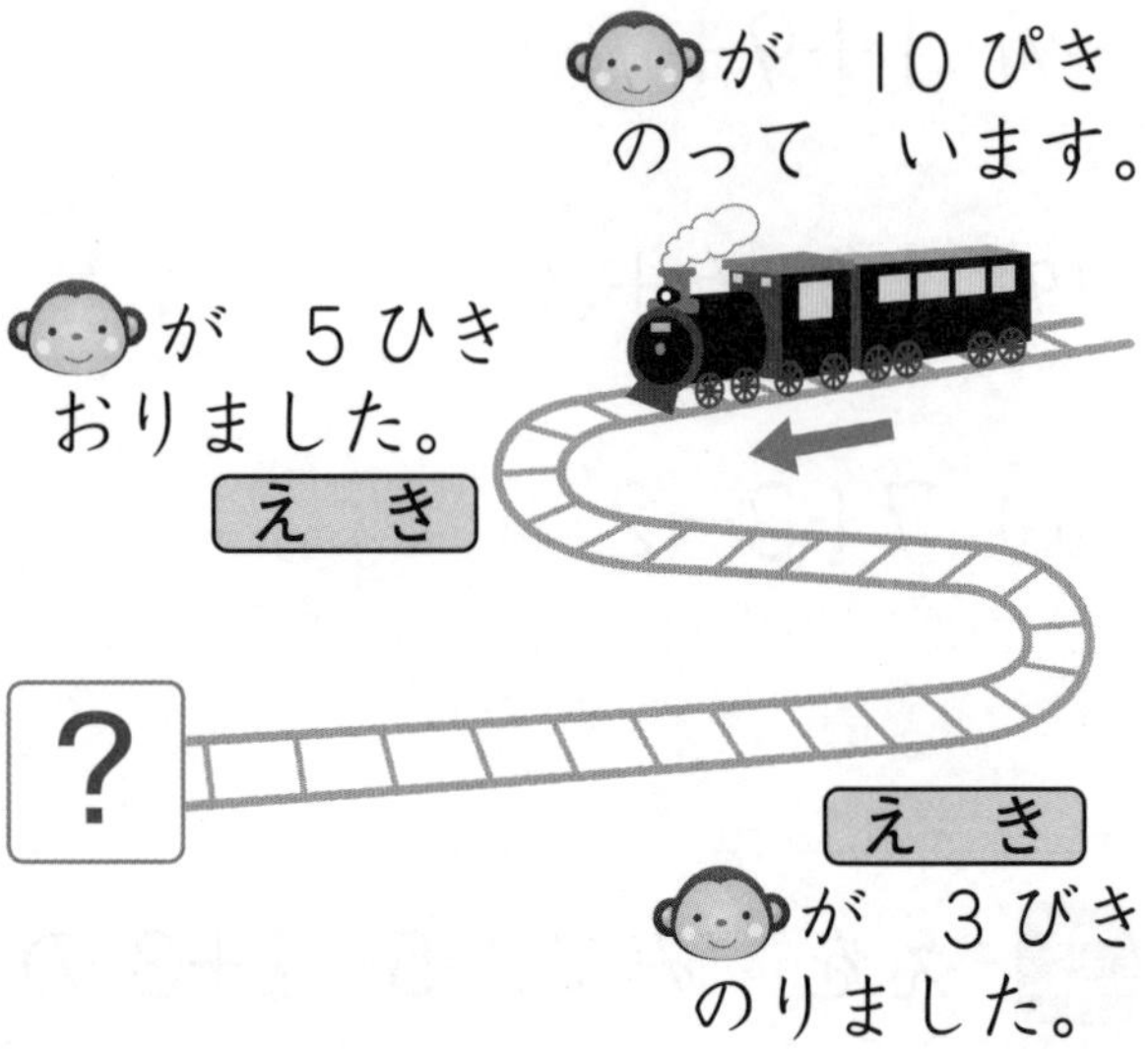
が　10ぴき
のって　います。
が　5ひき
おりました。
え　き
?
え　き
が　3びき
のりました。

(しき) ____________________

こたえ [　　　　　]

たいせつ **3** あかい　あめが　7こ，あおい　あめが　5こ，しろい　あめが　6こ　あります。ぜんぶで　なんこですか。(15てん)

(しき) ____________________

こたえ [　　　　　]

4 バスに　9にん　のって　います。バスていで　3にん　のりました。つぎの　バスていで　ふたり　のりました。バスには　なんにん　のって　いますか。(15てん)

(しき) ＿＿＿＿＿＿＿＿＿＿

こたえ〔　　　　　　〕

5 こうえんで，8にん　あそんで　います。4にん　きました。そのあと　7にん　かえりました。なんにん　あそんで　いますか。(15てん)

(しき) ＿＿＿＿＿＿＿＿＿＿

こたえ〔　　　　　　〕

6 みかんが　13こ　あります。3こ　たべました。つぎの　ひに　2こ　たべました。みかんは　なんこ　のこって　いますか。(15てん)

(しき) ＿＿＿＿＿＿＿＿＿＿

こたえ〔　　　　　　〕

STEP 3　8～11
ステップ 3

月　日	こたえ ➡ べっさつ 9 ページ

じかん 20ぷん　ごうかく 80てん　とくてん　　てん　シール

1 けいさんを　して，こたえを　すうじで　かきましょう。(6てん/1つ3てん)

(1) 

(2) 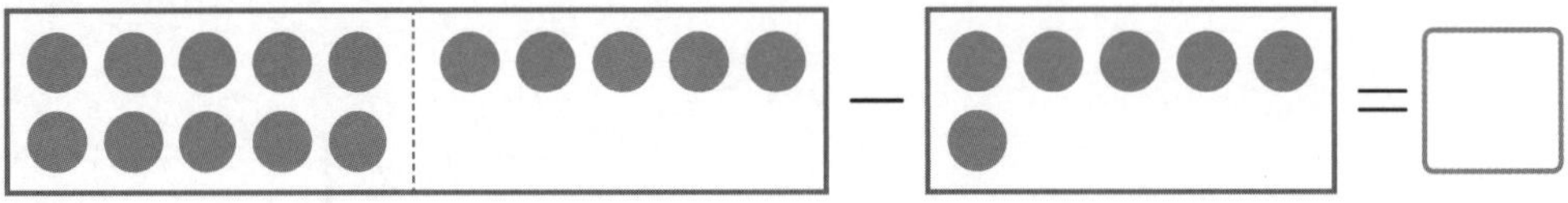

2 たしざんを　しましょう。(27てん/1つ3てん)

(1) 8+4　(2) 7+6　(3) 9+7

(4) 2+9　(5) 9+3　(6) 5+8

(7) 6+10　(8) 13+4　(9) 11+8

3 ひきざんを　しましょう。(27てん/1つ3てん)

(1) 13−4　(2) 11−2　(3) 12−8

(4) 14−6　(5) 13−7　(6) 15−9

(7) 12−2　(8) 17−3　(9) 16−5

4 けいさんを　しましょう。(16てん/1つ4てん)

(1) 9+2+5　　(2) 13−6+7

(3) 14+3−9　　(4) 18−8−8

5 バスていに　18にん　います。9にん　バスに　のりました。いま，バスていで　まって　いる　ひとは　なんにんですか。(8てん)

（しき）＿＿＿＿＿＿＿＿　こたえ［　　　　］

6 りんごと　みかんが　あわせて　19こ　あります。りんごは　6こ　あります。みかんは　いくつ　ありますか。(8てん)

（しき）＿＿＿＿＿＿＿＿　こたえ［　　　　］

7 かあどを　12まい　もって　います。おとうとに　5まい　あげて，おねえさんから　6まい　もらいました。かあどは　なんまいに　なりましたか。(8てん)

（しき）＿＿＿＿＿＿＿＿　こたえ［　　　　］

月　　日　こたえ ➡ べっさつ 9 ページ

12 大《おお》きい　かず

学習のねらい

- 120までの数について，十進位取り記数法の原理の基礎的な理解を図ることがねらいです。
- 10のまとまりと，位の位置に着目させることが大切です。

ステップ 1

1 ブロックは　ぜんぶで　なんこ　ありますか。

(1)

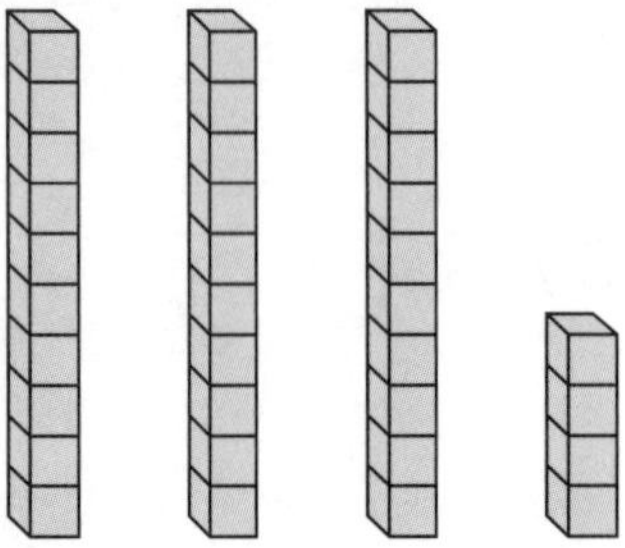

〔　　　　　〕

(2)

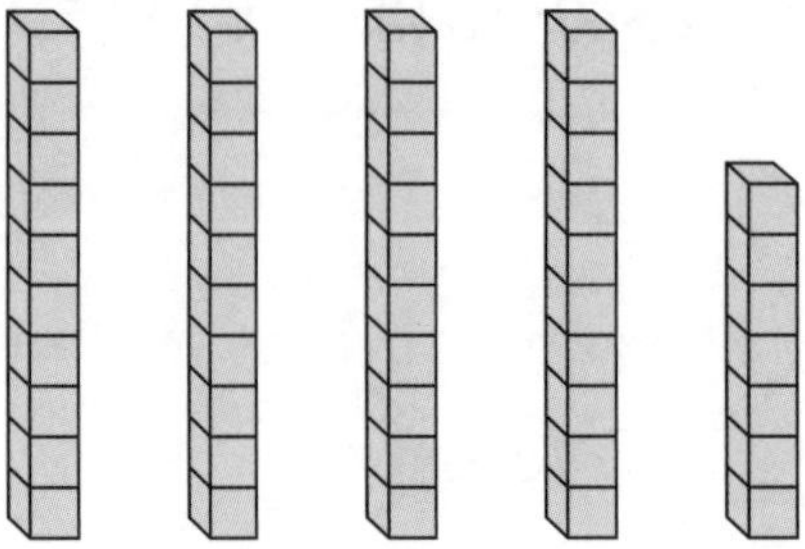

〔　　　　　〕

2  は　ぜんぶで　なん本《ぼん》　ありますか。

〔　　　　　〕

たいせつ **3** かずの　ならべかたを　しらべます。

1	2	3	4	5	6	7	8	9	10
11	12	13	14	15	16	17	18	19	20
21									
				㋐					
									㋑
	㋒								

(1) ㋐，㋑，㋒に　はいる　かずを　かきましょう。

㋐［　　　　］　㋑［　　　　］　㋒［　　　　］

かいて まとめる (2) ▢で　かこんだ　ところの　かずの　ならびかたで　気《き》が　ついた　ことを　かきましょう。

月　　日　こたえ ➡ べっさつ 9 ページ

STEP 2

ステップ 2

じかん 20 ぷん
ごうかく 80 てん
とくてん　　てん
シール

たいせつ **1** かずを　しらべて，すう字《じ》で　かきましょう。

（12 てん/1 つ 6 てん）

(1)

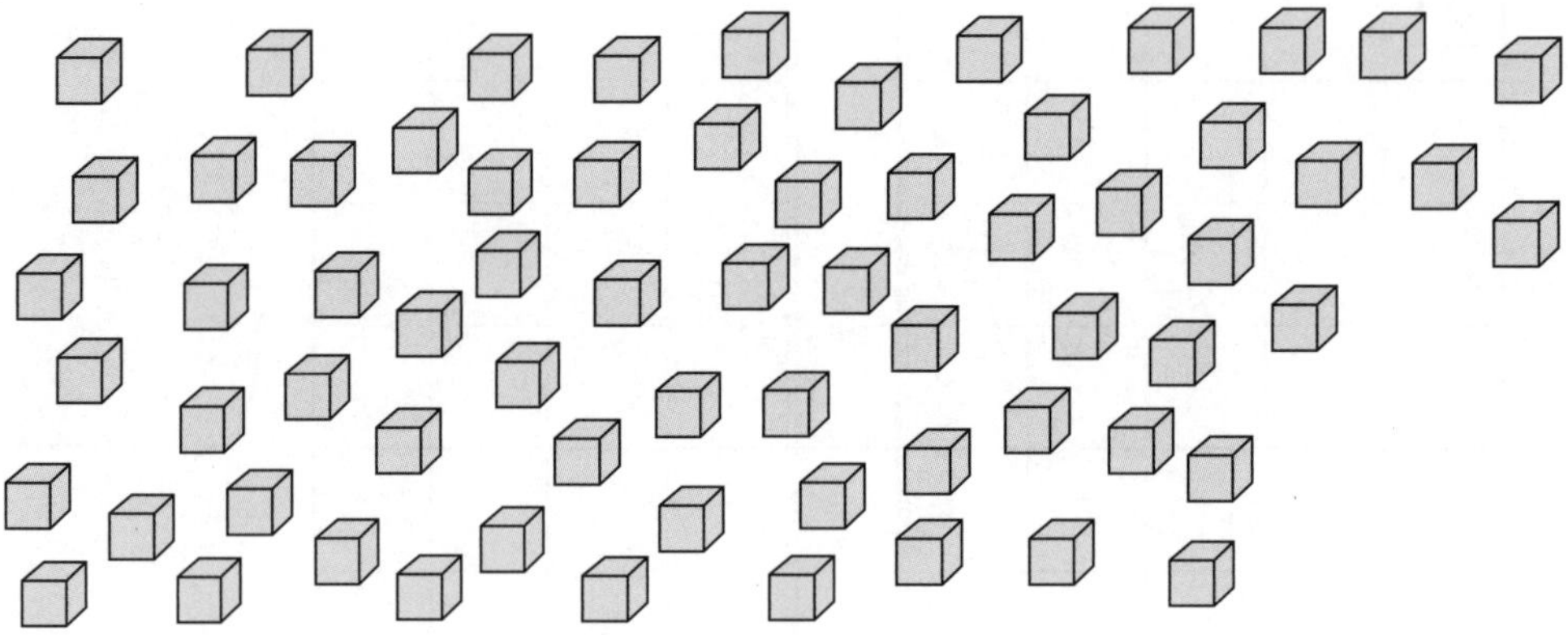

〔　　　　　〕

(2)

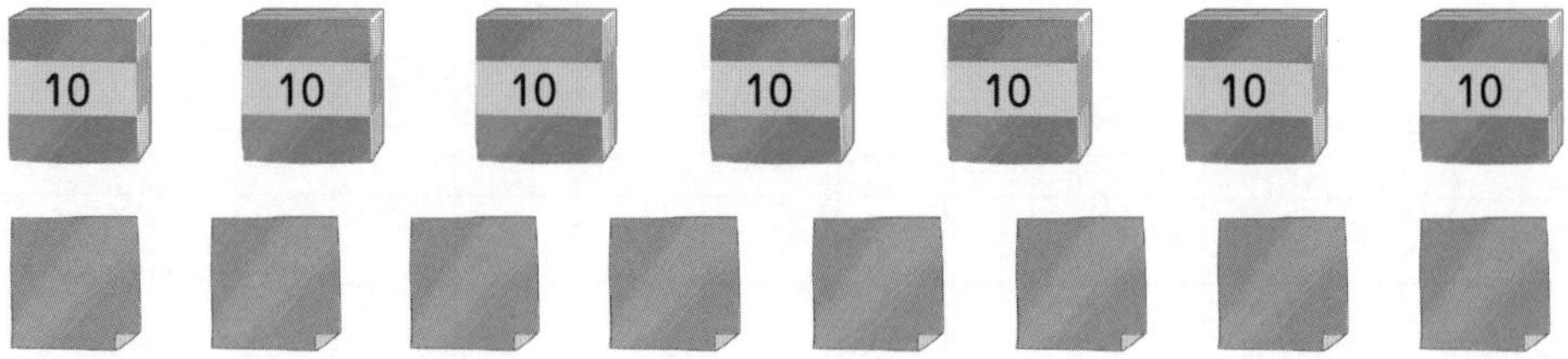

〔　　　　　〕

たいせつ **2** □に　かずを　かきましょう。（24 てん/1 もん 6 てん）

(1) 97 の　十《じゅう》のくらいは　□で，一《いち》のくらいは　7 です。

(2) 70 より　4　小《ちい》さい　かずは，□です。

(3) 78 より　4　大《おお》きい　かずは，□です。

(4) 59 は，□が　5 つと，□が　9 つです。

3 □に　かずを　かきましょう。 (32てん／1もん8てん)

(1) 70 — □ — 90 — □ — □ — 120

(2) 49 — 48 — □ — 46 — □ — 44

(3) 63 — □ — 61 — □ — 59 — □

(4) 115 — □ — □ — 118 — □ — 120

4 大きい　ほうに　○を　かきましょう。 (20てん／1つ5てん)

(1) 14　41

(2) 69　90

(3) 98　88

(4) 109　110

5 □に　かずを　かきましょう。 (12てん／1つ6てん)

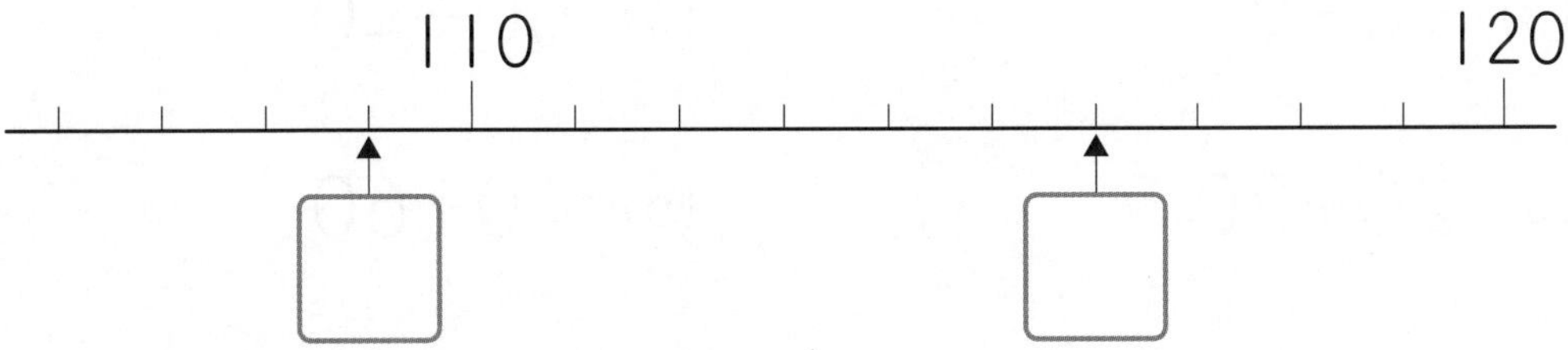

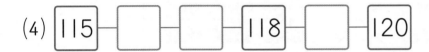

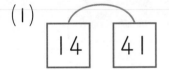

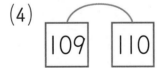

13 たしざん ③

学習のねらい

- 十を単位としてみられるたし算や繰り上がりのない２位数と１位数のたし算ができることがねらいです。
- 何十＋何十や21＋4などの計算をします。

ステップ 1

1 あわせると　なんまいですか。

(1)

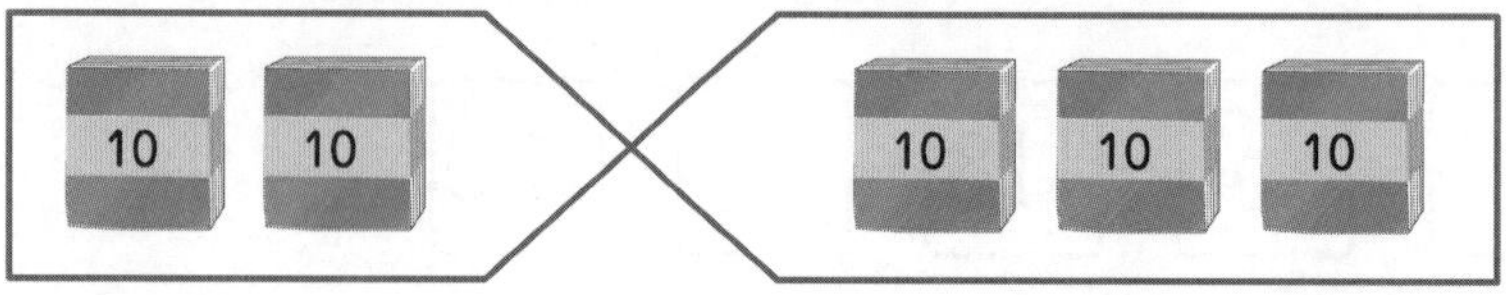

（しき）＿＿＿＿＿＿＿＿＿＿＿＿

こたえ［　　　　　　］

(2)

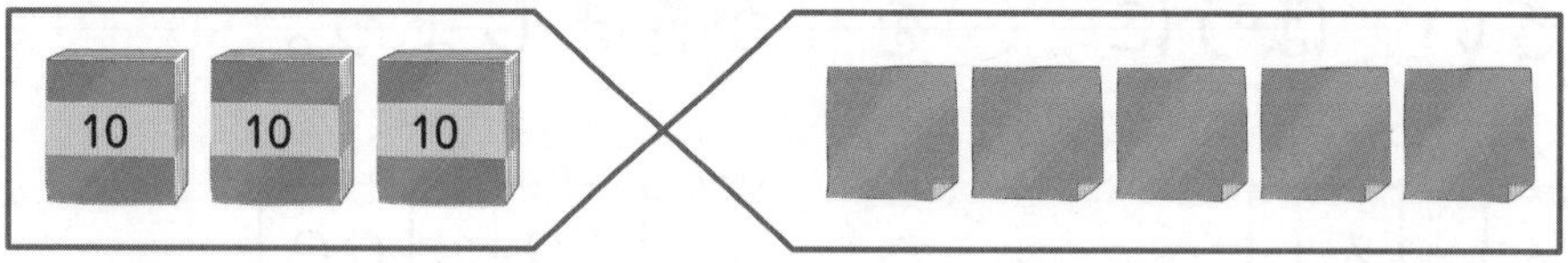

（しき）＿＿＿＿＿＿＿＿＿＿＿＿

こたえ［　　　　　　］

たいせつ **2** けいさんを　しましょう。

(1) 20+50　　(2) 40+40

(3) 10+70　　(4) 50+40

(5) 20+20　　(6) 40+60

たいせつ **3** けいさんを　しましょう。

(1) 20+4　　(2) 25+4

(3) 31+4　　(4) 48+1

(5) 52+6　　(6) 82+6

(7) 63+3　　(8) 71+2

(9) 55+4　　(10) 98+1

4 りこさんは，はじめに
50円《えん》の　ガムを　かいまし
た。つぎに，30円の　クッ
キーを　かいました。あわ
せて　なん円に　なります
か。

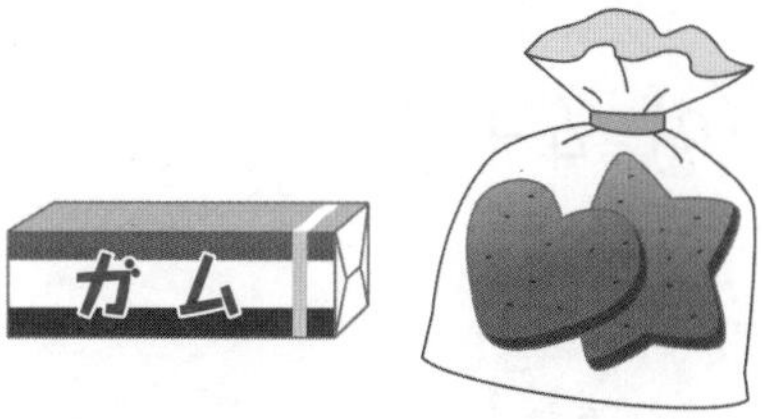

50円　30円

(しき) ＿＿＿＿＿＿＿＿＿＿

こたえ〔　　　　　〕

月　日　こたえ ➡ べっさつ10ページ

ステップ 2

じかん 20ぷん
ごうかく 80てん
とくてん　　てん

シール

1 けいさんを　しましょう。(40てん/1つ4てん)

(1) 30+40　　(2) 50+2

(3) 40+6　　(4) 72+7

(5) 51+8　　(6) 3+90

(7) 61+6　　(8) 80+2

(9) 4+34　　(10) 10+90

2 赤《あか》い　ふうせんが　20こ　あります。白《しろ》い　ふうせんは　5こ　あります。ふうせんは　あわせて　なんこ　ありますか。(15てん)

(しき) ＿＿＿＿＿＿＿＿＿＿

こたえ [　　　　　]

3 あきらさんは，ビー玉《だま》を　52 こ　もって　います。おにいさんから　6 こ　ビー玉を　もらいました。ビー玉は　なんこに　なりましたか。(15 てん)

（しき）＿＿＿＿＿＿＿＿＿＿

こたえ［　　　　　　］

4 みさきさんは，わかざりを　つくって　います。きのうまでに　44 こ　つくりました。きょう　3 こ　つくりました。ぜんぶで　なんこ　つくりましたか。(15 てん)

（しき）＿＿＿＿＿＿＿＿＿＿

こたえ［　　　　　　］

5 どんぐりを　あつめて　います。ゆうとさんは　10 こ，ゆいさんは　40 こ，ゆかりさんは　30 こ　あつめました。ぜんぶで　どんぐりを　なんこ　あつめましたか。(15 てん)

（しき）＿＿＿＿＿＿＿＿＿＿

こたえ［　　　　　　］

14 ひきざん ③

学習のねらい

- 十を単位としてみられるひき算や繰り下がりのない2位数－1位数のひき算ができることがねらいです。
- 何十－何十や46－3などの計算をします。

ステップ 1

1 のこりは　なん本《ぼん》ですか。

(1)

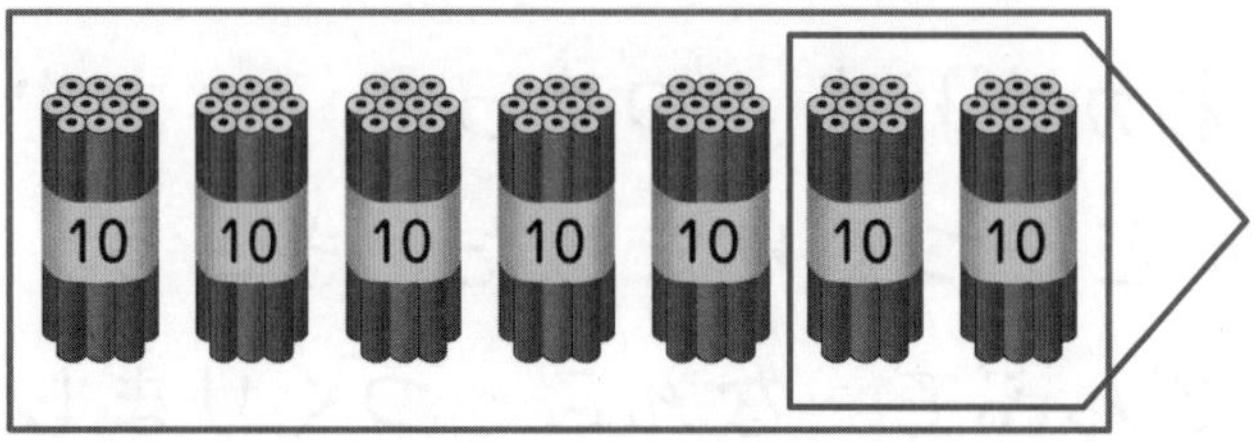

（しき）＿＿＿＿＿＿＿＿＿＿

こたえ［　　　　　　］

(2)

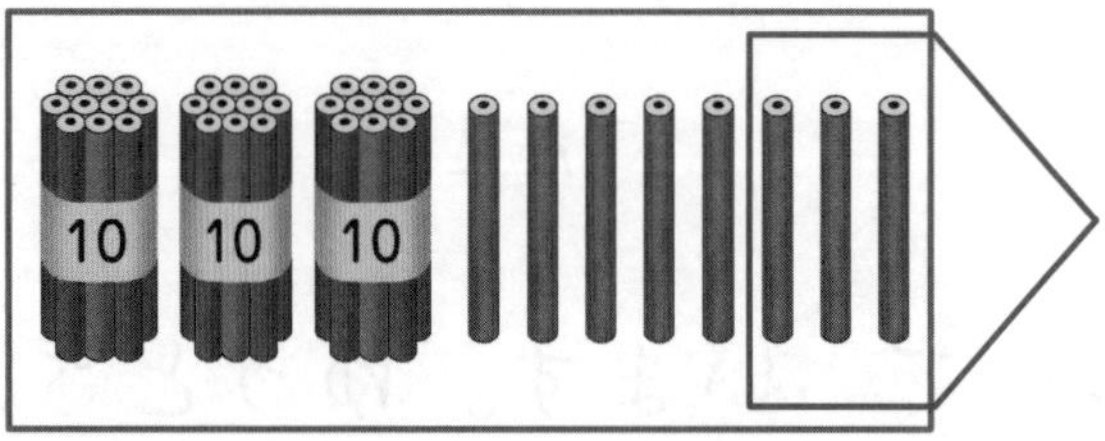

（しき）＿＿＿＿＿＿＿＿＿＿

こたえ［　　　　　　］

たいせつ **2** けいさんを　しましょう。

(1) 60－20　　(2) 80－70

(3) 40－10　　(4) 100－50

3 けいさんを　しましょう。

(1) 25−1　　(2) 57−6

(3) 69−9　　(4) 48−3

(5) 68−7　　(6) 62−2

(7) 39−8　　(8) 54−3

(9) 77−5　　(10) 96−4

4 みさきさんは，おりがみを　48まい　もって　います。そのうち　6まい　つかいました。のこりは　なんまい　に　なりますか。

（しき）＿＿＿＿＿＿＿＿＿＿＿＿

こたえ［　　　　　　］

月　　日　こたえ ➡ べっさつ10ページ

シール

ステップ 2

じかん 20ぷん
ごうかく 80てん
とくてん　　てん

1 けいさんを　しましょう。(40 てん/1 つ 4 てん)

(1) 90−50　　(2) 67−3

(3) 36−6　　(4) 84−4

(5) 28−2　　(6) 100−10

(7) 49−7　　(8) 73−1

(9) 50−50　　(10) 99−9

2 玉《たま》入《い》れを　しました。赤《あか》ぐみは　60 こ，白《しろ》ぐみは　80 こでした。どちらが　なんこ　おおいですか。

(15 てん)

(しき) ＿＿＿＿＿＿＿＿＿＿＿＿

こたえ〔　　　〕ぐみが　〔　　　〕こ　おおい。

3 ゆうたさんは，えんぴつを　48本《ぽん》　もって　います。そのうち　8本《ほん》を　つかいました。のこりは　なん本《ぼん》ですか。（15てん）

（しき）＿＿＿＿＿＿＿＿＿＿

こたえ〔　　　　　　〕

4 花《か》だんに　花《はな》が　36本　さいて　います。5本　つみました。のこりは　なん本ですか。（15てん）

（しき）＿＿＿＿＿＿＿＿＿＿

こたえ〔　　　　　　〕

5 そらさんは，100円《えん》　もって　かいものに　いきました。30円の　あめと　50円の　ガムを　かいました。おつりは　なん円ですか。（15てん）

（しき）＿＿＿＿＿＿＿＿＿＿

こたえ〔　　　　　　〕

月　日　こたえ ➡ べっさつ10ページ

15 たしざんと　ひきざん ②

学習のねらい

- 加法や減法について，その意味を理解できるようにすることがねらいです。
- 具体的な場面で，**加法や減法の適用**を判断させることが大切です。

ステップ 1

1 みかんを　8こ　かいました。りんごは，みかんより　3こ　おおく　かいました。りんごは　なんこかいましたか。

みかん　●●●●●●●●

りんご　●●●●●●●●○○○

（しき）＿＿＿＿＿＿＿＿＿＿

こたえ［　　　　　］

たいせつ **2** 青《あお》い　かさが　16本《ほん》　あります。赤《あか》い　かさは，青い　かさより　7本　すくないです。赤い　かさは　なん本《ぼん》　ありますか。

青　●●●●●●●●●●●●●●●●

赤　●●●●●●●●●

（しき）＿＿＿＿＿＿＿＿＿＿

こたえ［　　　　　］

3 あめが　13こ　あります。8にんの　子《こ》どもに　1こずつ　あげると，あめは　なんこ　のこりますか。

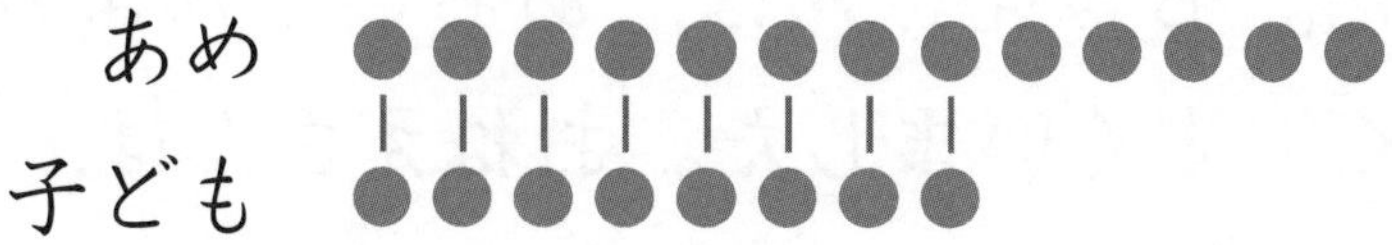

（しき）＿＿＿＿＿＿＿＿＿＿

こたえ［　　　　　］

4 14にんが　あそんで　いましたが，なんにんか　かえったので，6にん　のこりました。なんにん　かえりましたか。

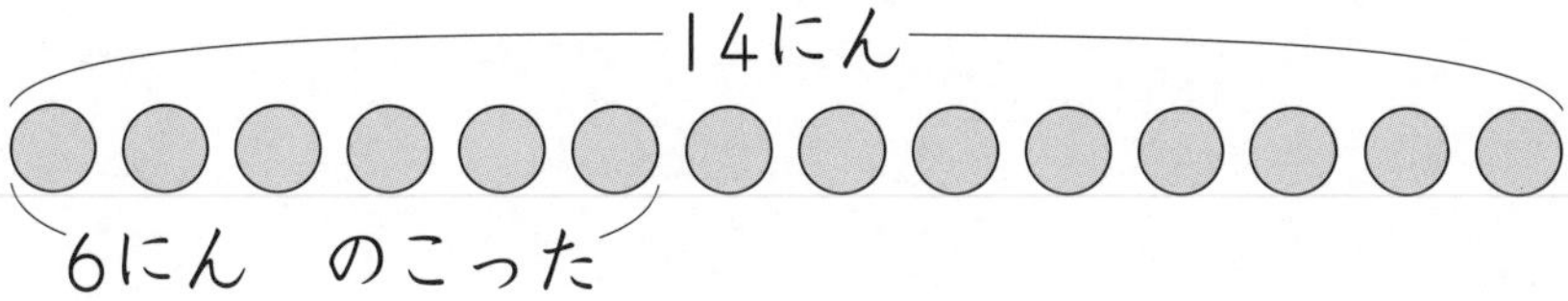

（しき）＿＿＿＿＿＿＿＿＿＿

こたえ［　　　　　］

5 子どもが　あそんで　います。5にん　かえったので，7にんに　なりました。はじめに　子どもは　なんにん　いましたか。

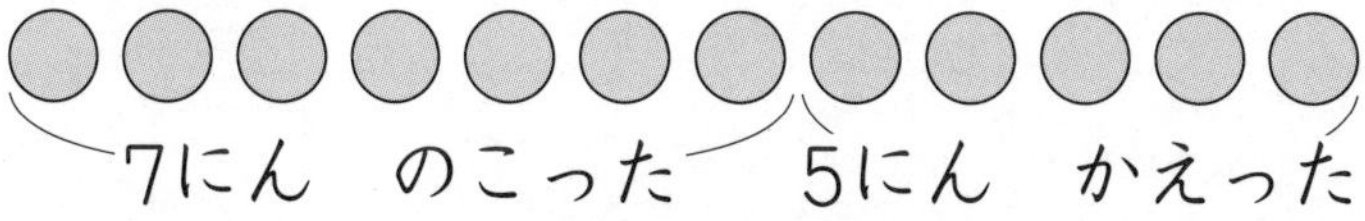

（しき）＿＿＿＿＿＿＿＿＿＿

こたえ［　　　　　］

月　日　こたえ ➡ べっさつ10ページ

STEP 2

ステップ 2

じかん 25ふん
ごうかく 80てん
とくてん　　てん
シール

たいせつ **1** あおいさんは　きんぎょすくいに　いって，7ひき　すくいました。おねえさんは，あおいさんより　5ひき　おおく　すくいました。おねえさんは，なんびき　すくいましたか。(20てん)

(しき) ＿＿＿＿＿＿＿＿＿＿＿＿＿＿

こたえ［　　　　　］

2 いすが　9こ　あります。15にんの　子《こ》どもが　すわるには，いすは　あと　なんこ　いりますか。(20てん)

(しき) ＿＿＿＿＿＿＿＿＿＿＿＿＿＿

こたえ［　　　　　］

たいせつ **3** ジュースが　れいぞうこに　はいって　います。きょう，6本《ぽん》　かって　きて　入《い》れたので，12本《ほん》に　なりました。はじめに，なん本《ぼん》　はいって　いましたか。(15てん)

(しき) ＿＿＿＿＿＿＿＿＿＿＿＿＿＿

こたえ［　　　　　］

4 あめ玉《だま》が　36 こ　あります。ガムは　あめ玉より　5 こ　すくないです。　ガムは　なんこ　ありますか。

(15 てん)

(しき) ____________________

こたえ〔　　　　　　〕

5 りょうたさんは，えんぴつを　30 本　もって　いました。なん本か　あげたので，いま　20 本に　なりました。りょうたさんは，えんぴつを　なん本　あげましたか。(15 てん)

(しき) ____________________

こたえ〔　　　　　　〕

6 ゆあさんは，なわとびで　30 かい　とびました。おねえさんは，ゆあさんより　50 かい　おおく　とんだそうです。おねえさんは，なんかい　とびましたか。(15 てん)

(しき) ____________________

こたえ〔　　　　　　〕

STEP 3 12～15

ステップ 3

月　日	こたえ ➡ べっさつ11ページ	シール
じかん 20ぷん ごうかく 80てん	とくてん　　てん	

1 かずを　かぞえて　かきましょう。(8 てん)

[　　　　]

たいせつ **2** □に　かずを　かきましょう。(18 てん/1 もん 6 てん)

(1) 80 より　1　大《おお》きい　かずは，□です。

(2) 100 より　2　小《ちい》さい　かずは，□です。

(3) 95 は，10 が　□つと，1 が　□つです。

たいせつ **3** □に　かずを　かきましょう。(18 てん/1 もん 6 てん)

(1) □ ― 90 ― □ ― 110 ― □ ― 130

(2) 105 ― □ ― 95 ― 90 ― □ ― □

(3) 80 ― □ ― □ ― 92 ― □ ― 100

4 けいさんを　しましょう。(36てん/1つ3てん)

(1) 70+30　(2) 50+40　(3) 10+90

(4) 42+4　(5) 86+3　(6) 7+91

(7) 90−20　(8) 50−50　(9) 100−20

(10) 29−6　(11) 77−7　(12) 35−3

5 ゆうきさんは　カードを　46まい　もって　います。おにいさんから，3まい　もらいました。あわせて　なんまいに　なりますか。(10てん)

(しき) ＿＿＿＿＿＿＿＿＿＿　こたえ〔　　　　〕

6 りかさんと　ゆかさんで，おはじきとりを　しました。

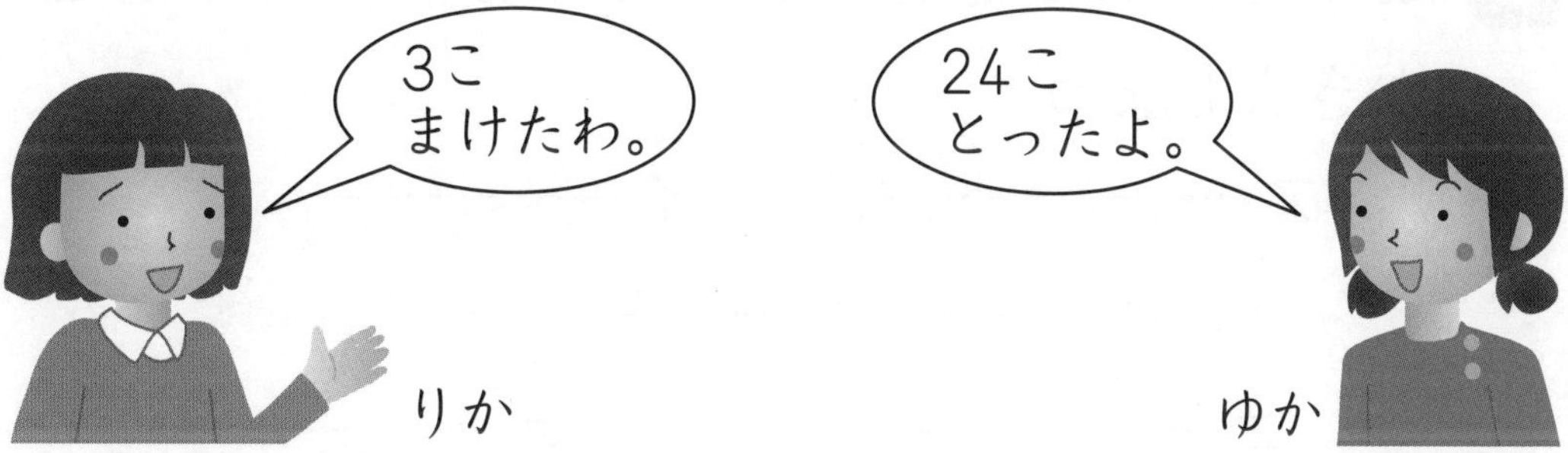

りかさんは　おはじきを　なんこ　とりましたか。(10てん)

(しき) ＿＿＿＿＿＿＿＿＿＿

こたえ〔　　　　〕

16 ながさくらべ

学習のねらい

- 重ねたり，並べたりして，**長さを比較させる**ことや，もとになる長さの**いくつ分**の考え方を通して，長さの概念をとらえさせることがねらいです。
- もとになる長さのいくつ分から，**単位**の考えをつくり出させます。

STEP 1 ステップ 1

1 どちらが　ながいですか。ながい　ほうに　○を　かきましょう。

(1)

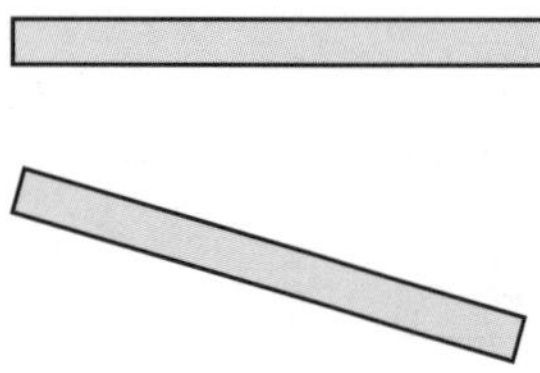

［　　　］

［　　　］

(2)

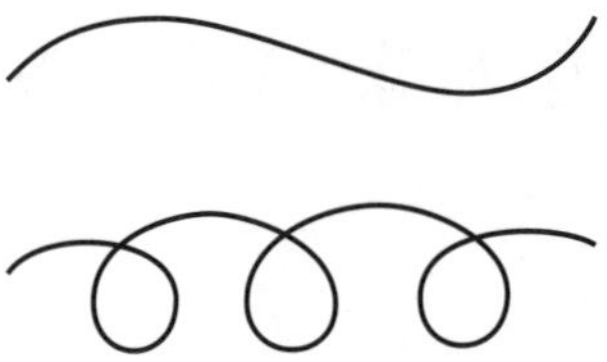

［　　　］

［　　　］

たいせつ **2** おなじ　ながさは　どれですか。□に　きごうを　かきましょう。

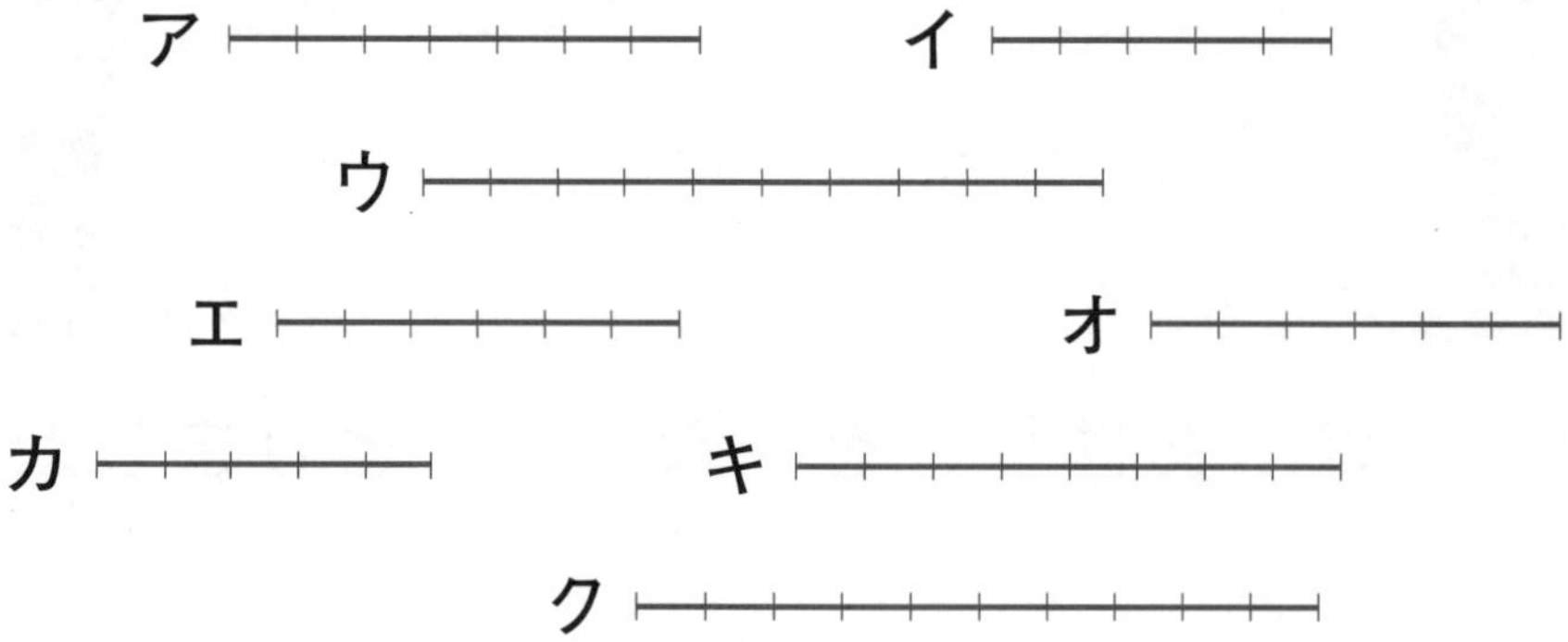

□と□　　□と□　　□と□

3 みどりさんの　おはなしと　えを　見《み》て，ながい　ほうに　◯を　かきましょう。

はじめに　オルガンの　よこの　ながさを　なわとびで　しらべたよ。
つぎに　オルガンの　たかさと　なわとびを　くらべたよ。

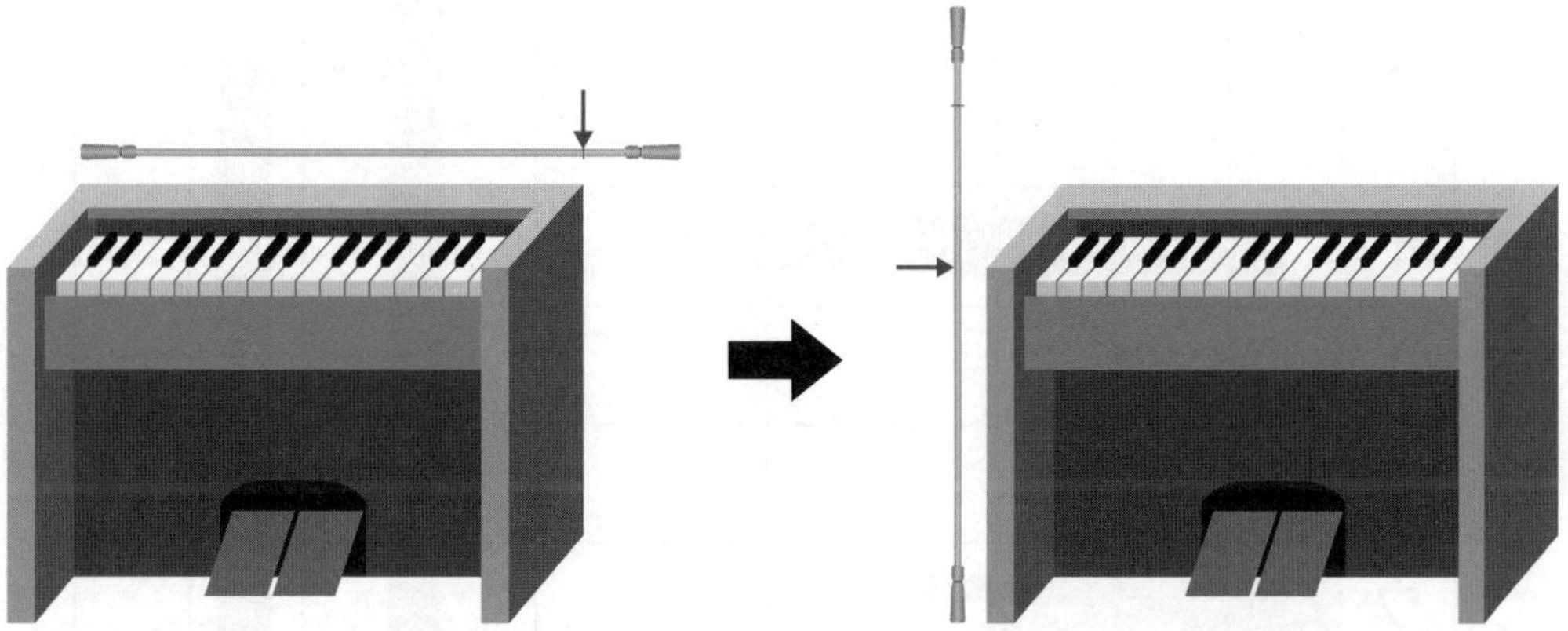

〔　　　〕オルガンの　よこの　ながさ

〔　　　〕オルガンの　たかさ

4 ながい　じゅんに　ばんごうを　かきましょう。

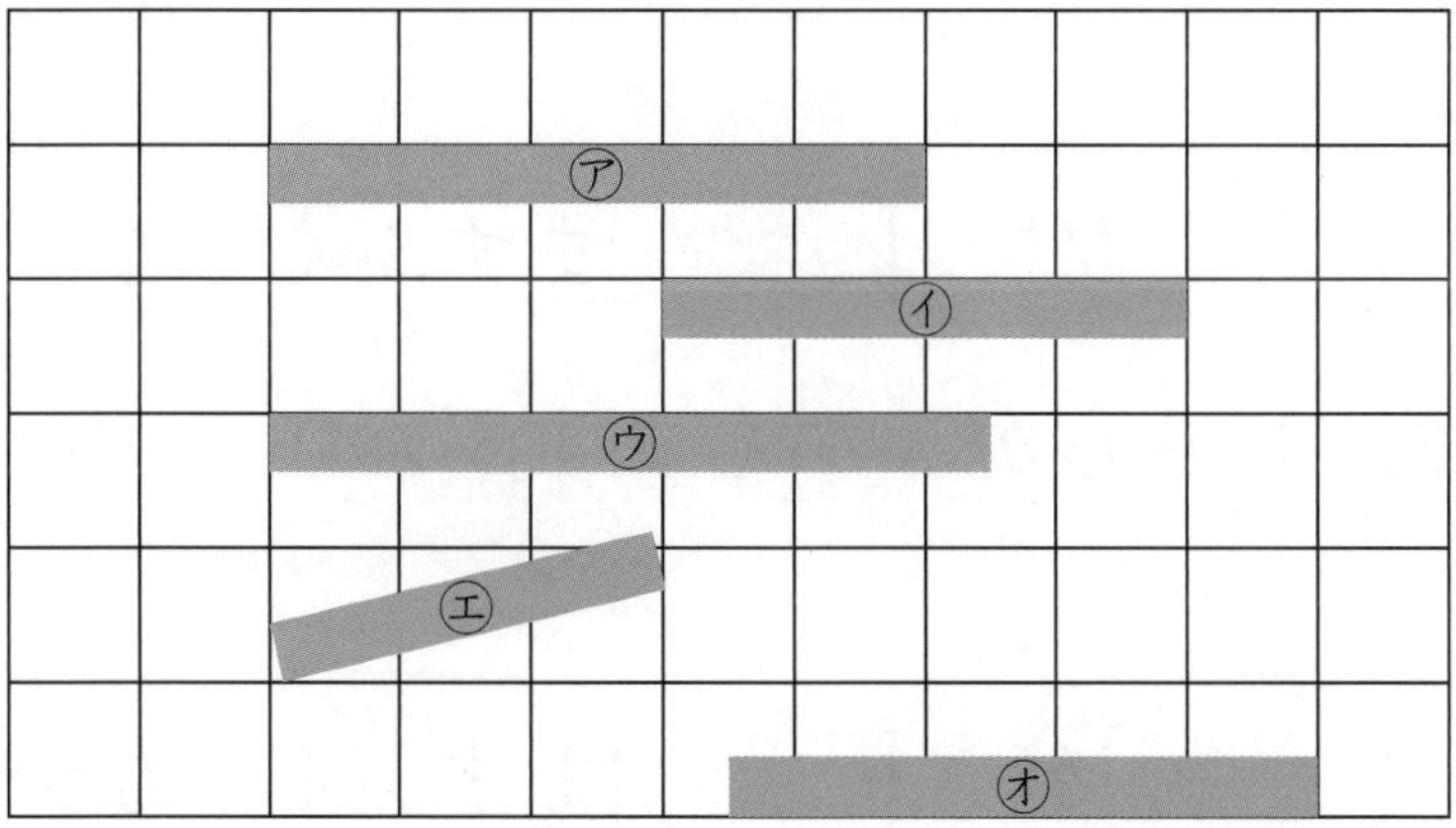

㋐〔　　　〕

㋑〔　　　〕

㋒〔　　　〕

㋓〔　　　〕

㋔〔　　　〕

月　日 こたえ ➡ べっさつ11ページ

STEP 2

ステップ 2

じかん 20ぷん
ごうかく 80てん
とくてん　　てん
シール

1 えんぴつの　ながさを　くらべましょう。

（60 てん / 1 もん 20 てん）

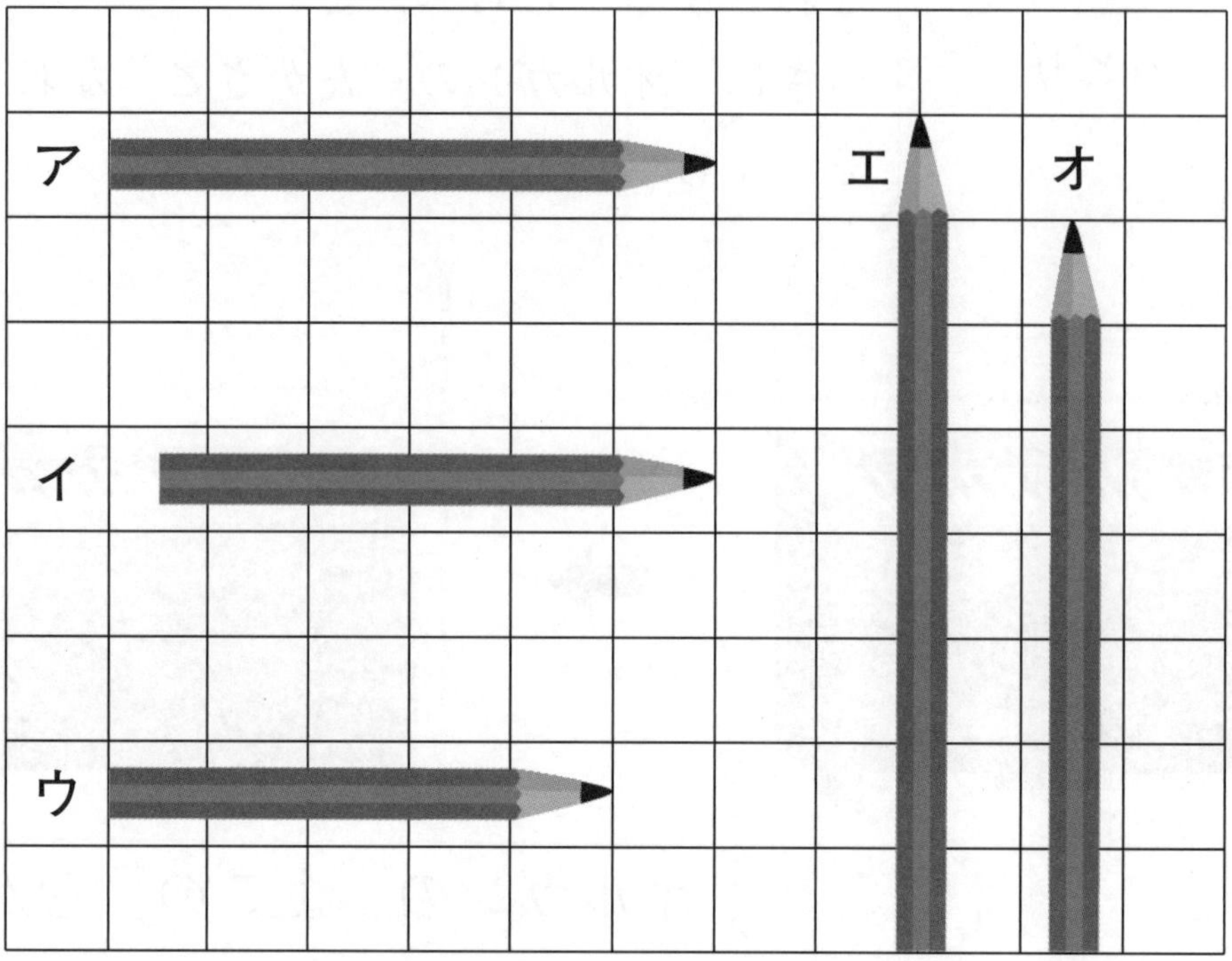

(1) みじかい　じゅんに　きごうを　かきましょう。

〔　　→　　→　　→　　→　　〕

(2) **ア**と　**ウ**は，どちらが　なんますぶん　ながいですか。

〔　　〕が　〔　　〕ますぶん　ながい。

(3) **ウ**と　**エ**は，どちらが　なんますぶん　ながいですか。

〔　　〕が　〔　　〕ますぶん　ながい。

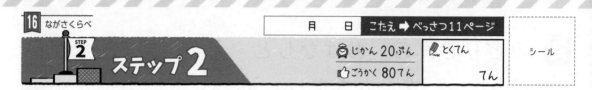

2 アの　ぼうに，イ，ウ，エ，オの　ぼうを　むすびつけました。イ，ウ，エ，オの　ぼうの　ながい　じゅんに，きごうを　かきましょう。(20 てん)

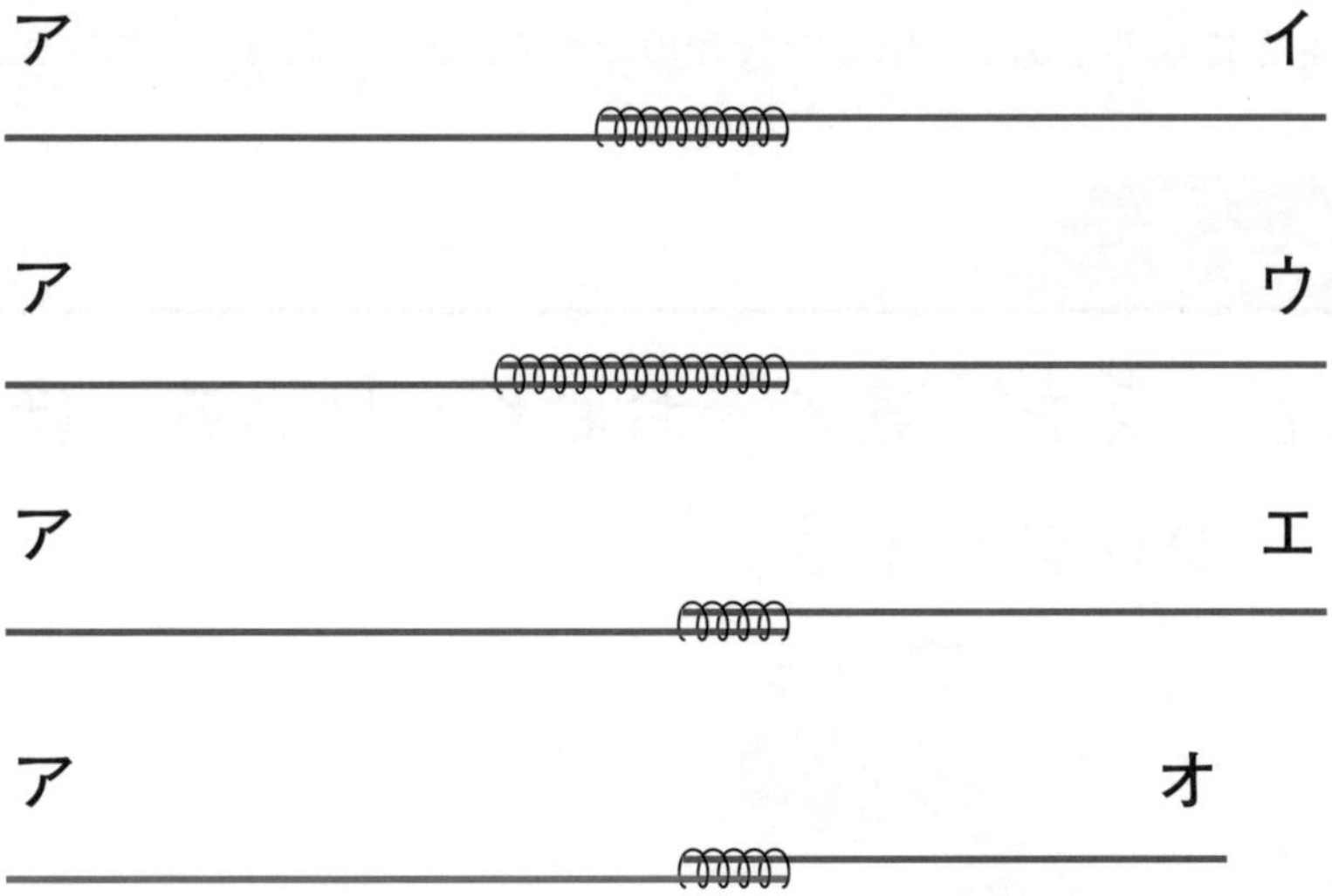

〔　　→　　→　　→　　〕

3 おなじ　大《おお》きさの　ぼうに，ひもが　まきつけてあります。ひもの　ながい　じゅんに，ばんごうを　かきましょう。(20 てん)

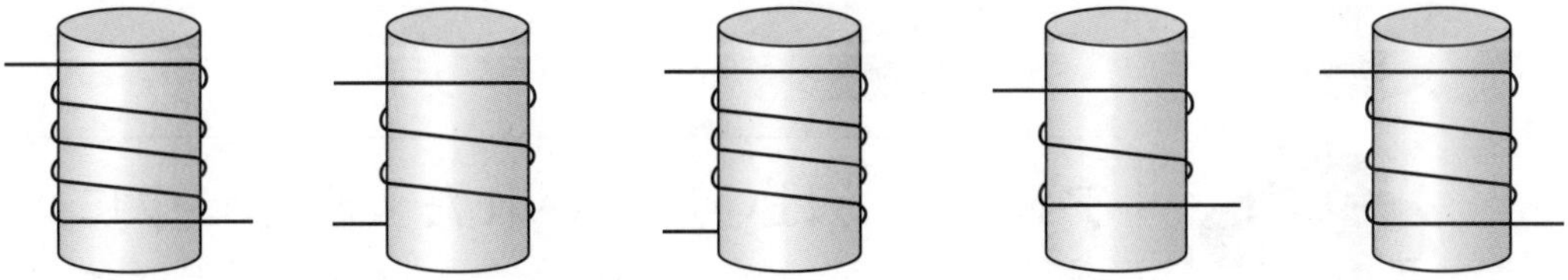

〔　　〕〔　　〕〔　　〕〔　　〕〔　　〕

17 かさくらべ

学習のねらい

- ✓すでに学習した長さを使った比べ方のアイデアを，かさの学習に発展させて考えます。
- ✓「**もとになるもの**」の**いくつ分**かの考えで，比べられるようにさせます。

ステップ1

たいせつ **1** おはなしと　えを　見《み》て，おおく　はいる　ほうの　きごうを　かきましょう。

(1)

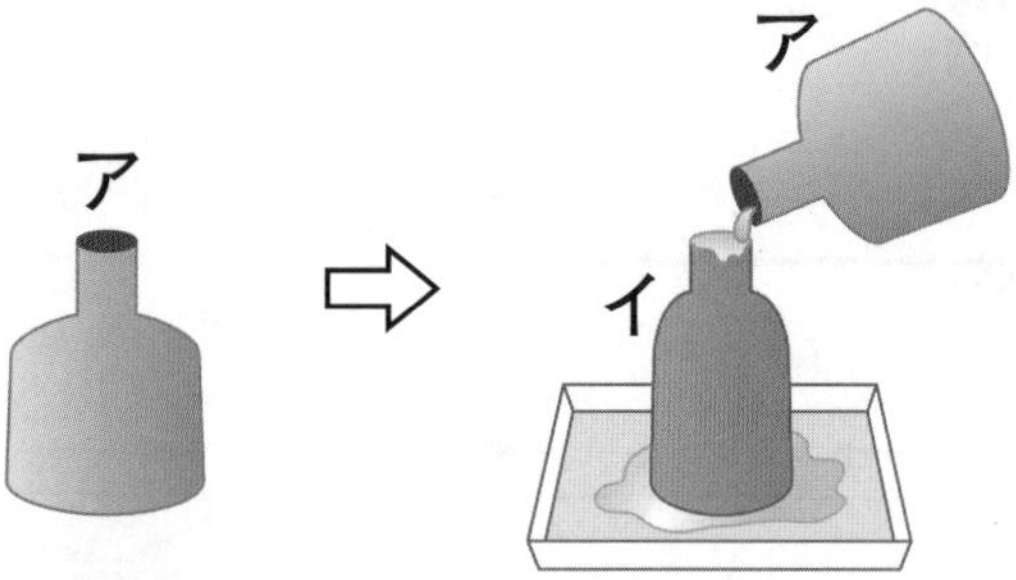

アに　いっぱいに　いれた　水《みず》を　**イ**に　うつすと，あふれました。

おおく　はいるのは　［　　　］

(2)

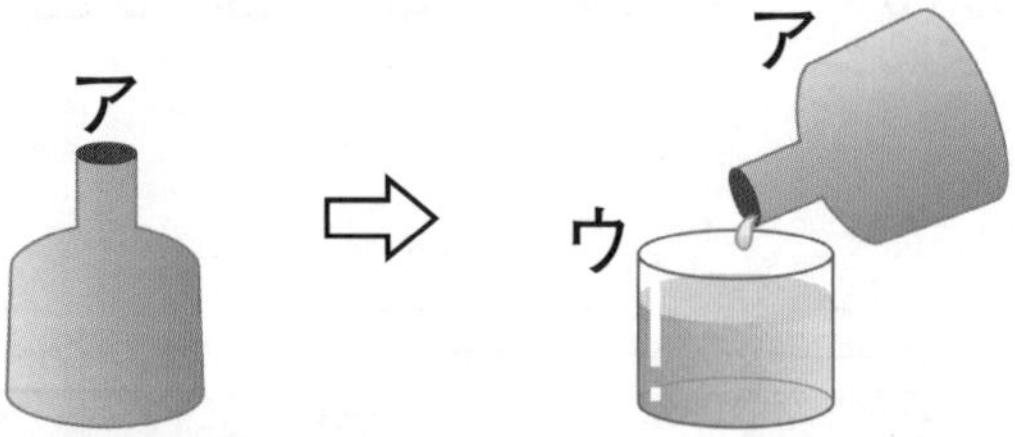

アに　いっぱいに　いれた　水を　**ウ**に　うつすと，**ウ**は　いっぱいに　なりませんでした。

おおく　はいるのは　［　　　］

2 どちらが　おおく　はいりますか。おおく　はいる ほうに　○を　かきましょう。

〔　　〕　〔　　〕

3 おおい　ほうに　○を　かきましょう。

(1)　(2)

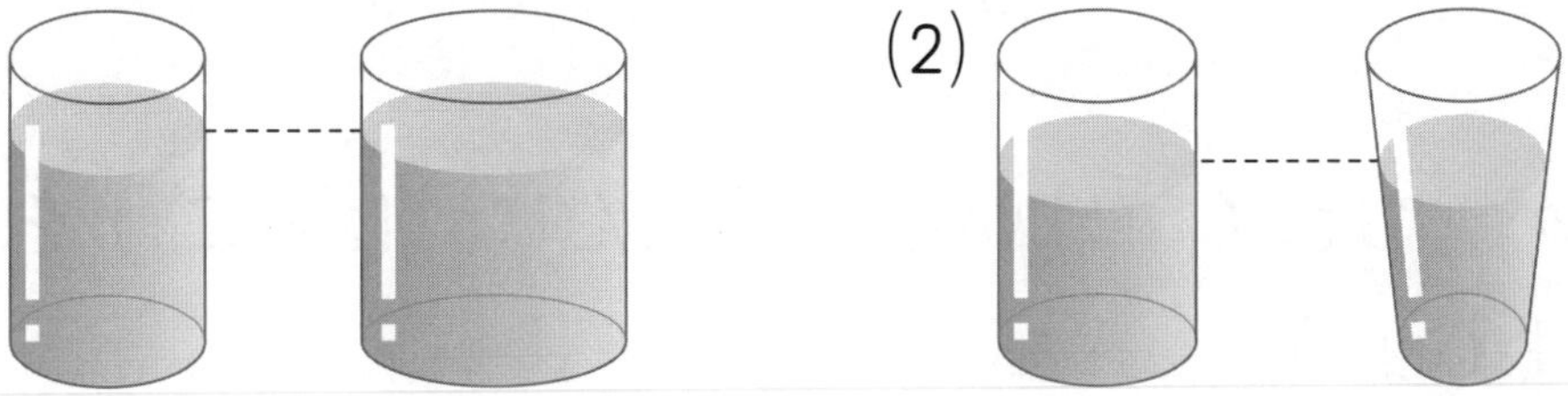

〔　〕〔　〕　〔　〕〔　〕

4 コップで，水が　なんばい　はいるか　しらべました。

ア　イ

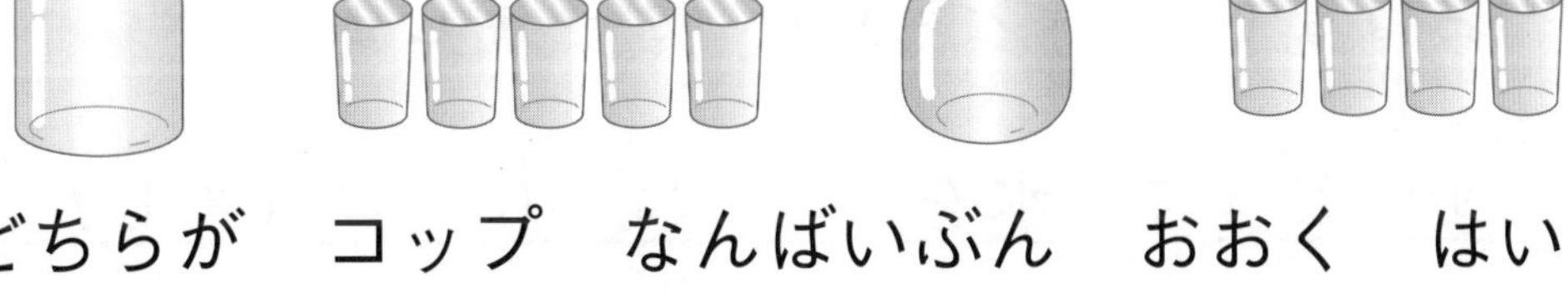

どちらが　コップ　なんばいぶん　おおく　はいりますか。

〔　　　　〕

月　日　こたえ ➡ べっさつ12ページ

ステップ2

じかん25ふん　ごうかく80てん　とくてん　てん　シール

1 おはなしを　よんで，こたえましょう。(40てん/1つ20てん)

なべと　すいとう

すいとうに　水《みず》を　いっぱいに　いれました。すいとうの　水を　なべに　うつしたら，水が　あふれました。

なべと　ボール

なべに　水を　いっぱいに　いれました。なべの　水を　ボールに　うつしたら，水が　あふれました。

(1) 水が　おおく　はいる　じゅんに　ばんごうを　つけましょう。

［　　］　［　　］　［　　］

かいて まとめる (2) すいとうと　ボールの　かさくらべを　しました。おはなしの　つづきを　かきましょう。

すいとうに　水を　いっぱいに　いれました。

2 コップに　なんばい　はいるか　しらべました。

(60 てん/1つ 20 てん)

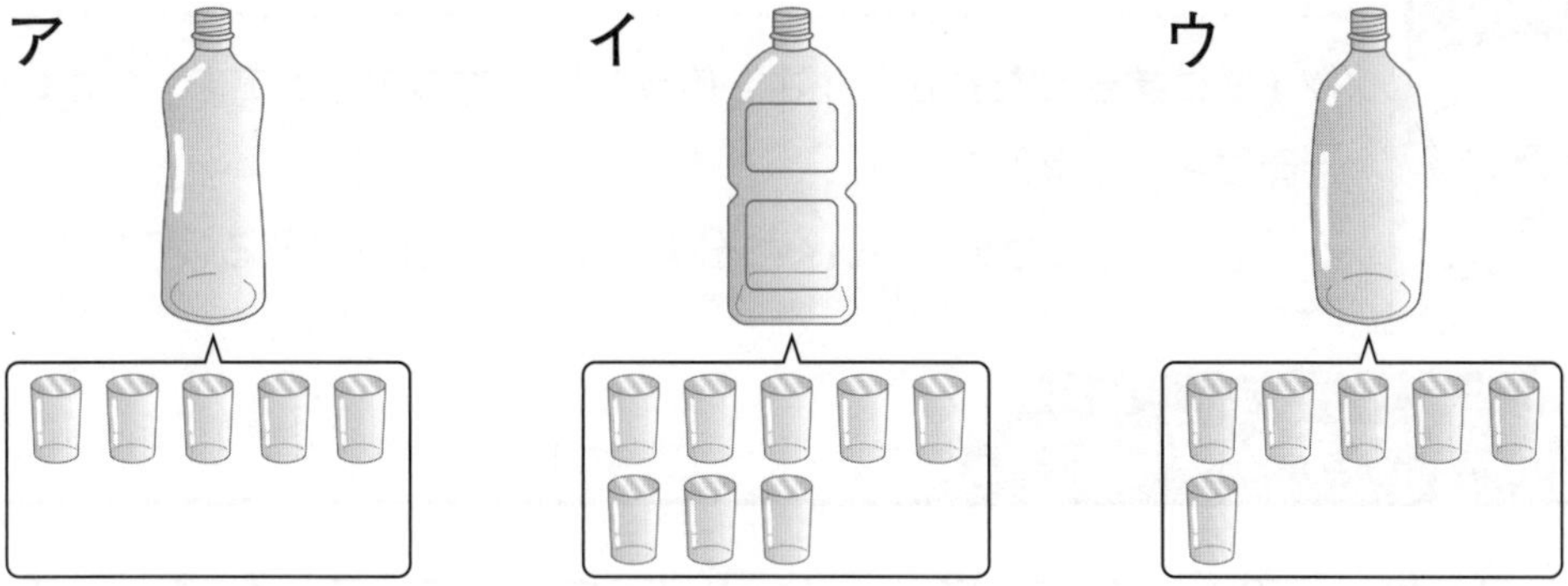

(1) いちばん　おおく　はいるのは　どれですか。

［　　　］

(2) **ア**に　いっぱいに　いれた　水《みず》を　**イ**に　うつすと，どうなりますか。つぎの　中《なか》から　あう　えに◯を　つけましょう。

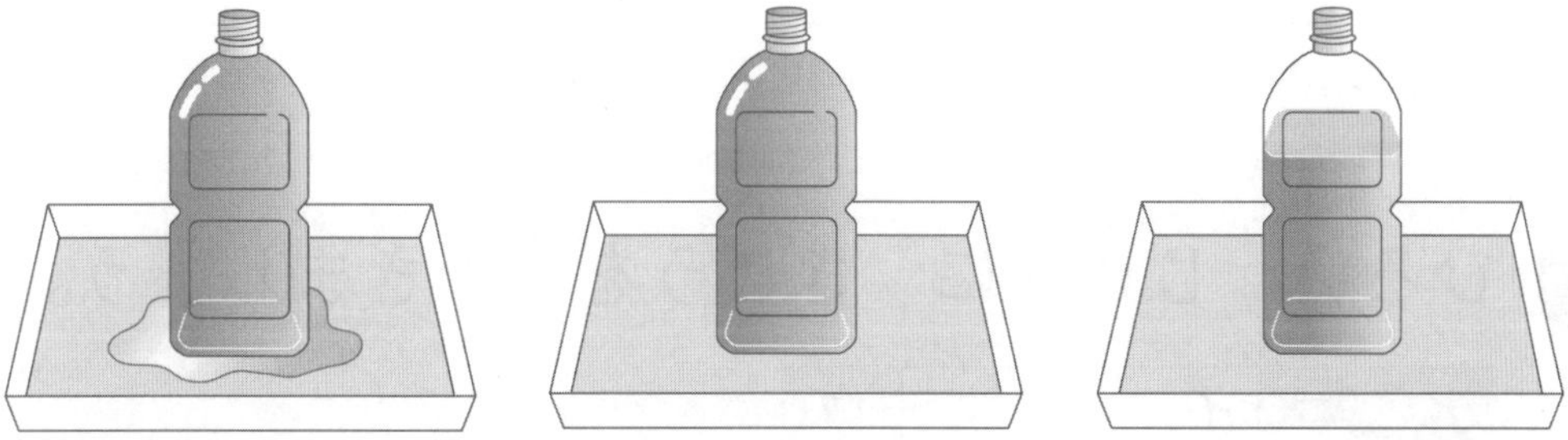

［　　　］　［　　　］　［　　　］

(3) **ア**，**イ**，**ウ**を　ぜんぶ　いっぱいに　するには，コップ　なんばいぶんの　水が　いりますか。

コップ　［　　　］はいぶん

18 ひろさくらべ

学習のねらい

- すでに学習した長さやかさを使った比べ方のアイデアを，広さの学習に発展させて考えます。
- 「**もとになるもの**」の**いくつ分**かの考えで，比べられるようにさせます。

ステップ 1

たいせつ **1** 2まいの　かみを　かさねて　ひろさを　くらべます。正《ただ》しい　かさねかたに　○を　つけましょう。

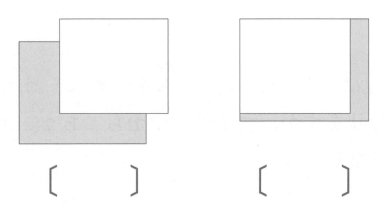

〔　　　〕　　〔　　　〕

2 ひろい　じゅんに　きごうを　かきましょう。

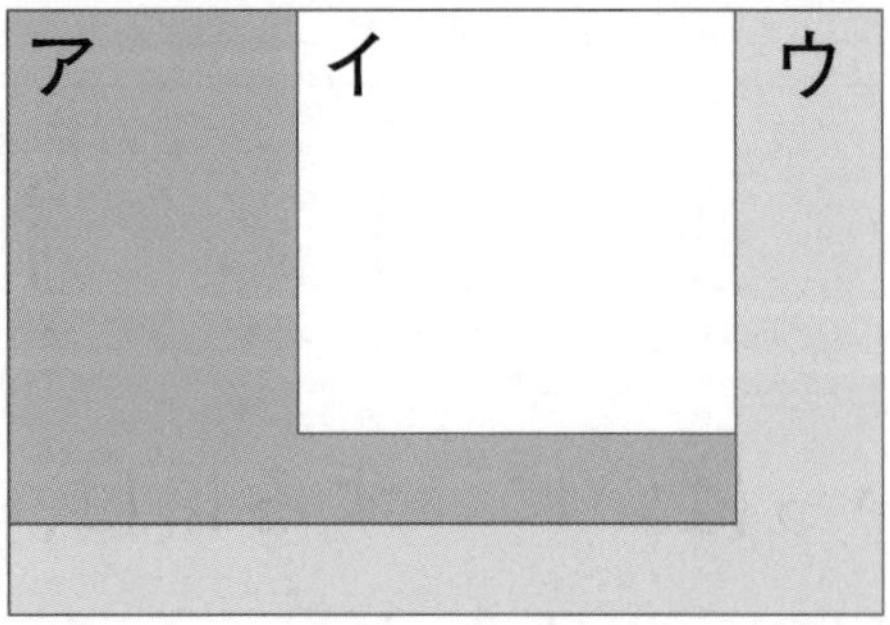

〔　　→　　→　　〕

3 どちらが　ひろいでしょう。ひろい　ほうに　○を　かきましょう。

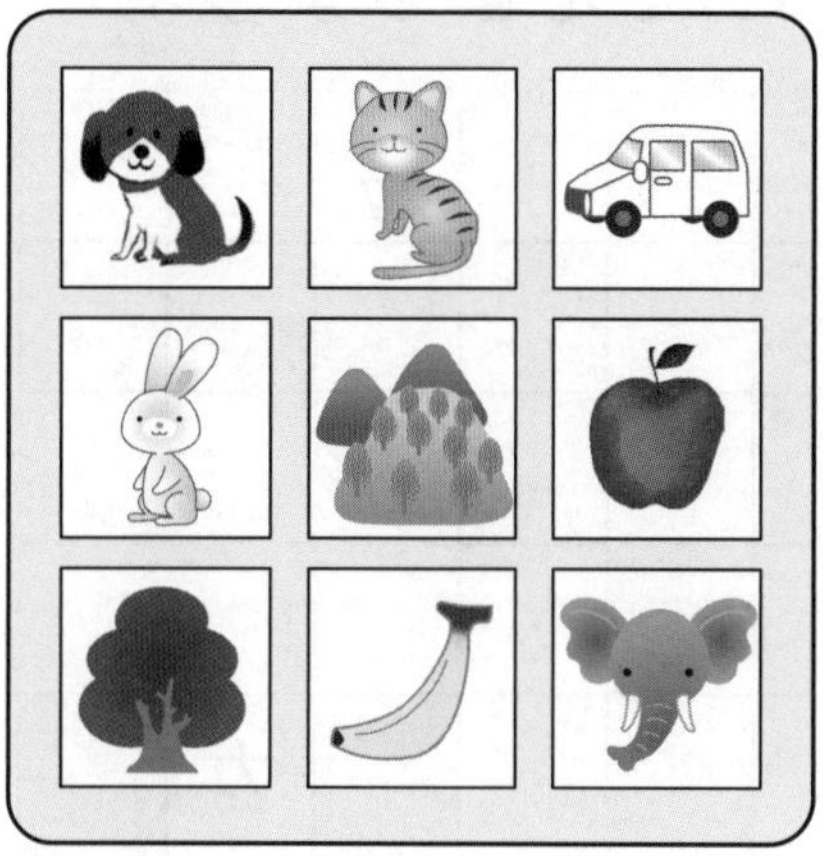

〔　　〕　　〔　　〕

4 ひろい　じゅんに，ばんごうを　かきましょう。

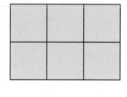

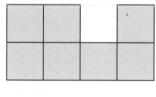

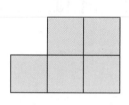

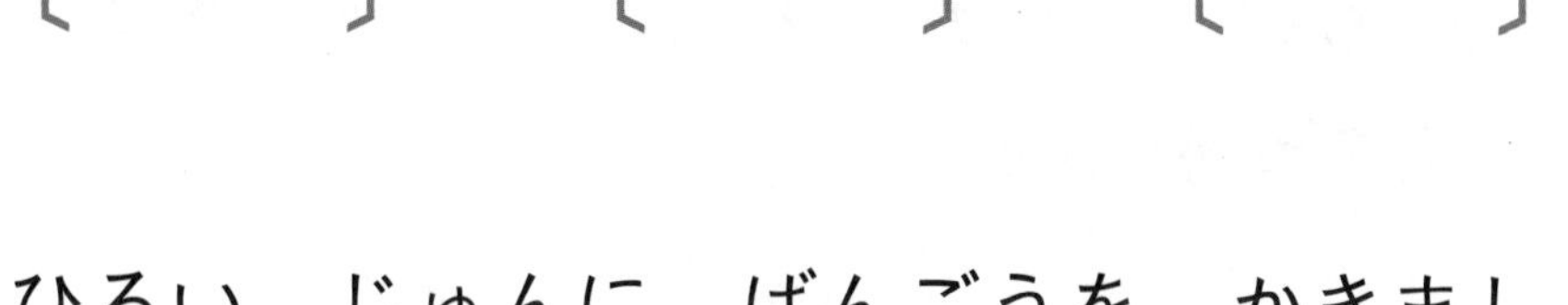

〔　　〕　〔　　〕　〔　　〕

5 ひろい　じゅんに，ばんごうを　かきましょう。

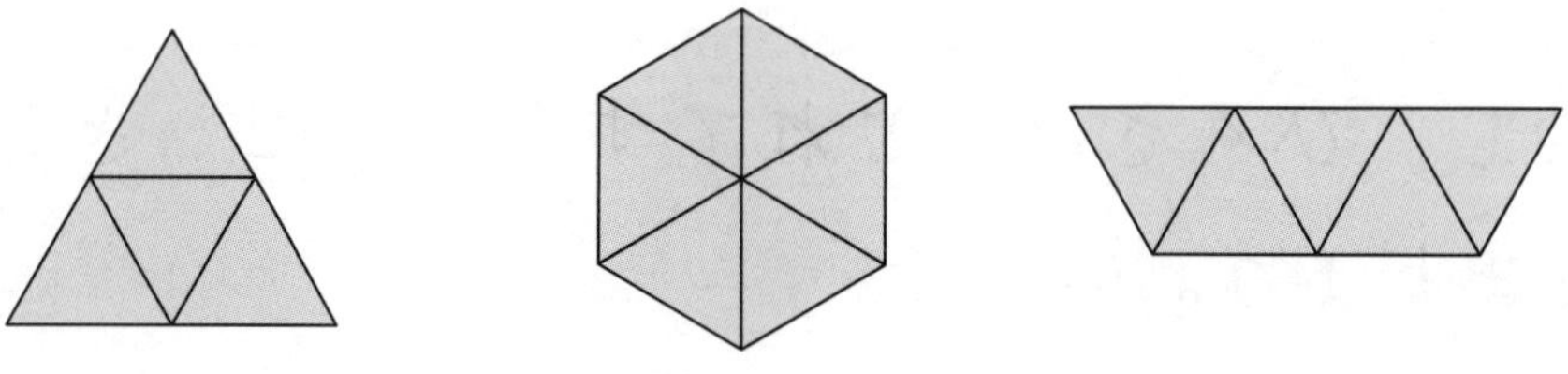

〔　　〕　〔　　〕　〔　　〕

月　日　こたえ ➡ べっさつ12ページ

STEP 2

ステップ 2

じかん 20ぷん
ごうかく 80てん

とくてん　　てん

シール

1 ずを 見《み》て，もんだいに こたえましょう。

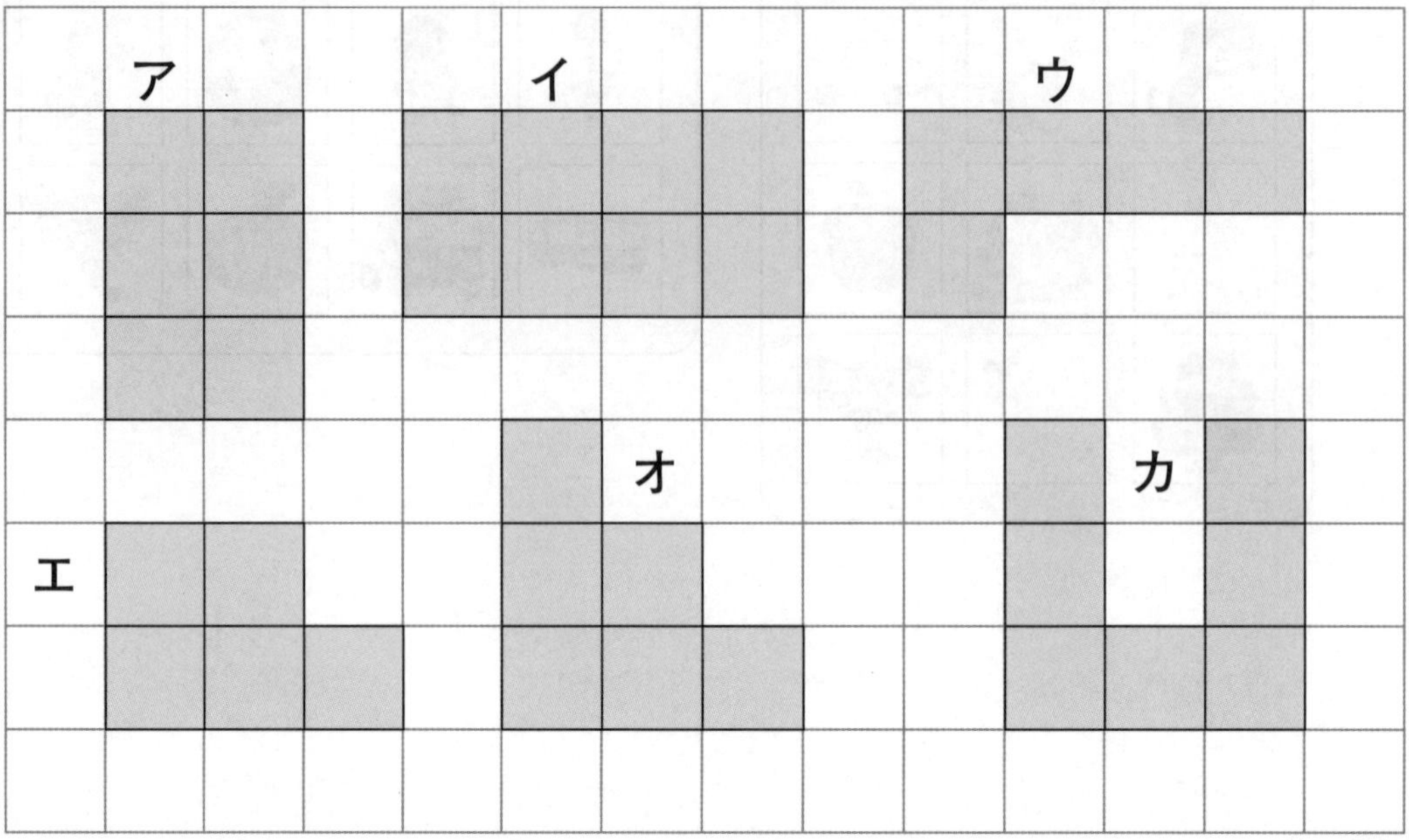

(1) **ア**と **イ**は どちらが なんますぶん ひろいですか。(10 てん)

〔　　　　　　　　　　〕

(2) **カ**の いろの ついた ところの ひろさは なんますぶんですか。(10 てん)

〔　　　　〕

(3) おなじ ひろさは どれですか。□に きごうを かきましょう。(20 てん/1 くみ 10 てん)

□と□，□と□

2 じんとりゲームを　しました。ひろく　ぬった　ほうが　かちです。

(1) 右《みぎ》の　ずで，どちらが　かちましたか。(15 てん)

〔　　　　　〕

(2) 右《みぎ》の　ずで，どちらが　なんますぶん　かちましたか。(15 てん)

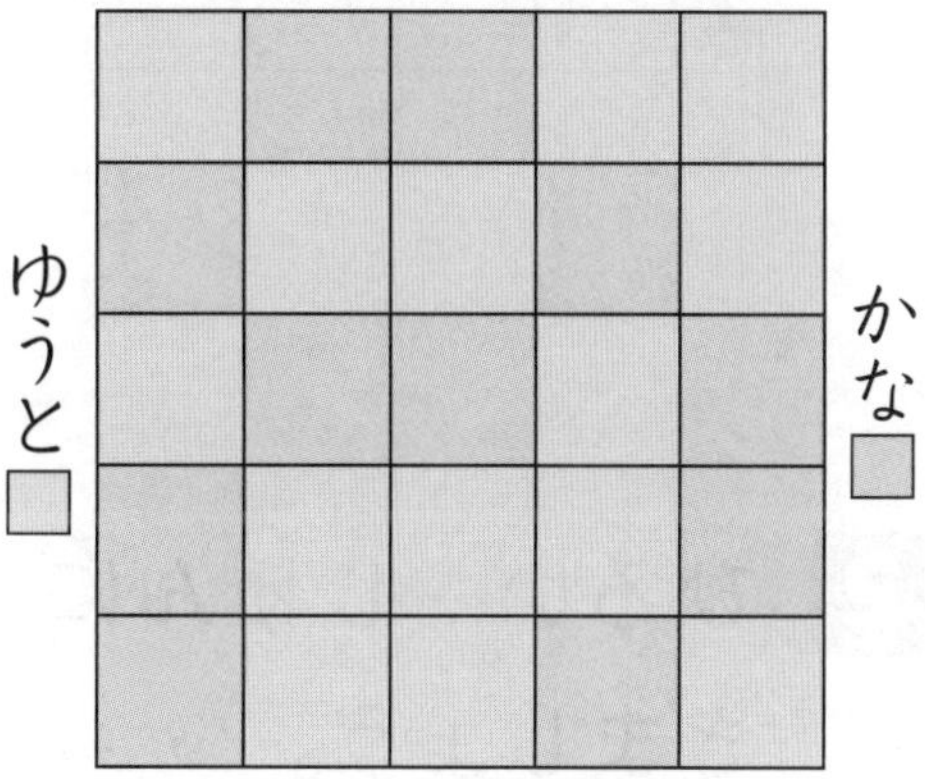

〔　　　　　〕

3 右の　ずのように　・を　つないだ　せんで，おなじ　ひろさに　わけます。わけかたを　2つ　かきましょう。(30 てん/1 つ 15 てん)

(れい)

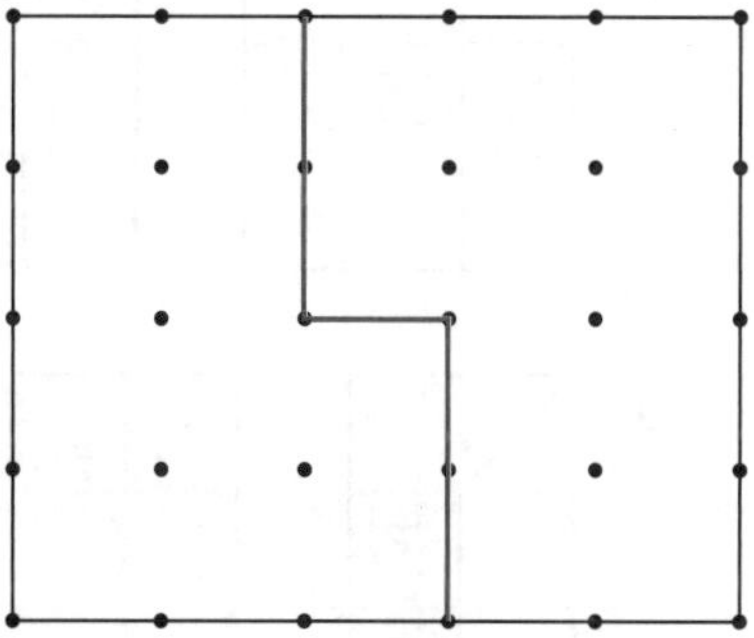

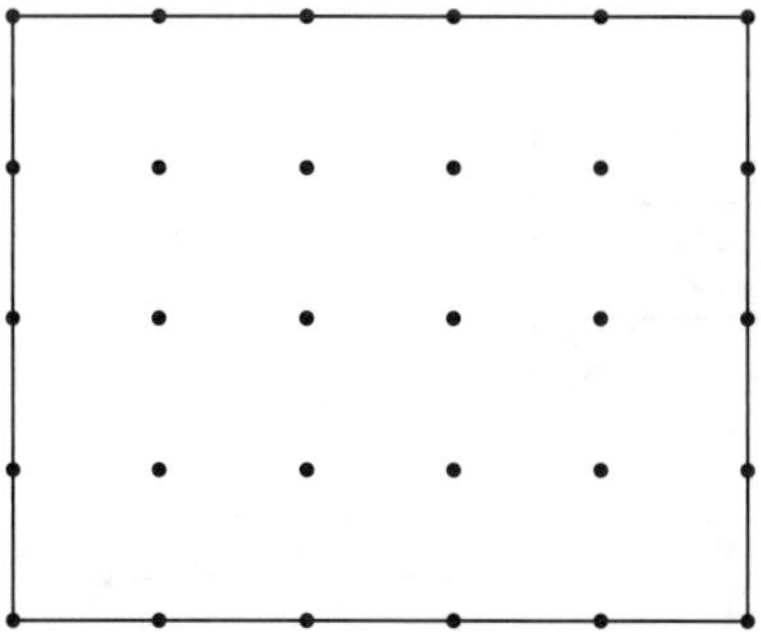

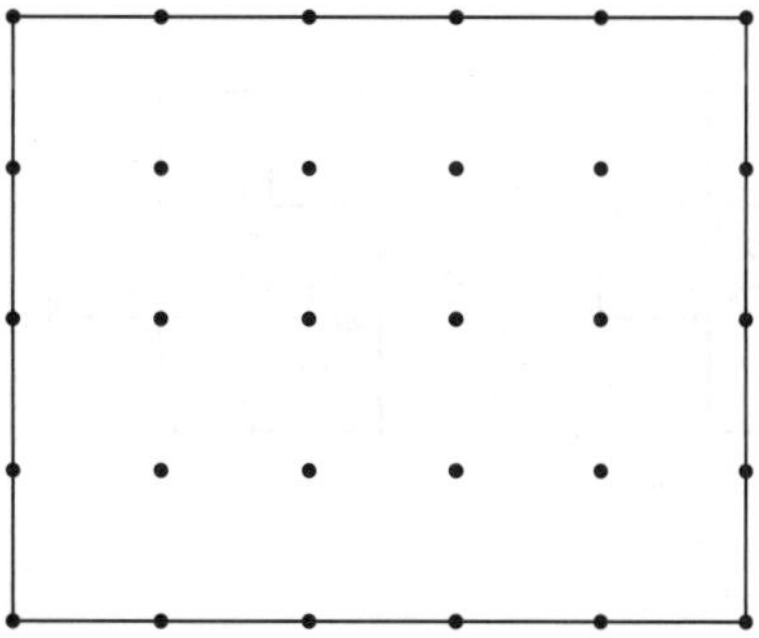

月　日　こたえ ➡ べっさつ12ページ

じかん 20ぷん　ごうかく 80てん　とくてん　てん　シール

1 ながい　じゅんに，きごうを　かきましょう。

（12てん）

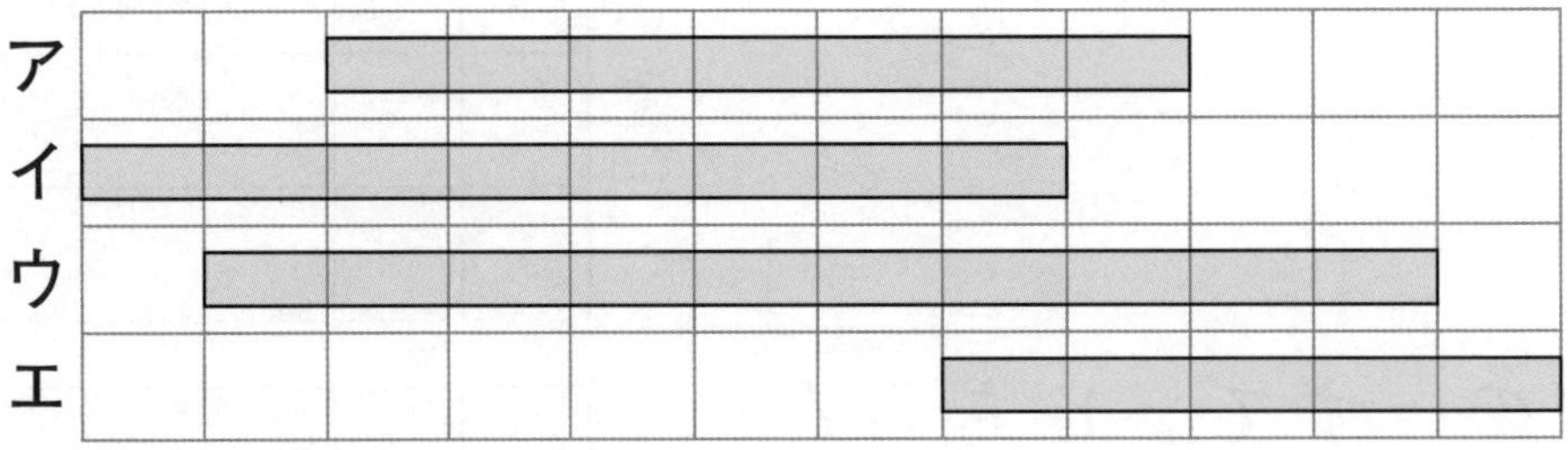

〔　→　→　→　〕

2 ひろい　じゅんに　きごう（アから　ウ）を　かきましょう。

（36てん/1もん12てん）

(1)

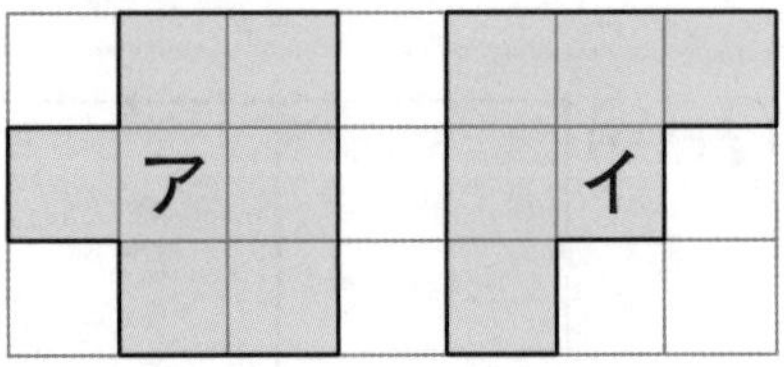

〔　→　〕

(2)

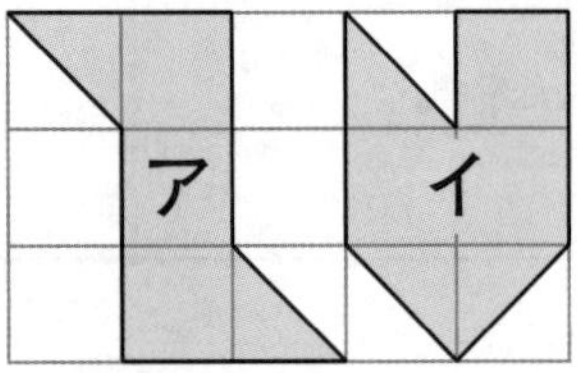

〔　→　〕

(3)

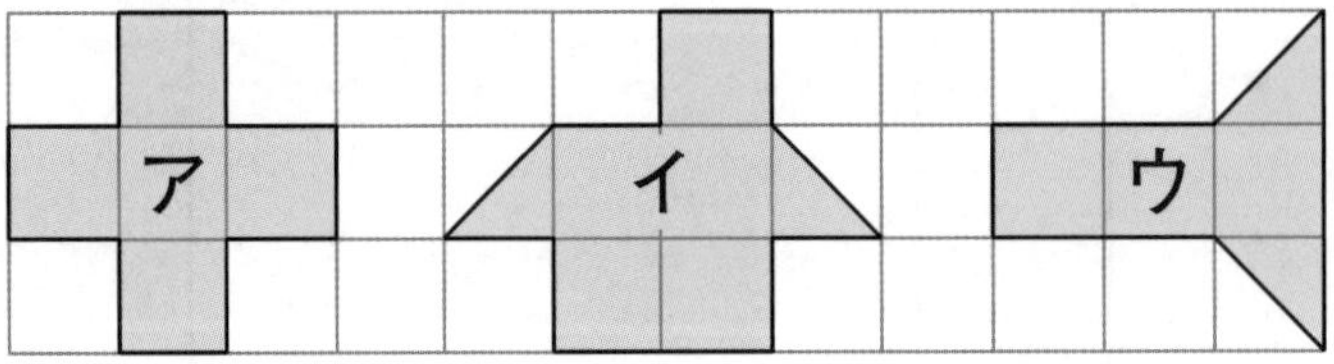

〔　→　→　〕

3 コップで，水《みず》が　なんばい　はいるか　しらべました。（52 てん／1 もん 13 てん）

ア

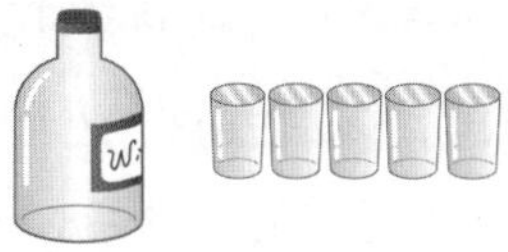

イ

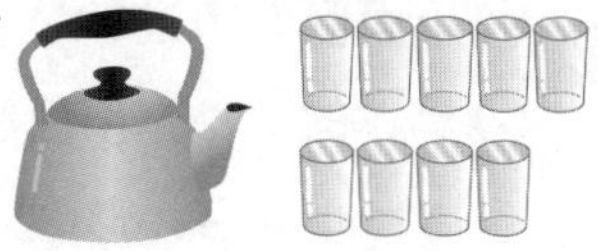

ウ

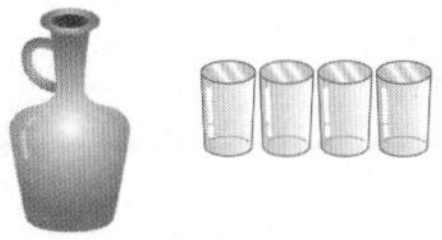

エ

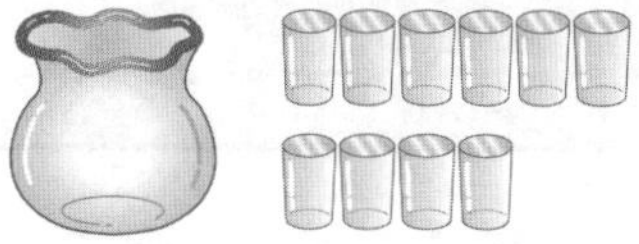

(1) おおく　はいる　じゅんに　きごうを　かきましょう。

〔　　→　　→　　→　　〕

(2) **ア**と　**イ**で　はいる　水の　かさの　ちがいは　コップ　なんばいぶんですか。

コップ〔　　〕はいぶん

(3) **ウ**に　いっぱいに　いれた　水から，コップ　1ぱいぶんの　水を　のみました。**ウ**には　コップ　なんばいぶん　のこりますか。

コップ〔　　〕はいぶん

(4) **エ**に　コップ　8はいぶんの　水を　いれました。**エ**には　あと　コップ　なんばいぶん　はいりますか。

コップ〔　　〕はいぶん

月　日　こたえ ➡ べっさつ13ページ

19 いろいろな　かたち

学習のねらい

- 平面図形の違いや，似ているところがわかるようにさせます。
- 具体的には，平面図形（まる，三角，四角）の頂点や，辺などに着目させながら，形の違いを判断できるようにすることがねらいです。

ステップ 1

1 かたちと　なまえを　せんで　むすびましょう。

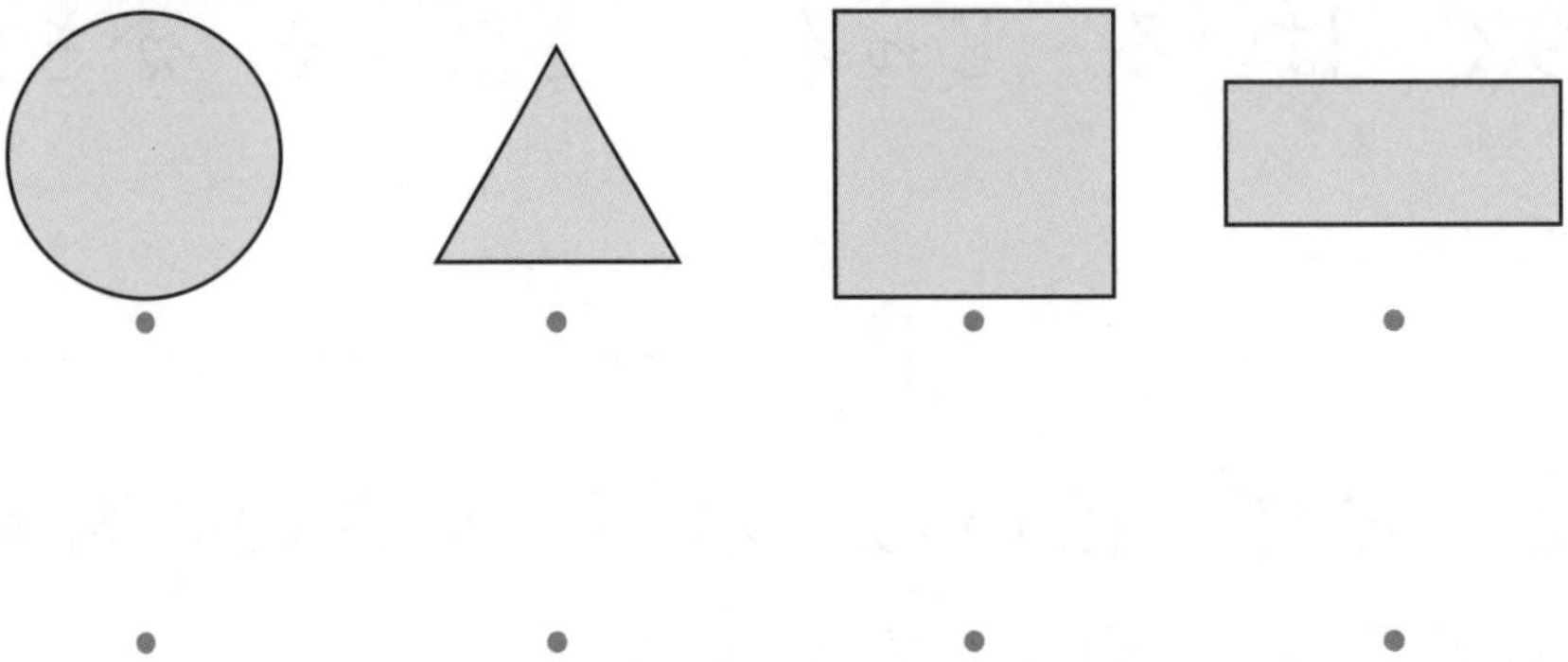

さんかく　　まる　　ながしかく　　ましかく

2 したの　かたちには，かどは　いくつ　ありますか。

（れい）
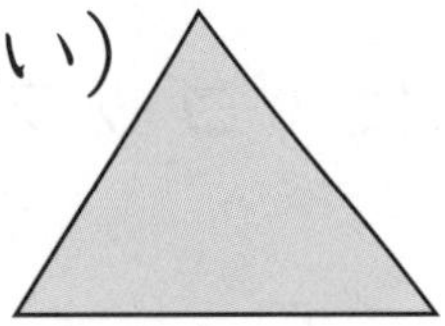
［　3　］つ

(1)

［　　］つ

(2)
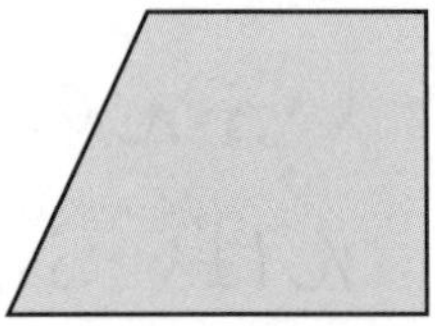
［　　］つ

(3)

［　　］こ

(4)
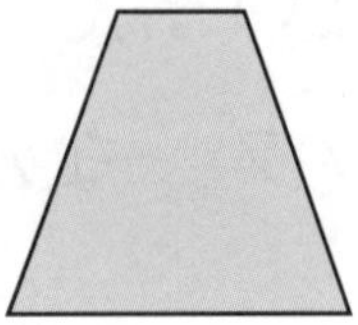
［　　］つ

(5)
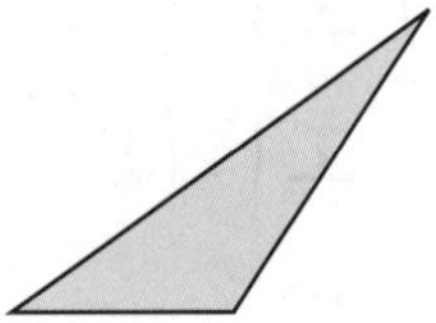
［　　］つ

3 いろいろな　かたちが　あります。つぎの　もんだいに　こたえましょう。

(1) まるは，いくつ　ありますか。

〔　　　〕つ

(2) さんかくは，いくつ　ありますか。

〔　　　〕つ

(3) しかくは，いくつ　ありますか。

〔　　　〕つ

月　　日　　こたえ ➡ べっさつ13ページ

ステップ 2

じかん 20ぷん
ごうかく 80てん
とくてん　　　てん
シール

たいせつ **1** おなじ　かたちを　かきましょう。なまえも　かきましょう。(48 てん/1つ 12 てん)

(1)

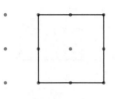

なまえ〔　　　　　　　〕

(2)

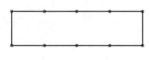

なまえ〔　　　　　　　〕

(3)

なまえ〔　　　　　　　〕

(4)

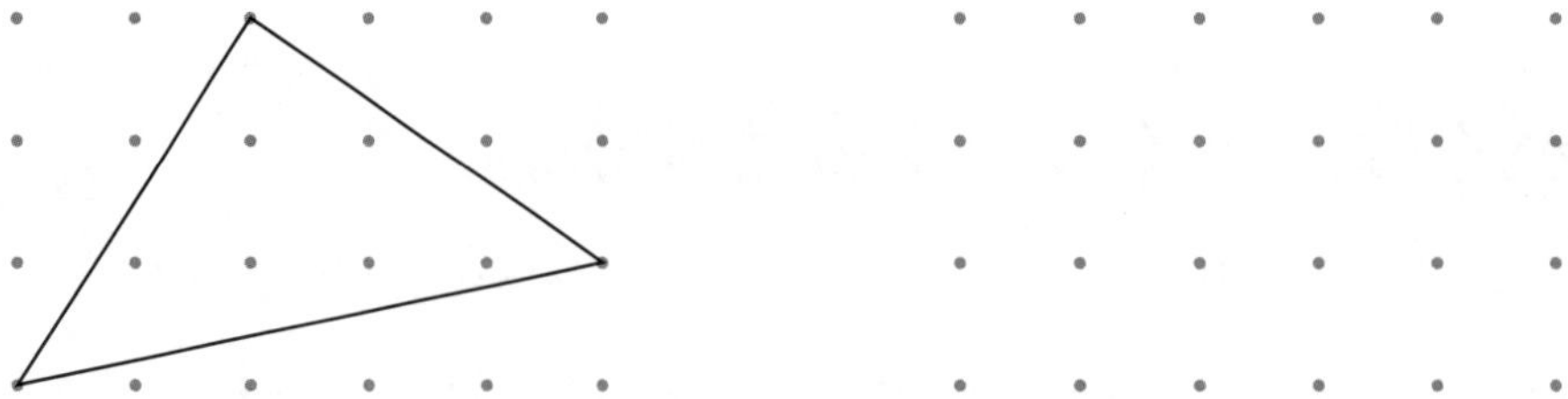

なまえ〔　　　　　　　〕

2 □に　あう　かずを　かきましょう。(16てん/1つ8てん)

(1) さんかくは　かどが　□つ　あります。

(2) しかくは　かどが　□つ　あります。

3 かたちを　なかまに　わけます。ばんごうで　こたえましょう。(36てん/1もん12てん)

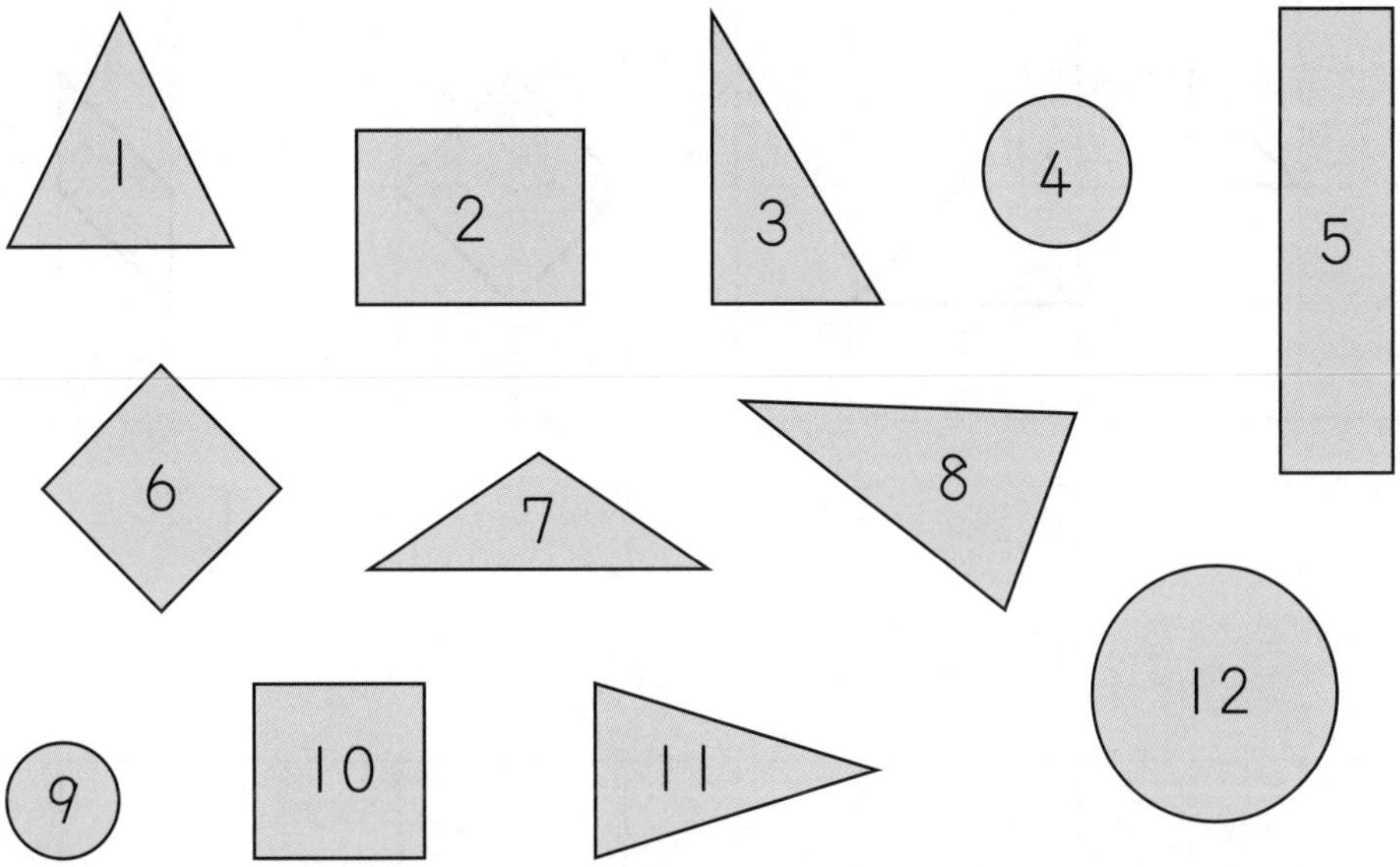

(1) まるの　なかま　〔　　　　　〕

(2) さんかくの　なかま　〔　　　　　〕

(3) しかくの　なかま　〔　　　　　〕

こたえ ➡ べっさつ13ページ

20 かたちづくり

学習のねらい

- 色板や棒を使って，**平面図形を構成**できるようにします。
- **形を組み合わせたり，変化させたり**することを通して，平面図形をいろいろな視点でとらえられるようにします。

ステップ 1

1 アの　いろいたを　ならべて　かたちを　つくりました。なんまい　つかって　できて　いますか。

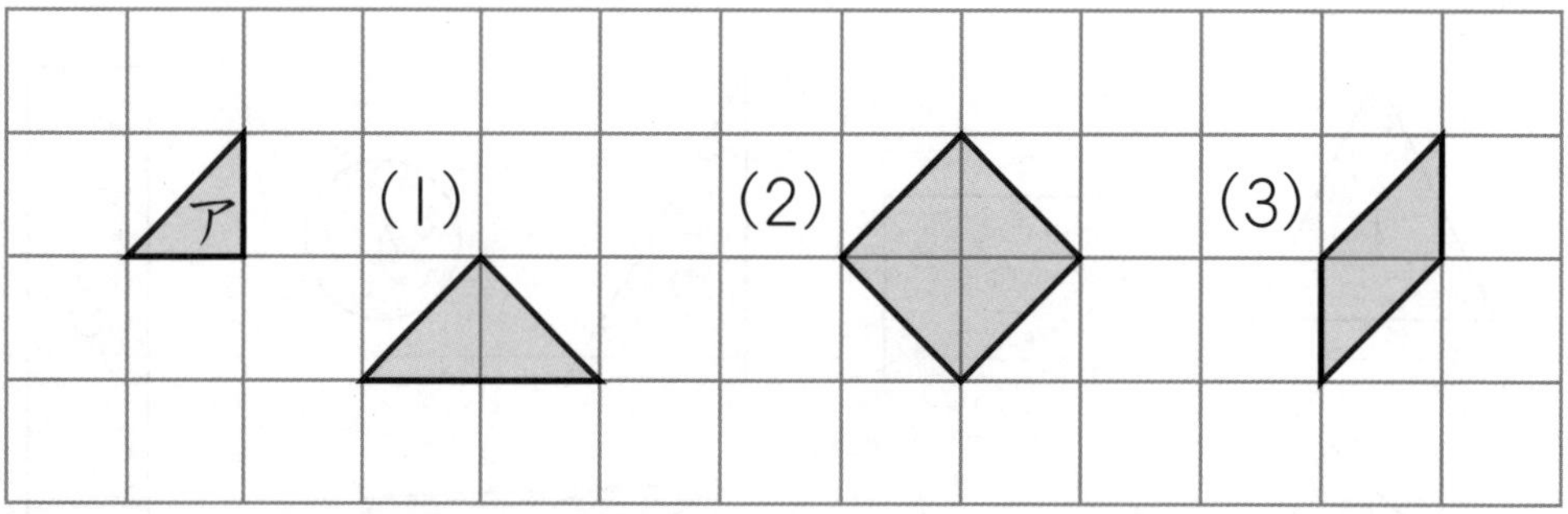

〔　　　〕まい　〔　　　〕まい　〔　　　〕まい

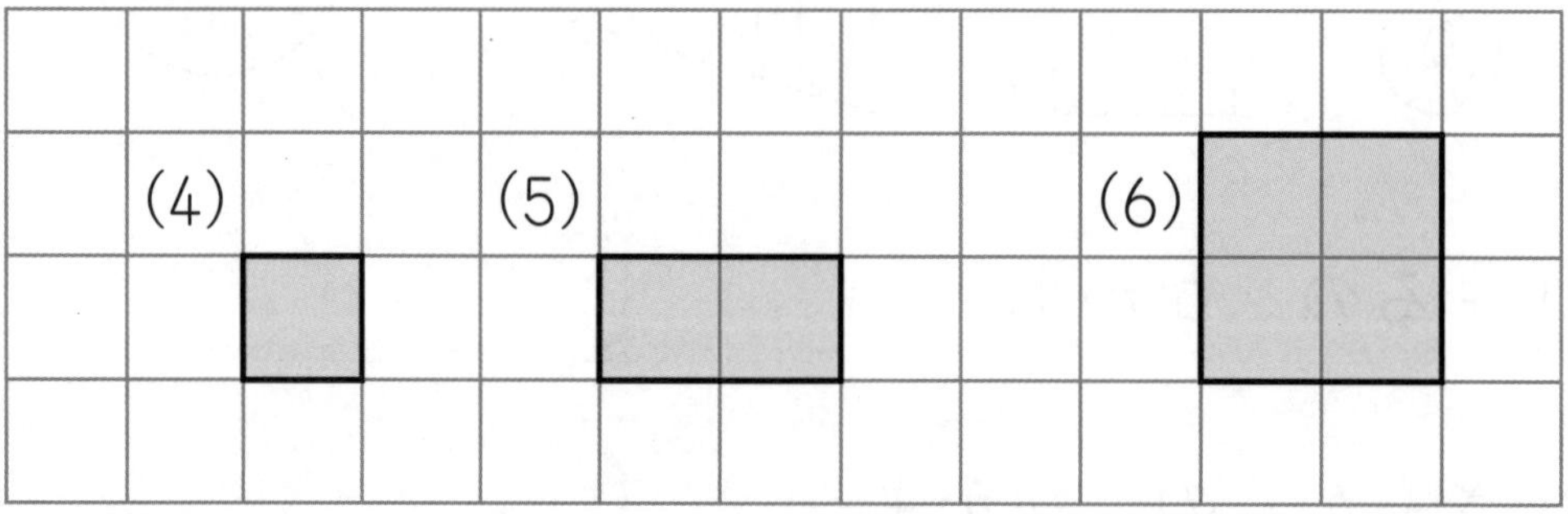

〔　　　〕まい　〔　　　〕まい　〔　　　〕まい

2 ぼうを　つかって　かたちを　つくりました。なん本《ぼん》　つかって　できて　いますか。

(1)

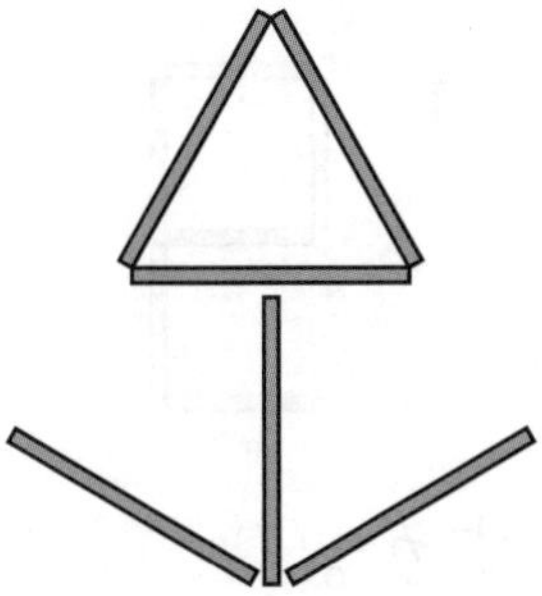

〔　　　〕本

(2)

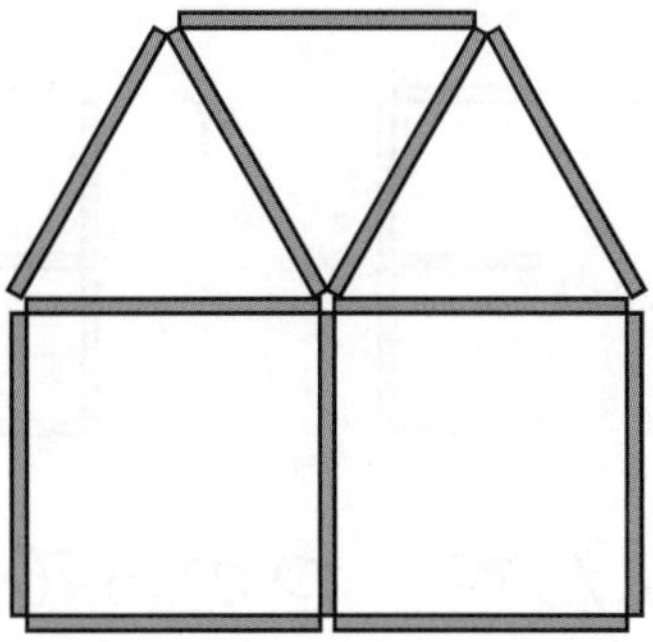

〔　　　〕本

3 いろいたを　１まい　うごかして，かたちを　かえました。うごかした　いろいたに　○を　かきましょう。

(1)

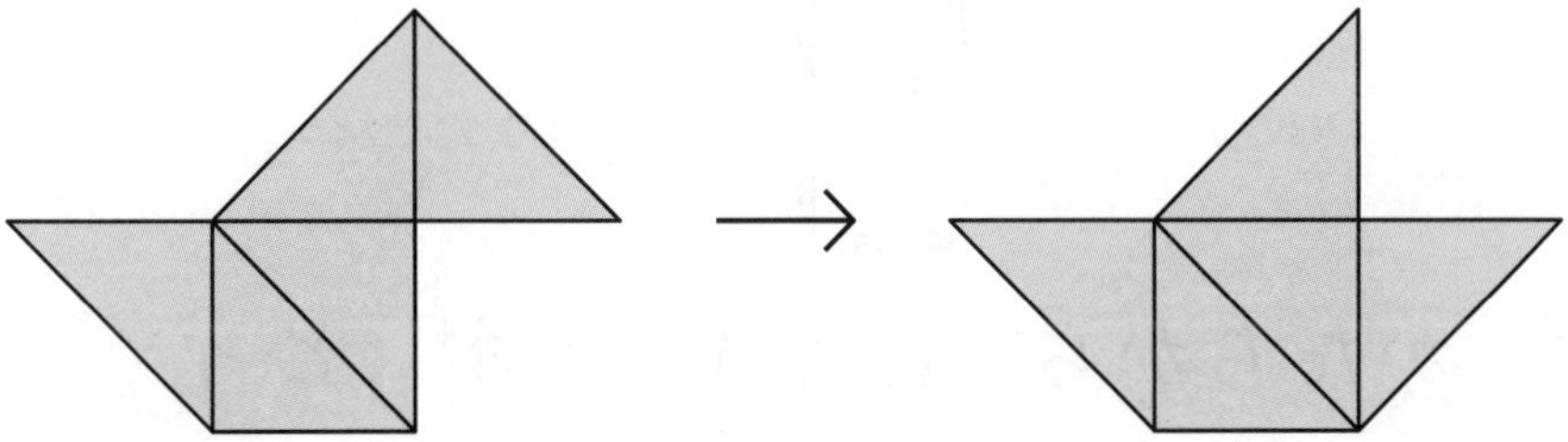

(2)

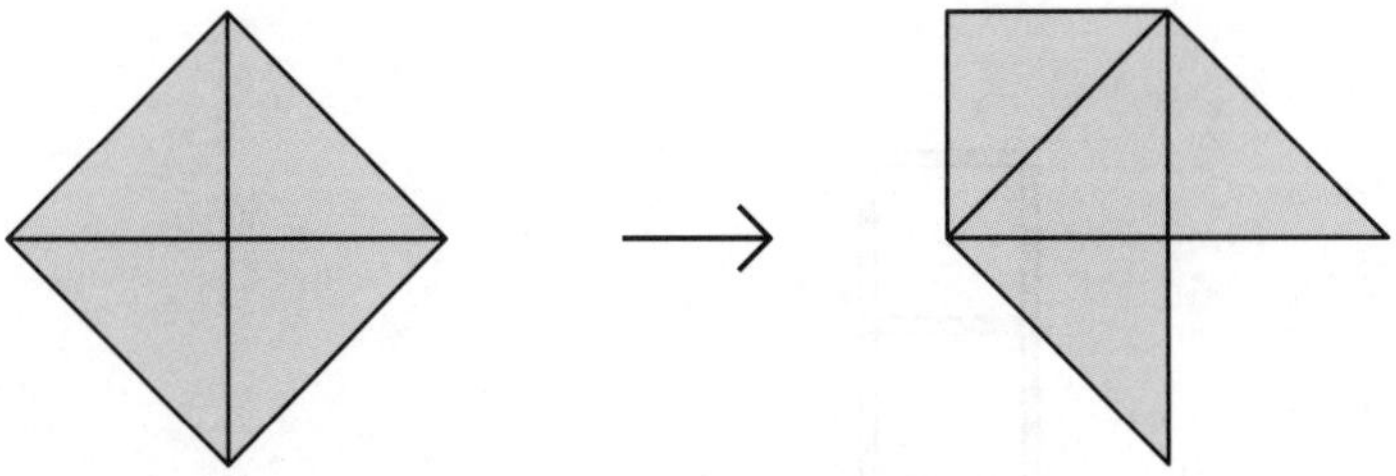

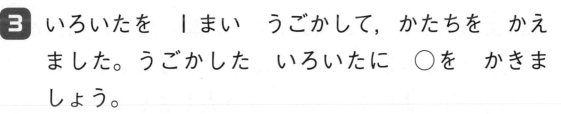

月　日　こたえ ➡ べっさつ13ページ

ステップ2

じかん 20ぷん
ごうかく 80てん
とくてん　　てん
シール

たいせつ **1** ぼうを　つかって　かたちを　つくりました。

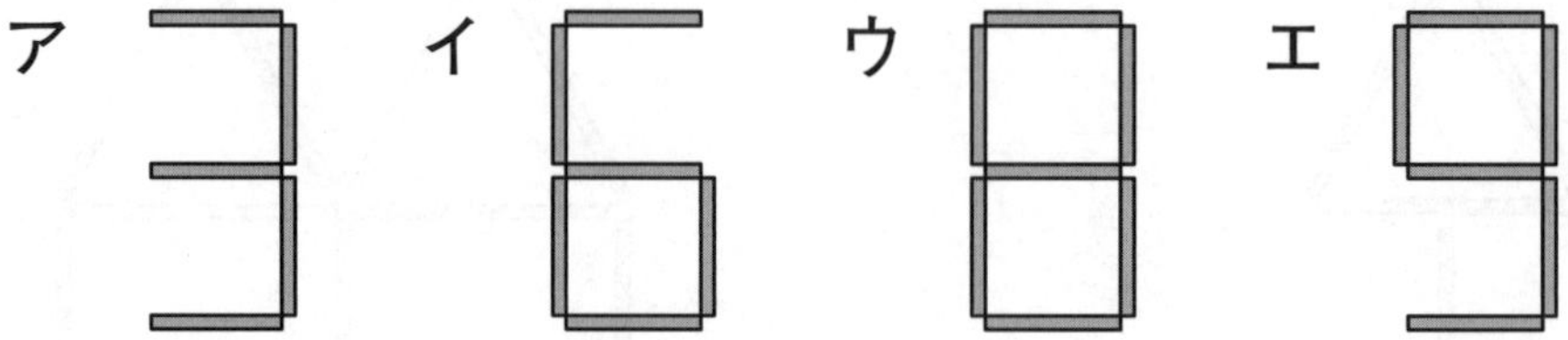

(1) なん本《ぼん》　つかって　できて　いますか。(40てん/1つ10てん)

ア〔　　　〕本　　**イ**〔　　　〕本

ウ〔　　　〕本　　**エ**〔　　　〕本

(2) **エ**の　かたちに　ぼうを　1本　たすと，**ア**から**ウ**の　どれかの　かたちが　できます。どのようにたせば　よいか，ずに　かきたしましょう。(10てん)

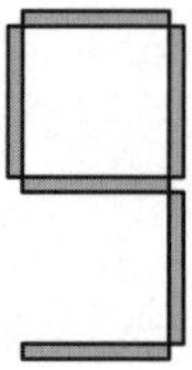

(3) **ウ**の　かたちから　ぼうを　1本　とって，**イ**のかたちを　つくります。どの　ぼうを　とれば　よいですか。とる　ぼうに　○を　つけましょう。

(10てん)

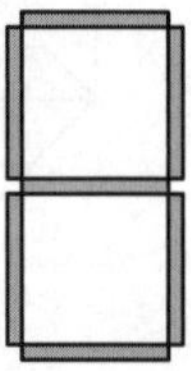

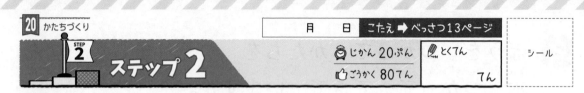

2 いろいろな　かたちの　いたが　あります。おなじ　かたちの　いたを　ならべて，右《みぎ》の　かたちを　つくります。なんまいで　つくることが　できますか。(40てん/1つ10てん)

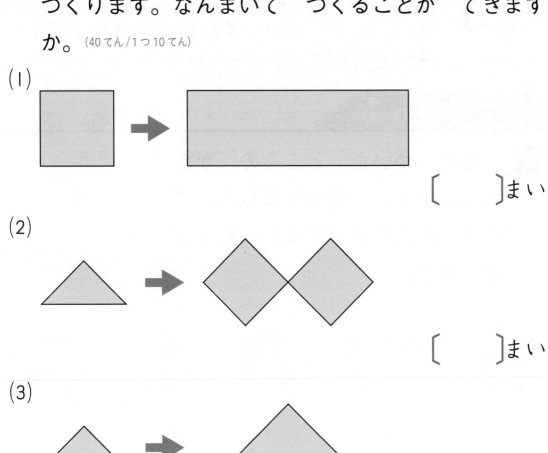

(1)

〔　　〕まい

(2)

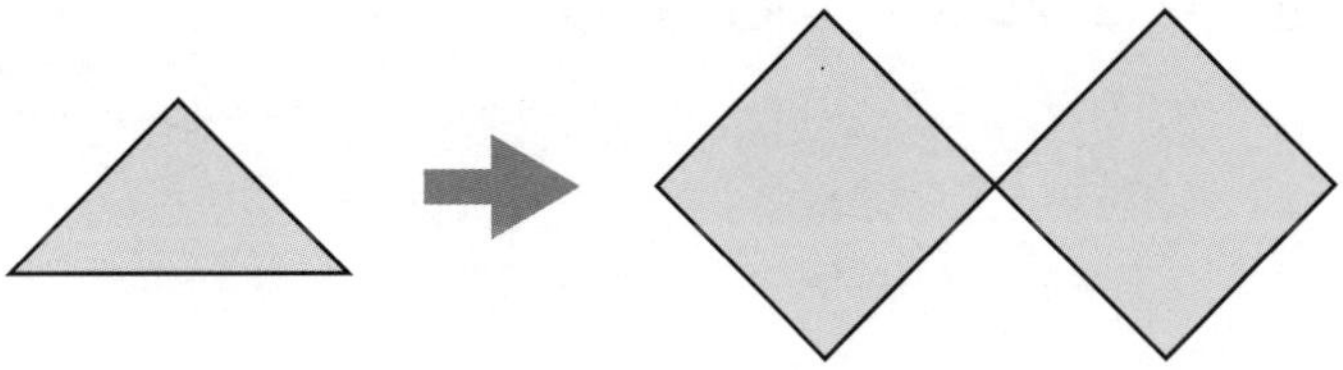

〔　　〕まい

(3)

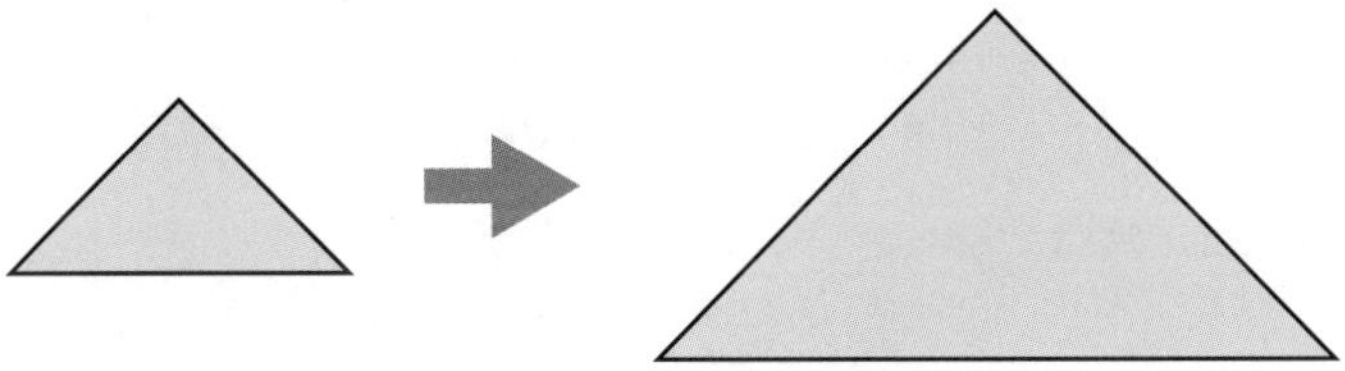

〔　　〕まい

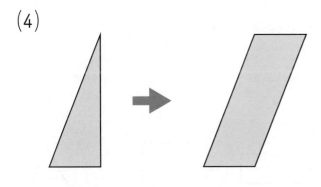

(4)

〔　　〕まい

こたえ ➡ べっさつ13ページ

21 つみ木《き》と　かたち

学習のねらい

- **立体図形**については，触ってみたり，組み合わせてみたり，積み上げてみたりすることを通して，**平面との関係**を理解させます。
- 立体の各面を取り出したり，逆に**構成**したりできるようにします。

STEP 1 ステップ1

1 いろの　ついた　ところの　かたちを，かみに　うつしました。できる　かたちを　せんで　むすびましょう。

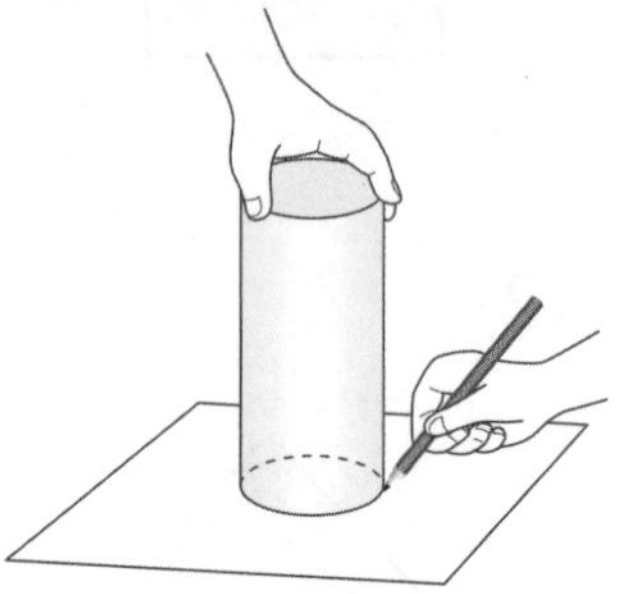

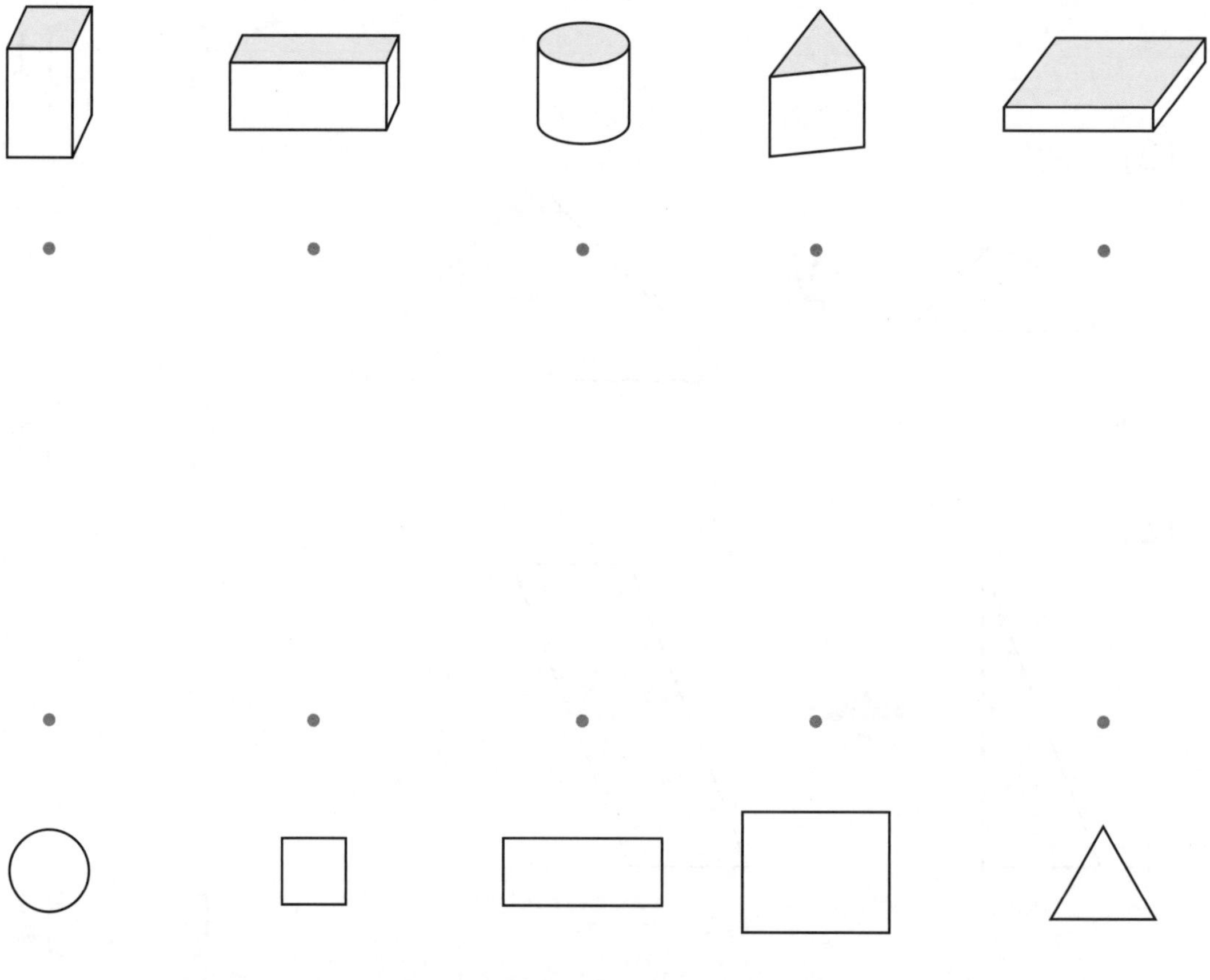

2 アと　おなじ　かたちを　かく　ためには，イから　オまでの　どれを　つかうと　よいですか。

ア 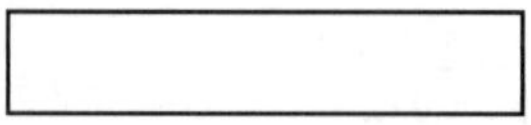

イ　　ウ　　エ　　オ

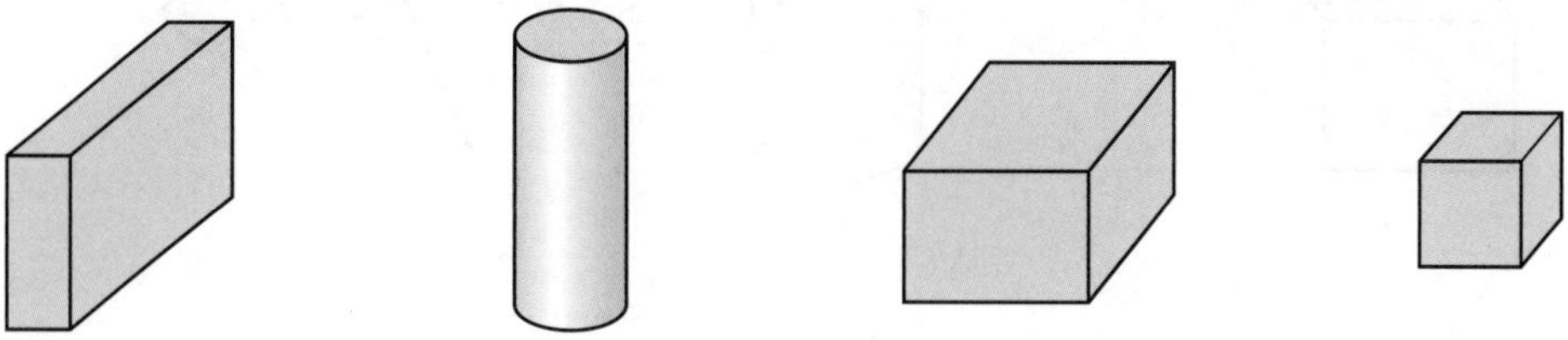

〔　　　〕

3 右《みぎ》の　はこで　いろいろな　かたちを　かきました。かいた　かたちの　きごうを　えらびましょう。

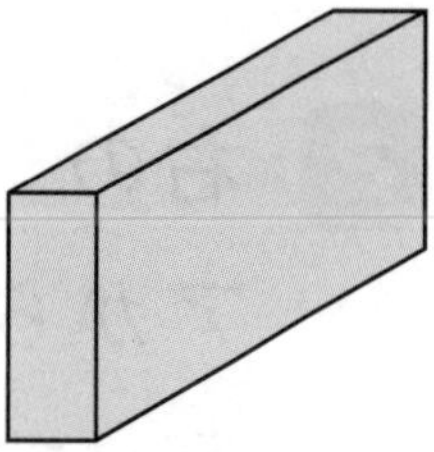

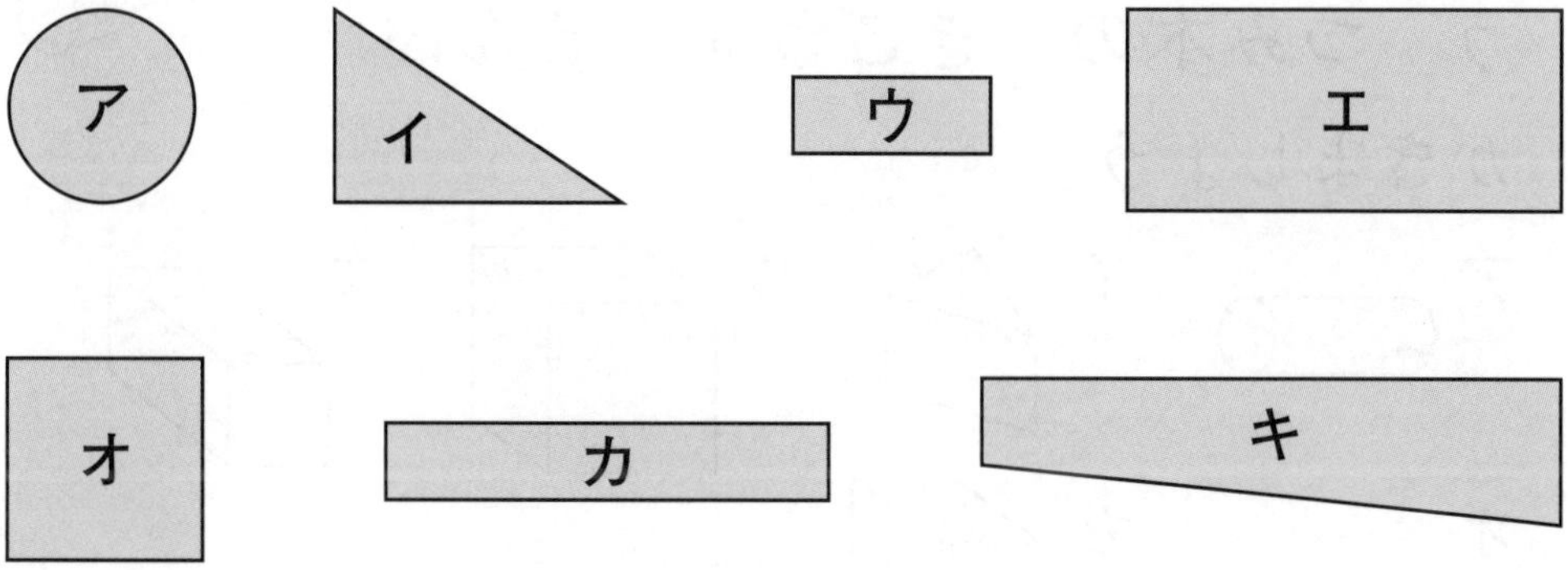

〔　　，　　，　　〕

月　　日　こたえ ➡ べっさつ14ページ

STEP 2

ステップ 2

じかん 20ぷん

ごうかく 80てん

とくてん　　てん

シール

1 上《うえ》の　つみ木《き》から，下《した》の　どの　かたちを　かきましたか。せんで　むすびましょう。（30 てん / 1 くみ 10 てん）

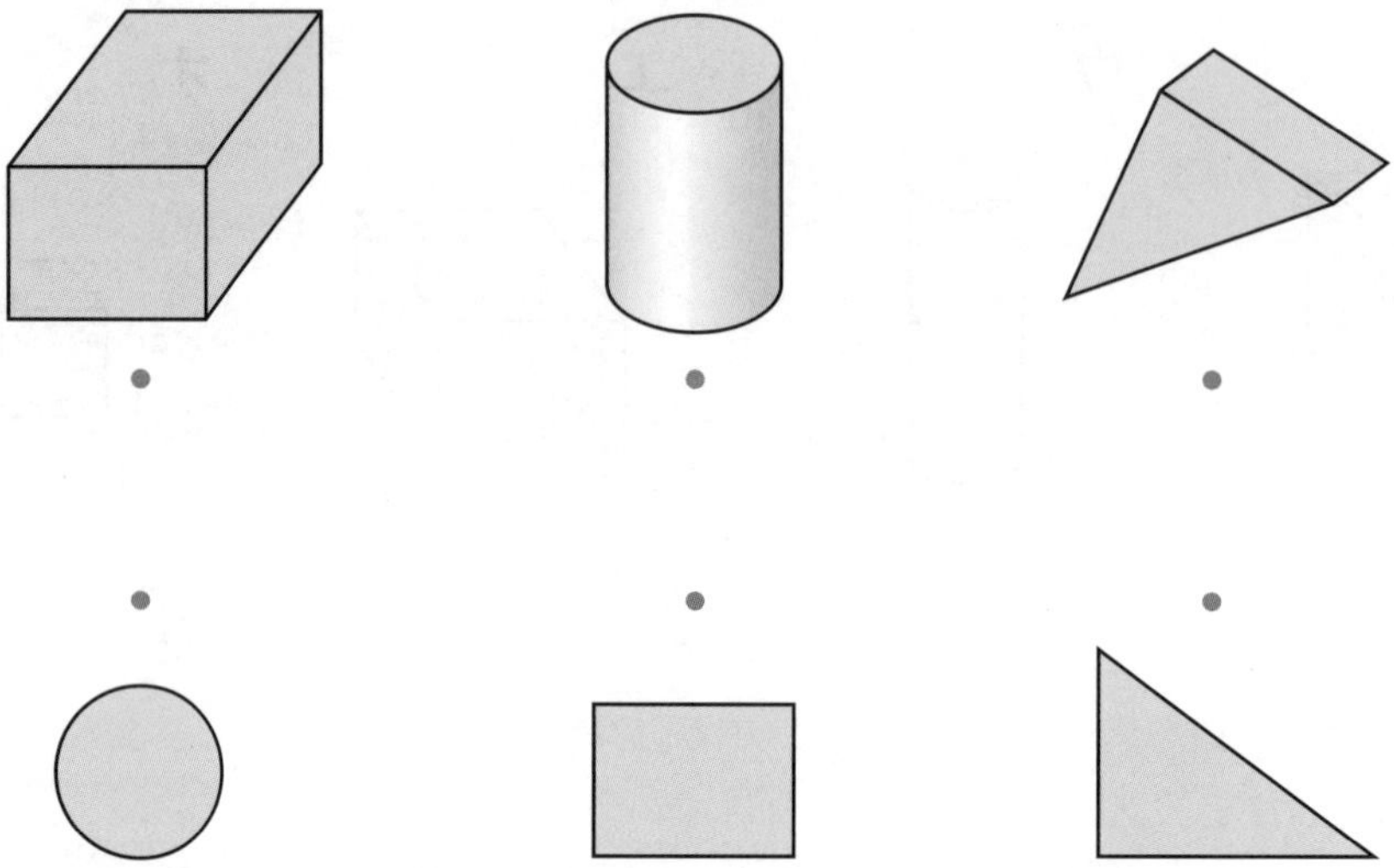

たいせつ **2** 右《みぎ》の　車《くるま》を　つくる　ためには，アから　カまでの　どの　つみ木を　つかえば　よいですか。つかう　つみ木の　きごうを　ぜんぶ　かきましょう。（20 てん）

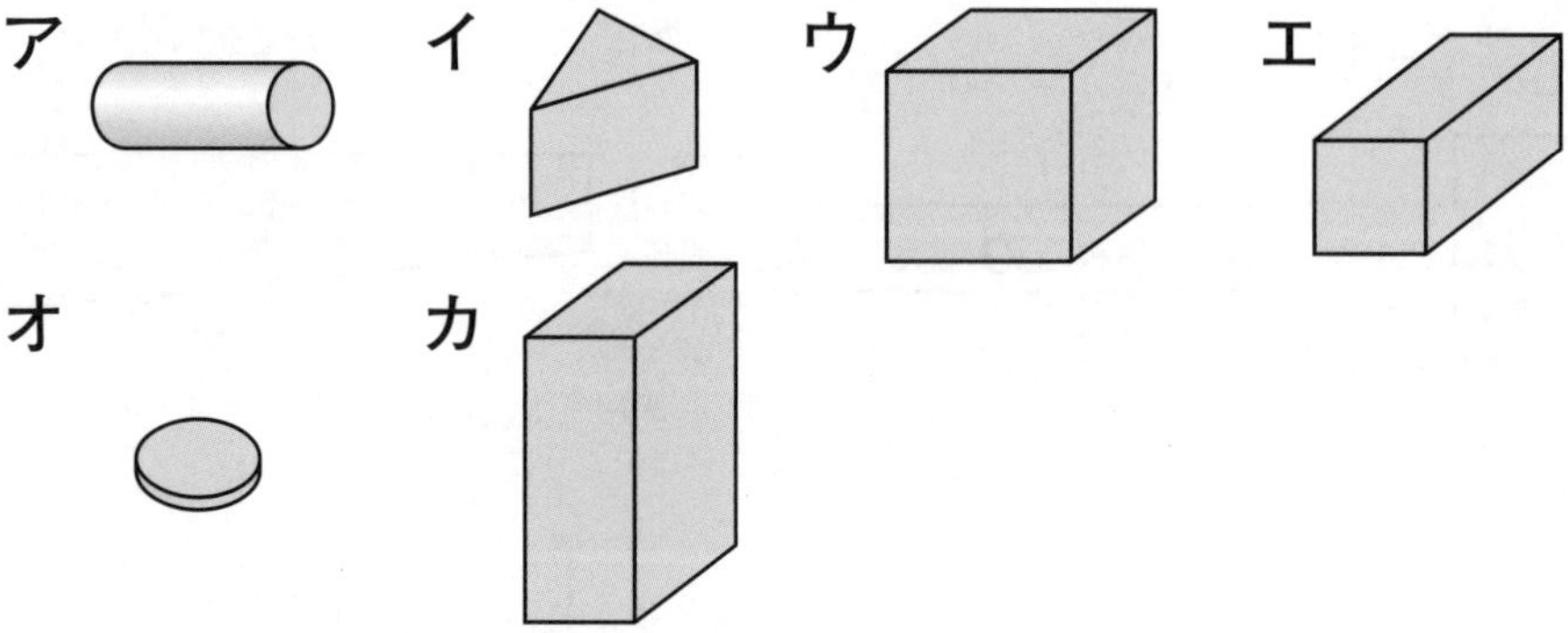

［　　　　　　　　］

3 いろいろな　かたちを　つかって　ロボットを　つくりました。つかった　かたちは　**ア**から　**ケ**までの　どれですか。ぜんぶ　かきましょう。(20 てん)

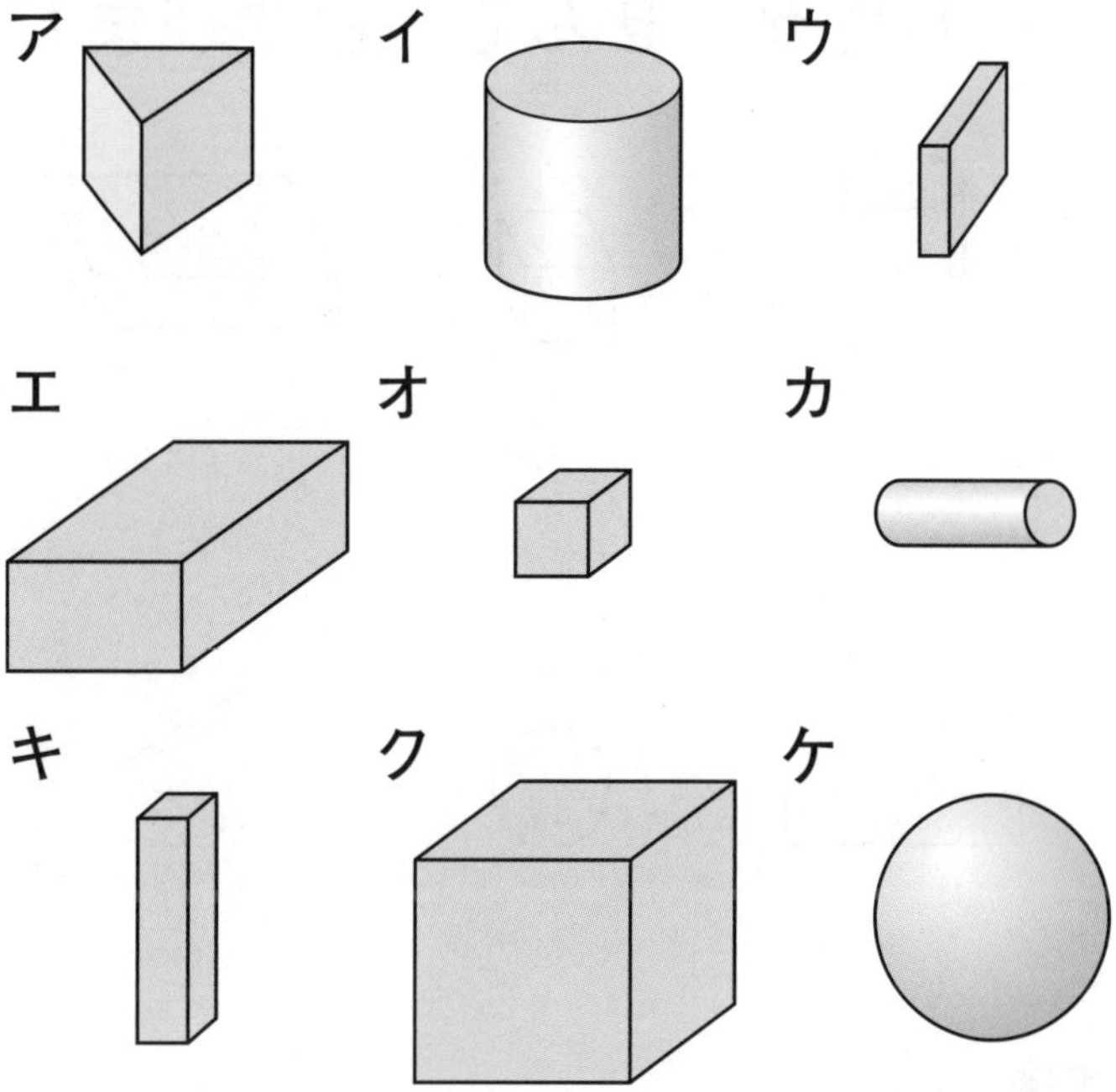

〔　　　　　　　〕

4 (1)から　(3)までの　かたちは 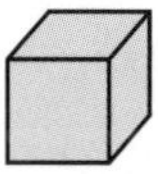 の　つみ木が　なんこ　いりますか。(30 てん／1 つ 10 てん)

(1)

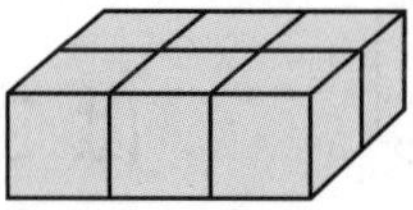

(2)

(3)

〔　　　〕こ　〔　　　〕こ　〔　　　〕こ

月　　日　こたえ ➡ べっさつ14ページ

じかん 20ぷん
ごうかく 80てん

とくてん
てん

シール

1 上《うえ》の　つみ木《き》から，下《した》の　どの　かたちを　かきましたか。せんで　むすびましょう。(40てん/1くみ8てん)

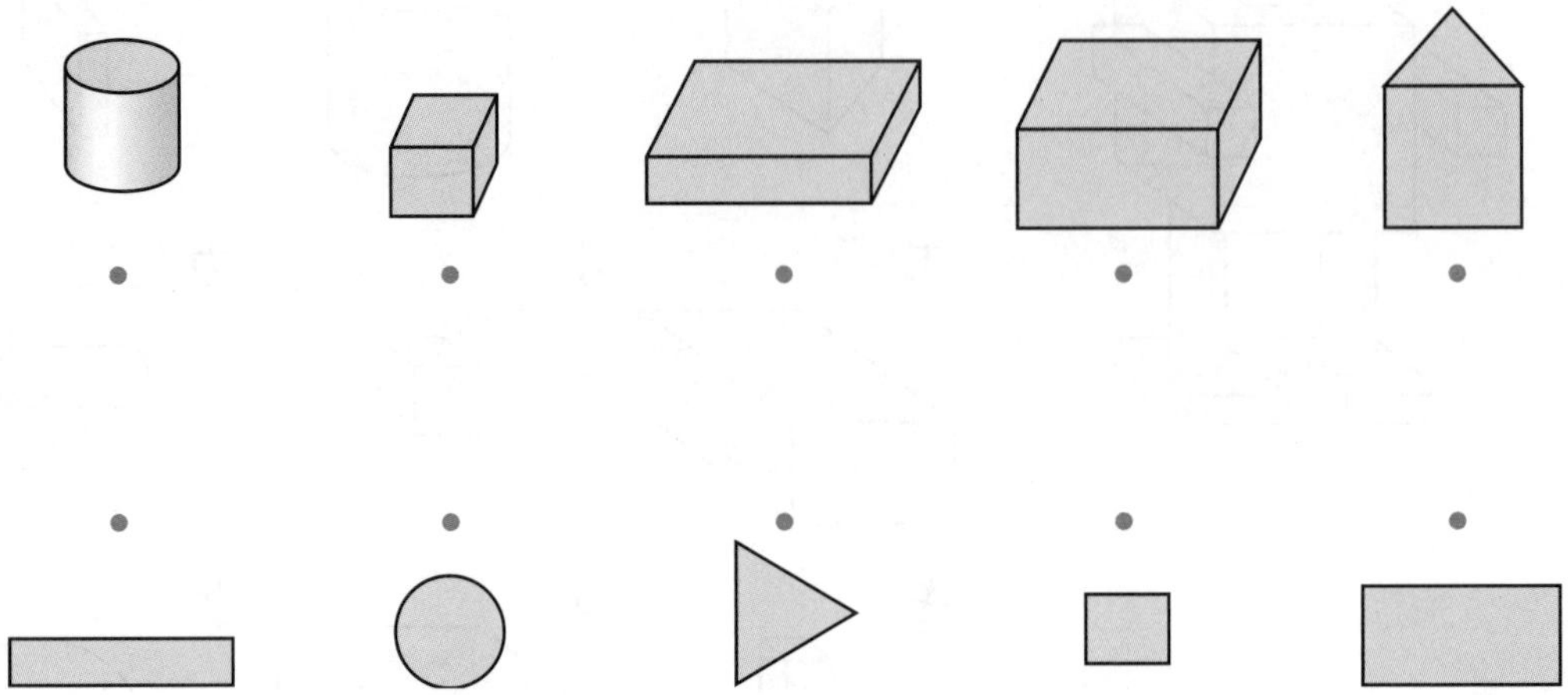

2 どんな　かたちが　いくつ　ありますか。

(20てん/1つ5てん)

(1)

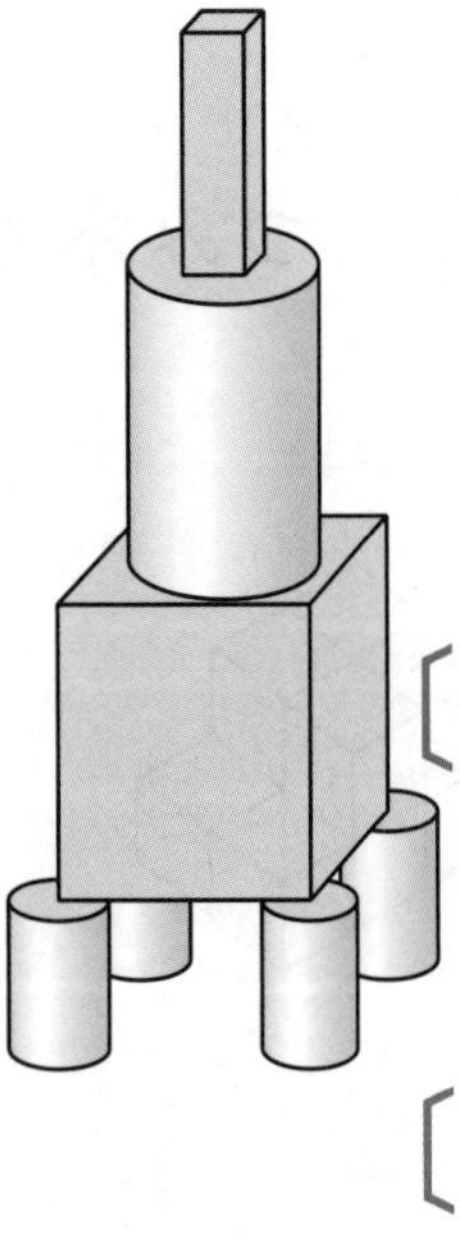

つつの かたち〔　　　〕つ

はこの かたち〔　　　〕つ

(2)

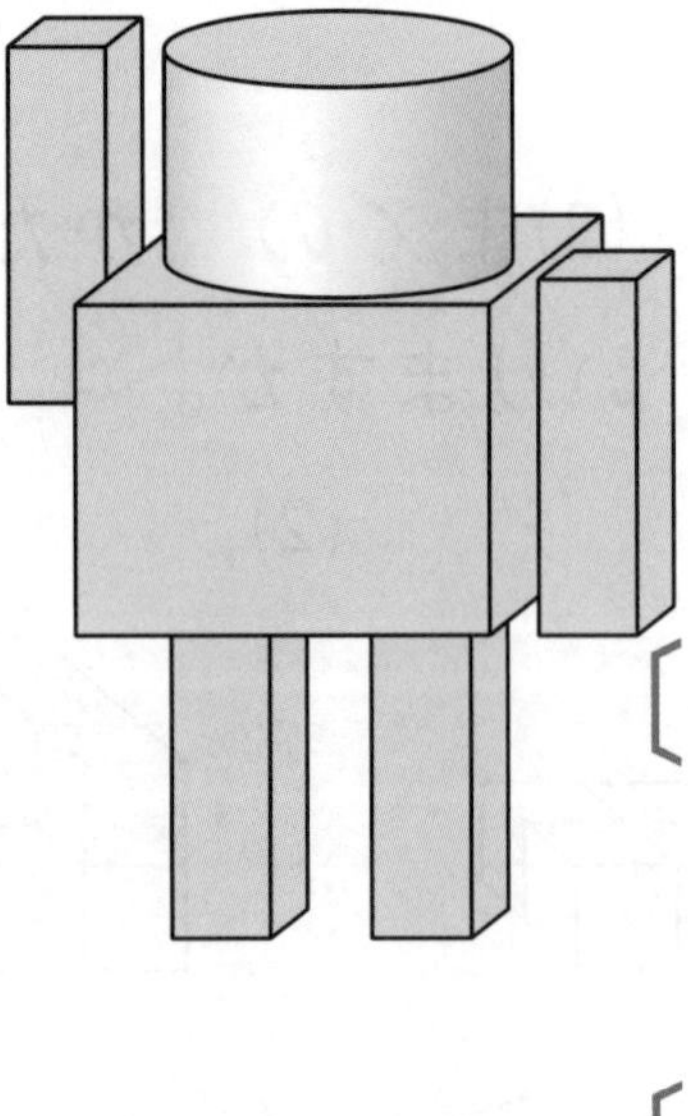

つつの かたち〔　　　〕つ

はこの かたち〔　　　〕つ

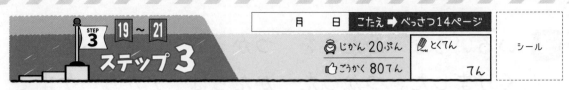

3 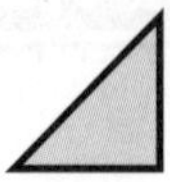の　いろいたを　つかって，いろいろな　かたちを　つくりました。(40てん/1もん10てん)

(1) あてはまる　ものを　すべて　えらび，きごうを　かきましょう。

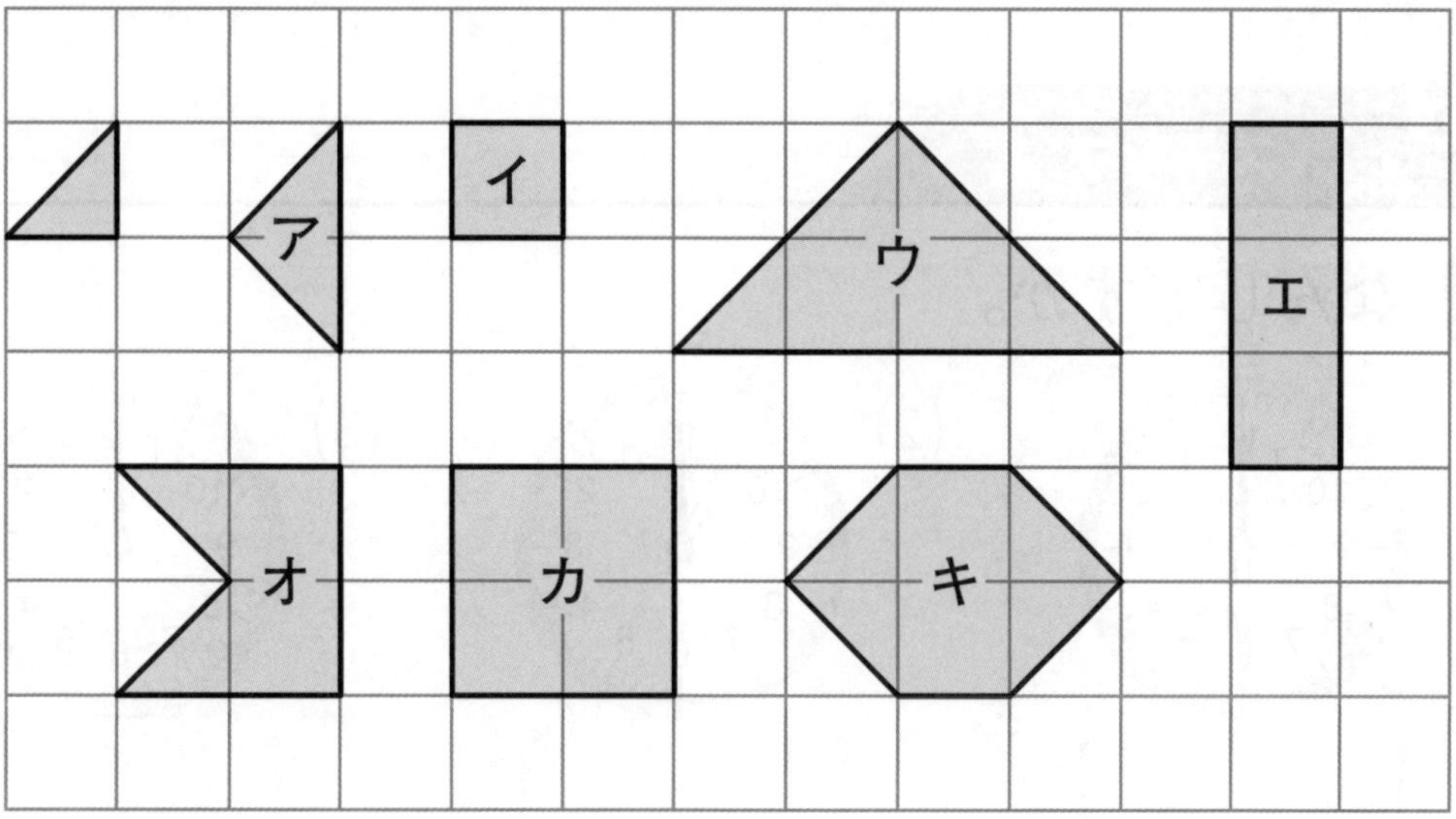

① の　いろいた　2まいで　できて　いる　かたち　〔　　　　〕

② 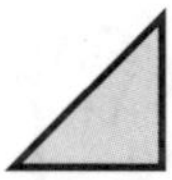の　いろいた　6まいで　できて　いる　かたち　〔　　　　〕

③ の　いろいた　8まいで　できて　いる　かたち　〔　　　　〕

(2) 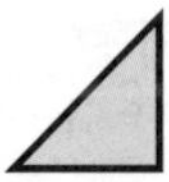の　いろいたを　5まい　つかって　できる　かたちを　1つ　かきましょう。

月　　日　こたえ ➡ べっさつ14ページ

22 とけい

学習のねらい

✓○時，○時半の時計の見方，○時○分の時計の見方もできるようにします。（○時○分については，1分刻みも読めるようにします。）

✓時刻・時間に関心を持ち，生活の中で使えるようにします。

ステップ 1

1 なんじですか。

(1)

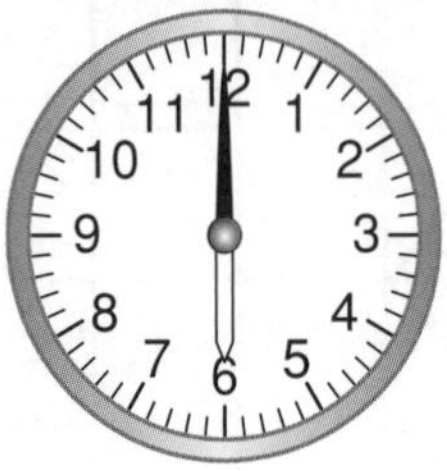

〔　　　　〕

(2)

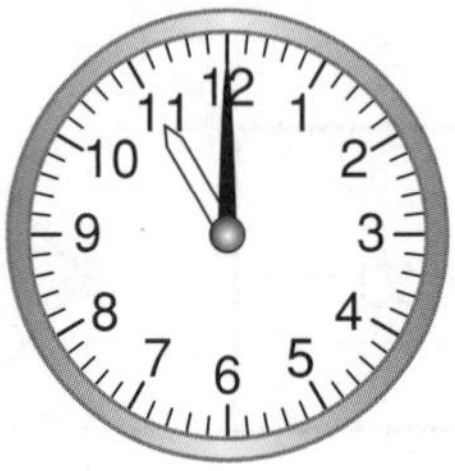

〔　　　　〕

(3)

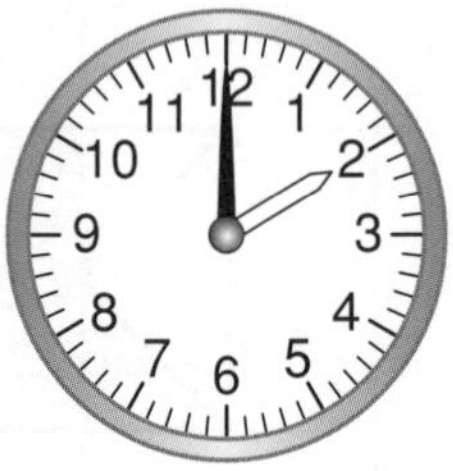

〔　　　　〕

2 なんじですか。または　なんじはんですか。

(1)

〔　　　　〕

(2)

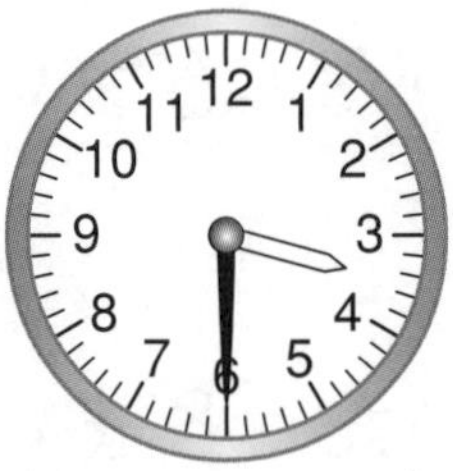

〔　　　　〕

(3)

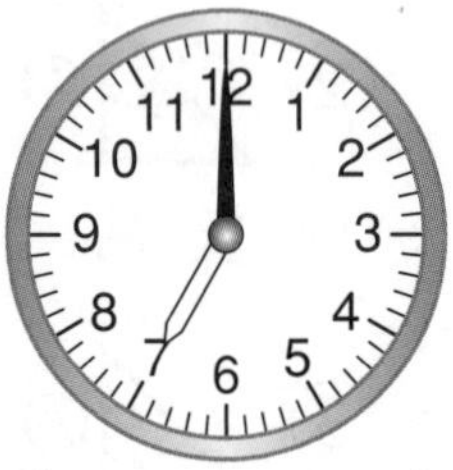

〔　　　　〕

(4)

〔　　　　〕

(5)

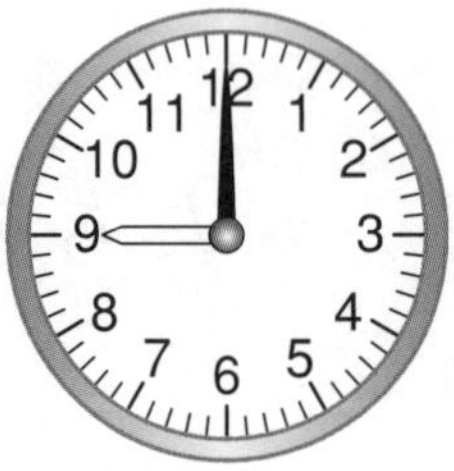

〔　　　　〕

(6)

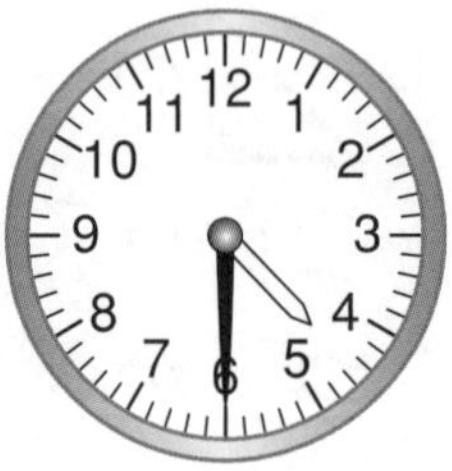

〔　　　　〕

3 なんじなんぷんですか。

(1) 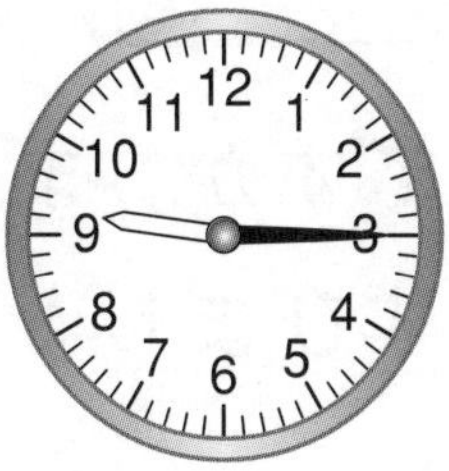

〔　　　　〕

(2) 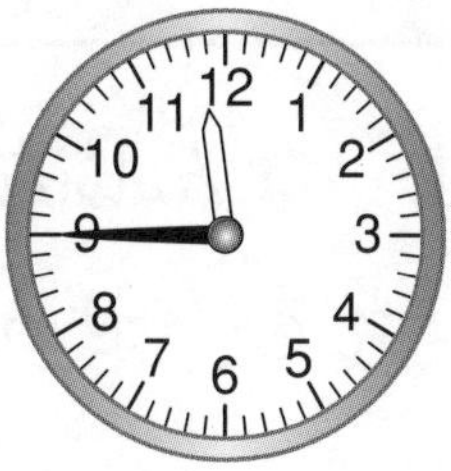

〔　　　　〕

(3) 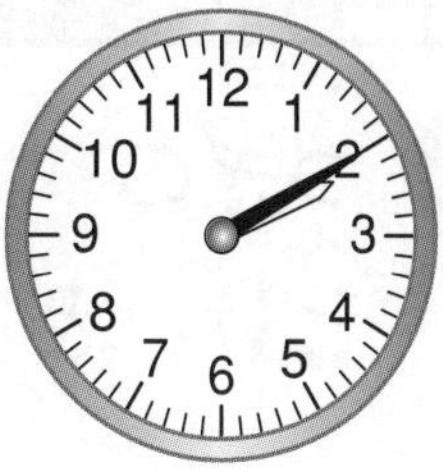

〔　　　　〕

4 かけるさんの　くらしで，あって　いる　とけいを，せんで　むすびましょう。

ね　る　•　　　　•

おきる　•　　　　•

おやつ　•　　　　•

ひるごはん　•　　　　•

月 日	こたえ ➡ べっさつ15ページ

ステップ 2

じかん 20ぷん
ごうかく 80てん
とくてん てん
シール

1 つぎの　とけいは　なんじなんぷんですか。また，とけいと　あう　えを　せんで　むすびましょう。

（18 てん／1 くみ 6 てん）

なんじなんぷん

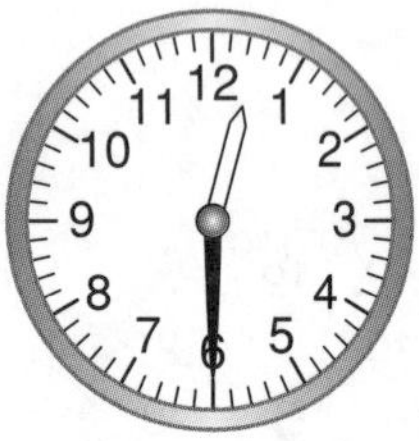

なんじなんぷん

なんじなんぷん

2 とけいの　ながい　はりを　かき入《い》れましょう。

（18 てん／1 つ 6 てん）

(1)

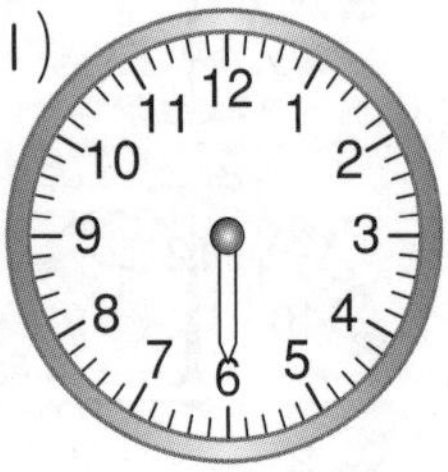

6 じ

(2)

4 じはん

(3)

12 じ 20 ぷん

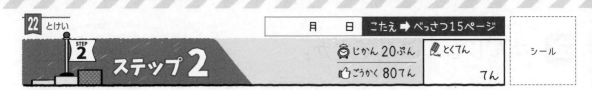

3 なんじなんぷんですか。(36てん/1つ6てん)

(1) 

〔　　　〕

(2) 

〔　　　〕

(3) 

〔　　　〕

(4) 

〔　　　〕

(5) 

〔　　　〕

(6) 

〔　　　〕

4 つばささんは，あさ　おじさんの　うちへ　いって，おひるまでに　かえって　きました。あって　いる　とけいを，せんで　むすびましょう。

(28てん/1つ7てん)

・うちを　出《で》た　とき・

・おじさんの　うちへ　ついた　とき・

・おじさんの　うちを　出た　とき・

・うちへ　ついた　とき・

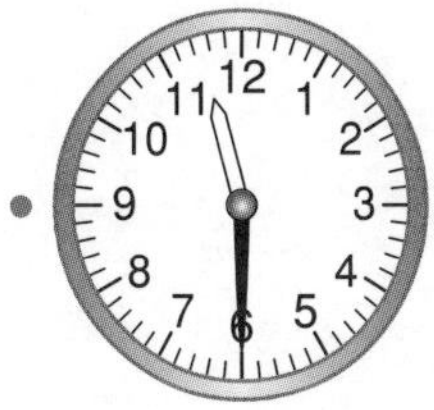

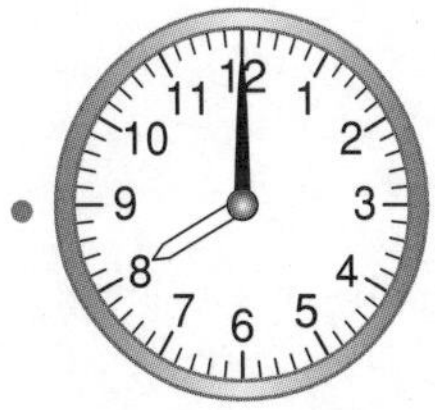

こたえ ➡ べっさつ15ページ

23 せいりの　しかた

学習のねらい

- ものの個数を調べ，比べるために，絵や図などを用いて表したり読んだりすることがねらいです。
- 絵グラフの見方になれることが大切です。

ステップ 1

たいせつ **1** おかしの　かずを　しらべます。

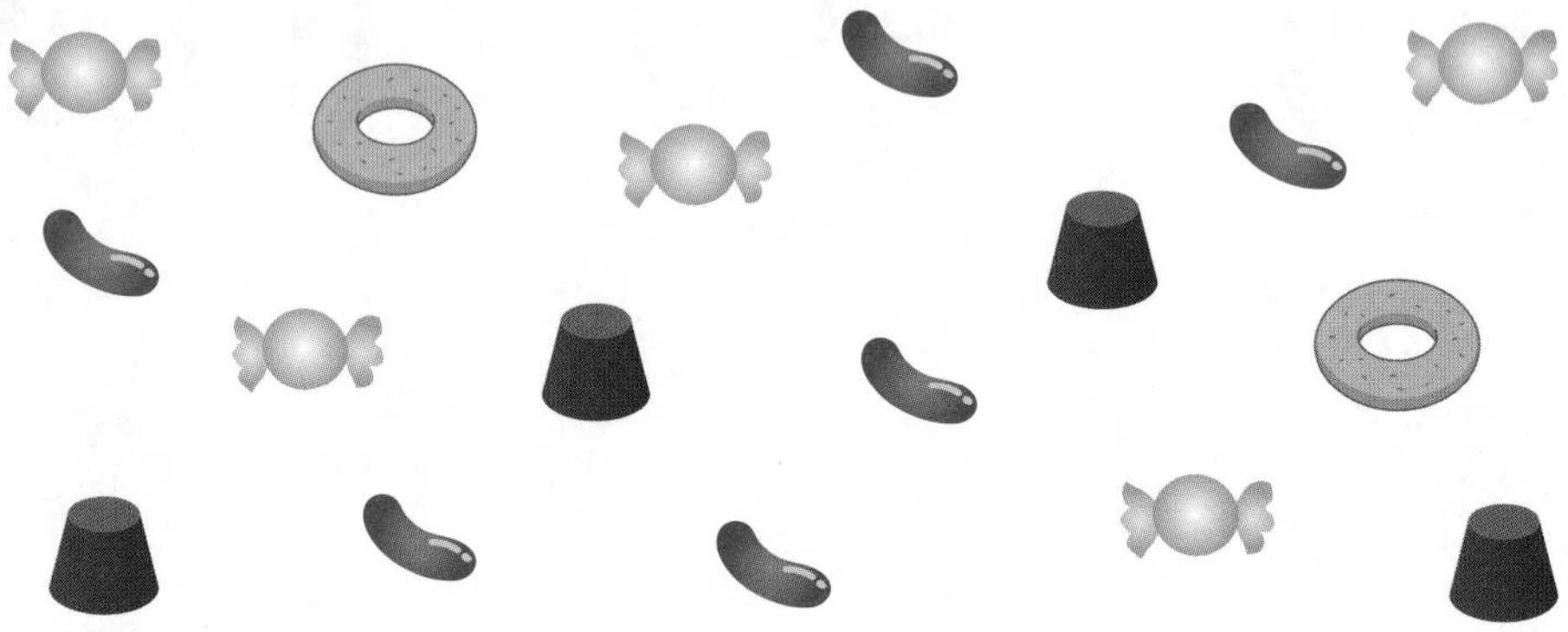

(1) おかしの　かずだけ　いろを　ぬりましょう。

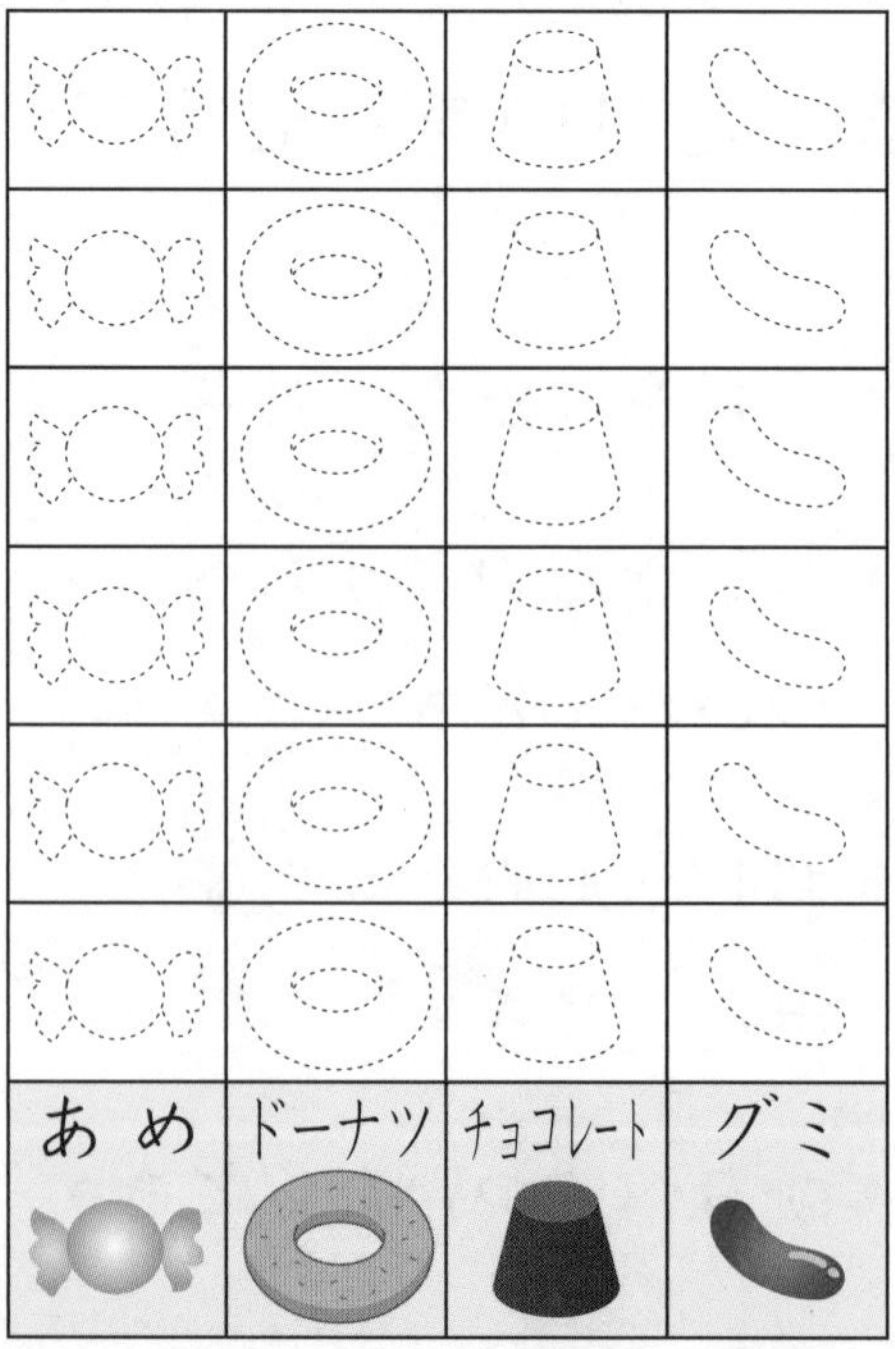

(2) まみさんたちが，しらべて　わかった　ことを　はなして　います。
〔　〕に　ことばを，□に　かずを　かいて，おはなしを　かんせい　しましょう。

まみ

いちばん　おおい　おかしは
〔　　　　　　〕です。

けんた

いちばん　すくない　おかしは
〔　　　　　　〕です。

さき

あめと　ドーナツの　かずの　ちがいは
□　こです。

だいき

かずが　4この　おかしは，
〔　　　　　　〕です。

ゆみ

おかしは　ぜんぶで　□　こ
あります。

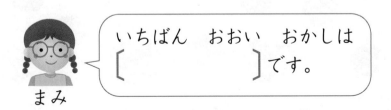

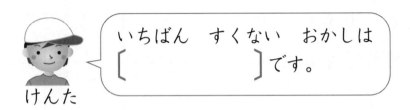

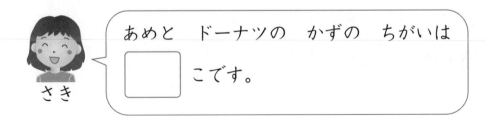

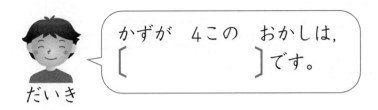

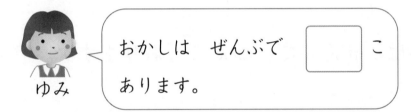

月　　日　こたえ ➡ べっさつ15ページ

ステップ 2

じかん 20ぷん
ごうかく 80てん

とくてん　　てん

シール

1 やさいの　かずを　しらべます。

(1) やさいの　かずだけ　いろを　ぬりましょう。(20てん)

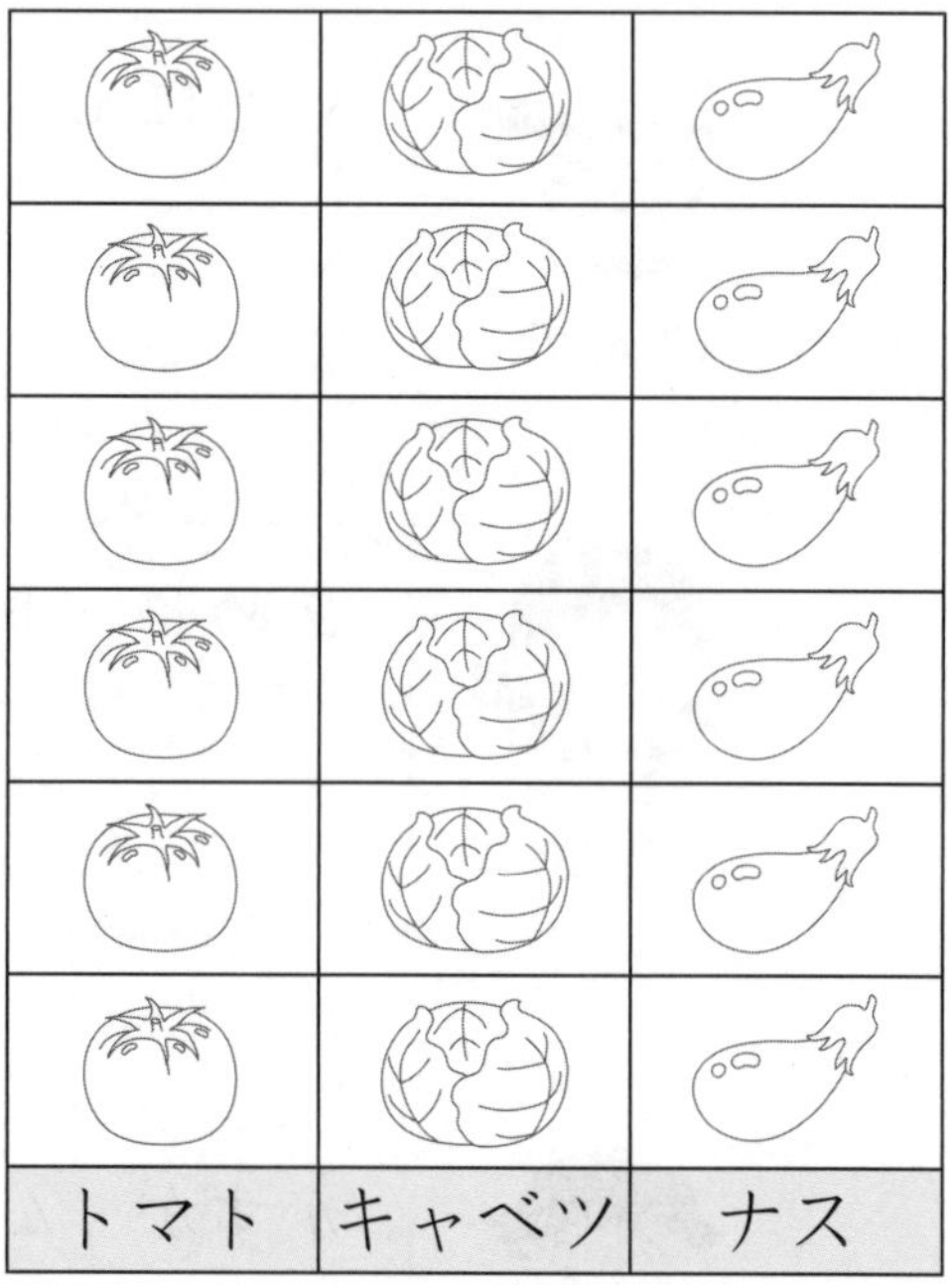

(2) いちばん　おおい　やさいは　どれですか。(10てん)

〔　　　　〕

(3) いちばん　すくない　やさいは　どれですか。

(10てん)

〔　　　　〕

(4) トマトと　ナスの　ちがいは　なんこですか。

(10てん)

〔　　　　〕

(5) やさいは　ぜんぶで　なんこ　ありますか。(10てん)

〔　　　　〕

2 さゆりさんの　クラスで，すきな　のりものの　かずを　しらべて，せいりしました。(40てん/1つ10てん)

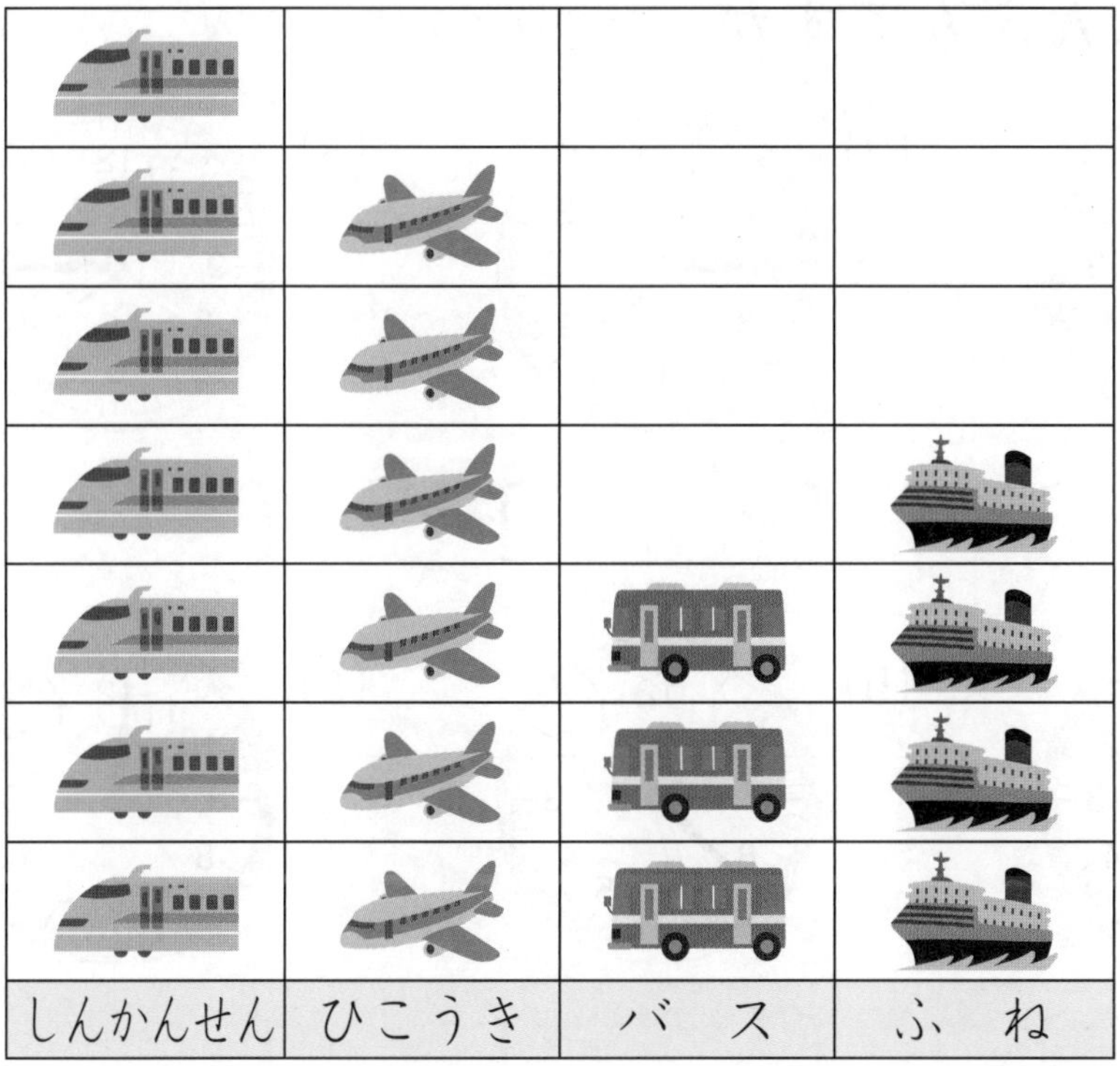

(1) いちばん　おおい　のりものは　どれですか。

〔　　　　〕

(2) いちばん　すくない　のりものは　どれですか。

〔　　　　〕

(3) ふねが　すきな　人《ひと》は　なんにんですか。

〔　　　　〕

(4) しんかんせんが　すきな　人と　ひこうきが　すきな　人は　あわせて　なんにんですか。

〔　　　　〕

STEP 3 22～23

ステップ 3

月　日　こたえ ➡ べっさつ15ページ

じかん 20ぷん　ごうかく 80てん　とくてん　てん　シール

1 なんじなんぷんですか。(36てん/1つ6てん)

(1)

〔　　　〕

(2)

〔　　　〕

(3)

〔　　　〕

(4)

〔　　　〕

(5)

〔　　　〕

(6)

〔　　　〕

たいせつ 2 ゆうたさんは，あさから　ひるまでに　4かい　とけいを　見《み》ました。見た　じゅんに　とけいの　きごうを　かきましょう。(14てん)

ア

イ

ウ

エ

〔　　→　　→　　→　　〕

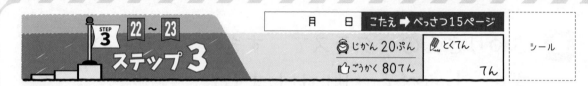

3 くだものの　かずを　しらべて，せいりしました。

(50 てん/1 つ 10 てん)

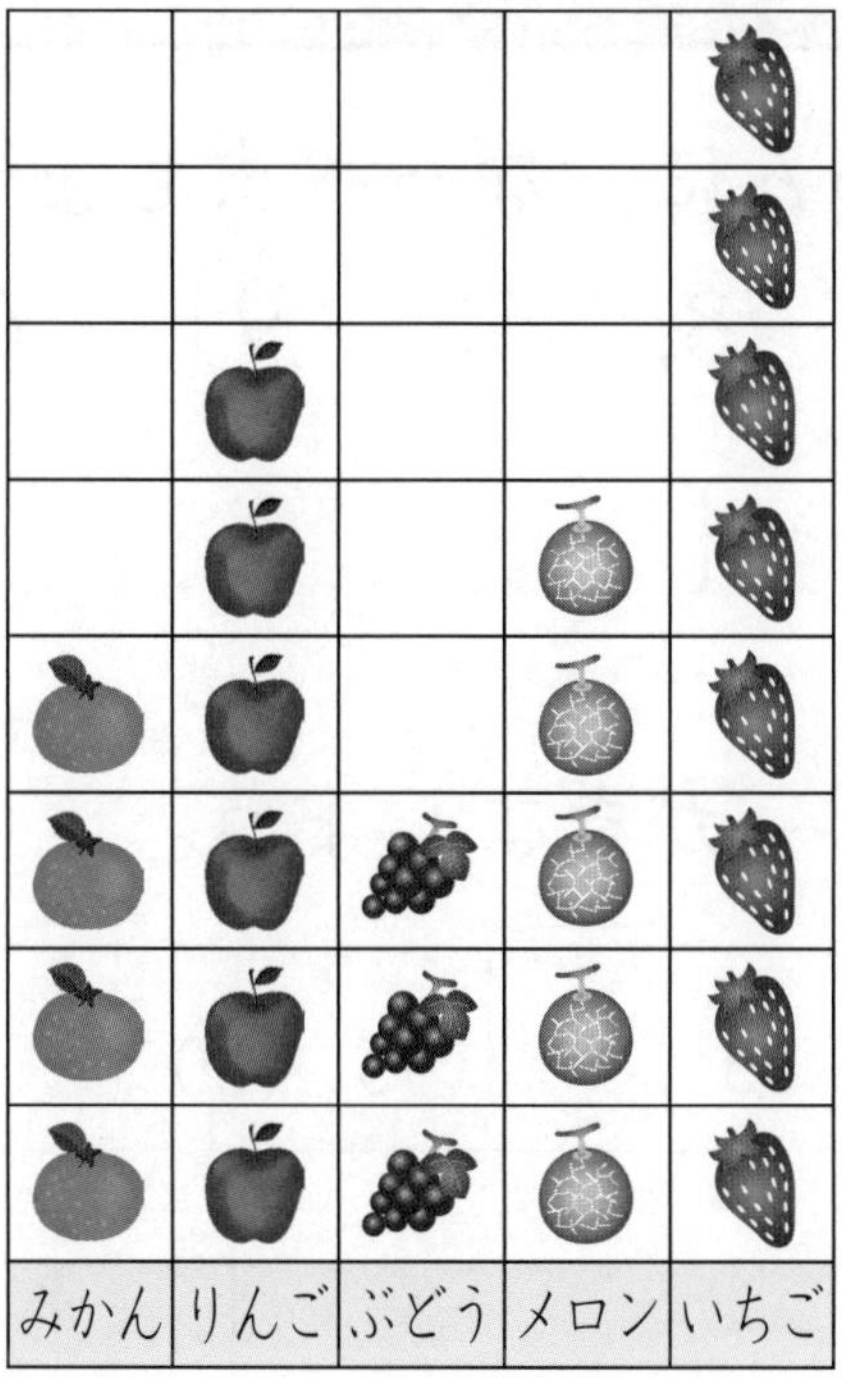

⑴ いちばん　おおい　くだものは　どれですか。

［　　　　］

⑵ いちばん　すくない　くだものは　どれですか。

［　　　　］

⑶ メロンは　なんこですか。　［　　　　］

⑷ みかんと　りんごの　かずを　くらべます。どちらが　なんこ　おおいですか。

［　　　　　　　　］

⑸ りんごと　いちごの　かずは　あわせて　なんこですか。

［　　　　］

そうふくしゅうテスト①

じかん 20ぷん
ごうかく 80てん
とくてん　　てん
シール

1 大《おお》きい　じゅんに　ならべましょう。(10てん)

(84,　49,　78,　53,　91,　44)

〔　　　　　　　　　　　〕

2 □に　かずを　かきましょう。(20てん/1つ4てん)

(1)

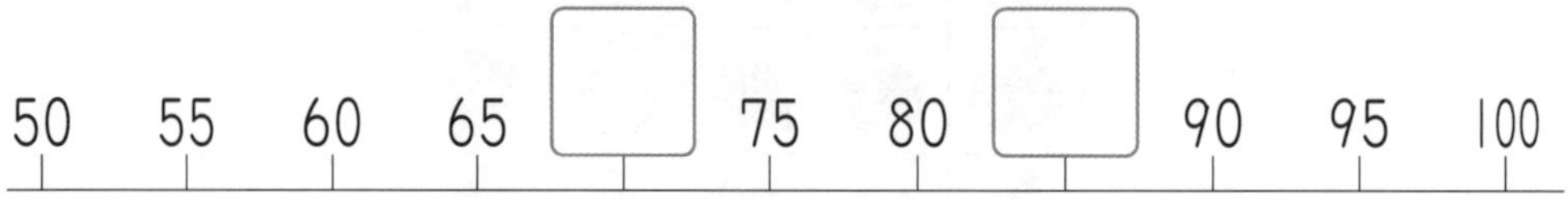

(2)

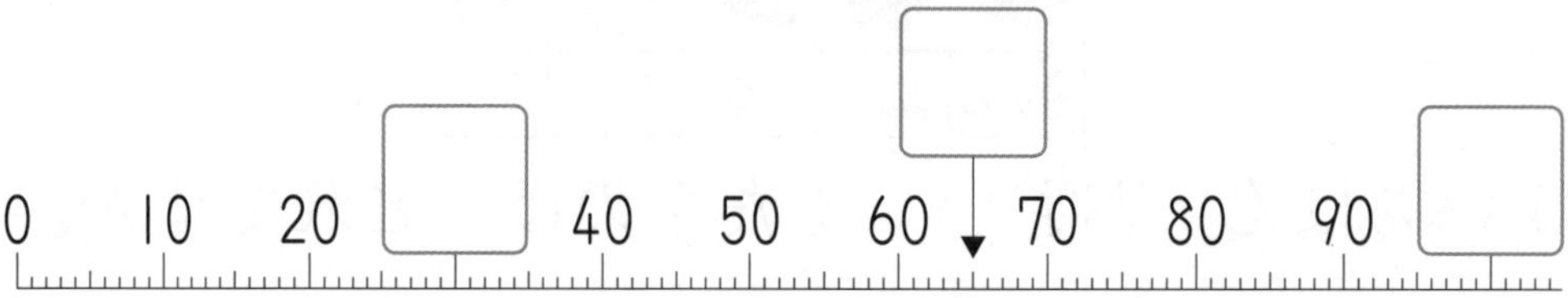

3 上《うえ》の　つみ木《き》から，下《した》の　どの　かたちを　かきましたか。せんで　むすびましょう。(10てん)

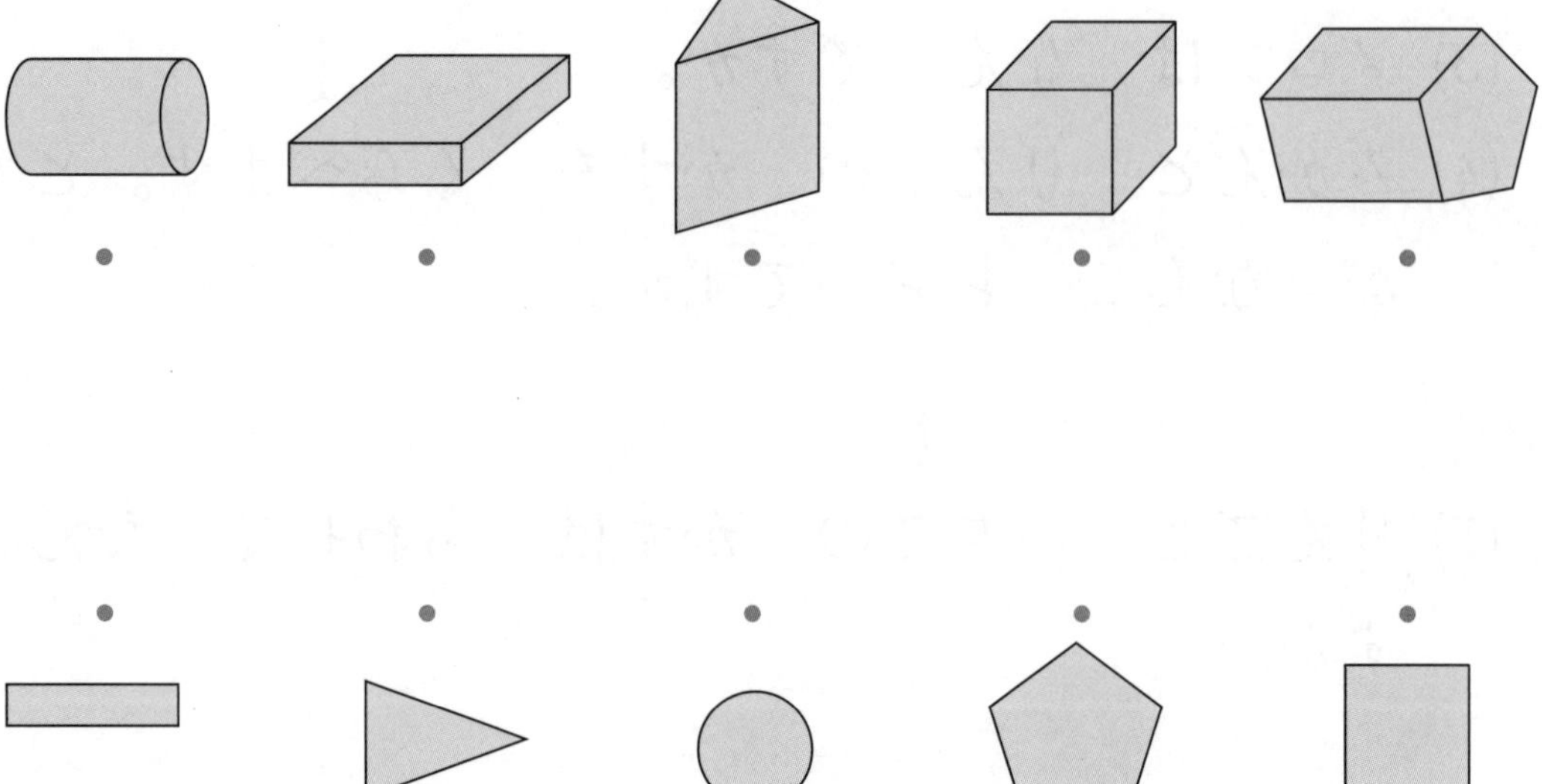

4 いちごが　14こ　あります。8こ　たべると，なんこ　のこりますか。(10てん)

(しき) ＿＿＿＿＿＿＿＿＿＿＿＿　こたえ［　　　　　］

5 あめを　8こ　もって　います。ともだちから，7こ　もらい，いもうとに　6こ　あげました。あめは，いま　なんこ　ありますか。(15てん)

(しき) ＿＿＿＿＿＿＿＿＿＿＿＿　こたえ［　　　　　］

6 右《みぎ》から　なんばんめと　なんばんめが　あいて　いますか。(20てん/1つ10てん)

［　　　］ばんめ

［　　　］ばんめ

7 えきに　人《ひと》が　ならんで　います。ゆうこさんの　まえに　5にん，うしろに　7にん　います。ぜんぶで　なんにん　ならんで　いますか。(15てん)

(しき) ＿＿＿＿＿＿＿＿＿＿＿＿　こたえ［　　　　　］

月　　日　こたえ ➡ べっさつ16ページ

そうふくしゅうテスト②

じかん 30ぷん
ごうかく 80てん
とくてん　　てん
シール

1 いくつですか。すうじで　かきましょう。(4てん/1つ2てん)

(1) ⑩⑩⑩⑩⑩⑩⑩⑩⑩
①①①①①①　〔　　〕

(2) ⑩⑩⑩⑩⑩⑩⑩⑩⑩⑩
⑩　①①①①①①①①　〔　　〕

2 □に　かずを　かきましょう。(4てん/1つ2てん)

(1) 10を　9つ，1を　12　あわせた　かずは，□

(2) 100と，1を　4つ　あわせた　かずは，□

3 (1)は　ながい　じゅん，(2)は　ひろい　じゅん，(3)は　おおい　じゅんに，ばんごうを　かきましょう。

(9てん/1つ3てん)

(1)

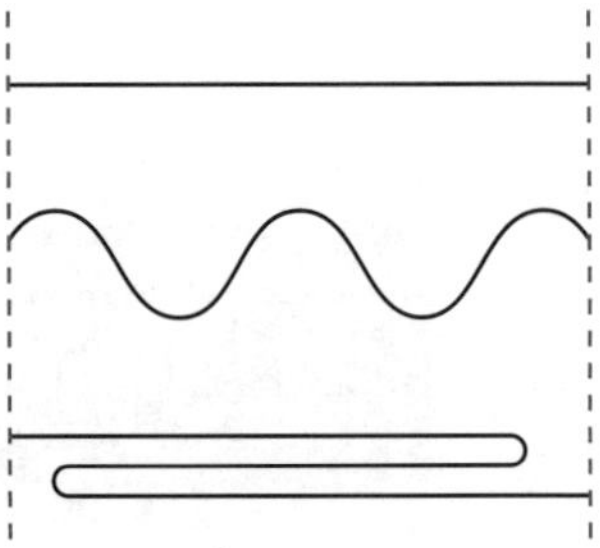

〔　　〕
〔　　〕
〔　　〕

(2)

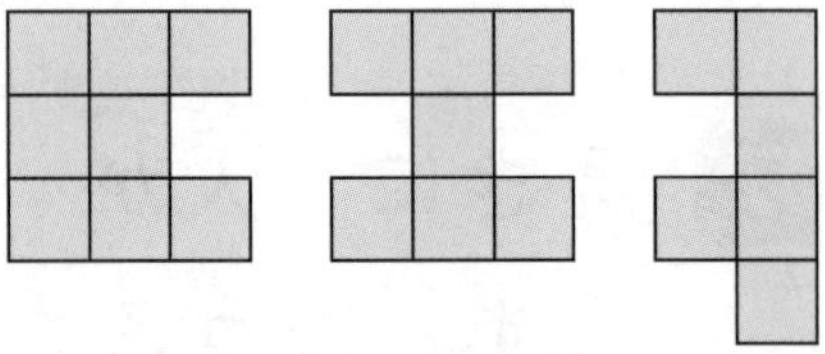

〔　　〕〔　　〕〔　　〕

(3)

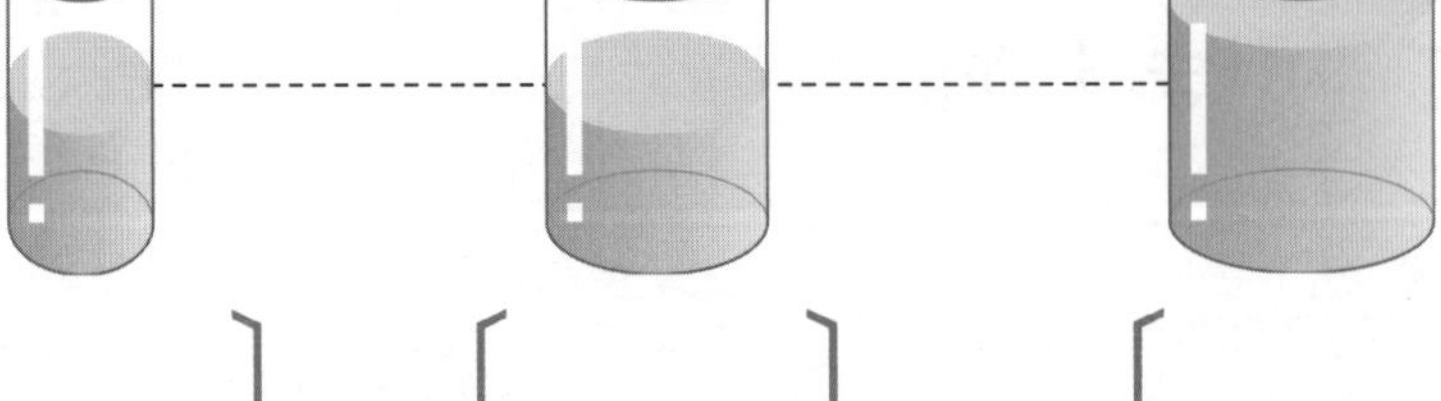

〔　　〕　〔　　〕　〔　　〕

4 □に　かずを　かきましょう。（12てん／1もん4てん）

(1) 70 — 80 — □ — □ — 110 — □

(2) □ — □ — 105 — □ — 95 — 90

(3) □ — 77 — 80 — □ — 86 — □

5 けいさんを　しましょう。（24てん／1つ3てん）

(1) 9+9　　(2) 7+8　　(3) 6+7

(4) 8+9　　(5) 14−8　　(6) 15−7

(7) 11−4　　(8) 17−9

6 けいさんを　しましょう。（24てん／1つ3てん）

(1) 20+60　　(2) 50+50

(3) 81+6　　(4) 7+92

(5) 60−60　　(6) 90−20

(7) 55−5　　(8) 46−4

7 13にんが　かくれて　います。いま，5にん　見《み》つけました。あと，なんにん　かくれて　いますか。

(5てん)

(しき)＿＿＿＿＿＿＿＿＿＿＿＿　こたえ［　　　　］

8 なんじなんぷんですか。(9てん/1つ3てん)

(1) 
［　　　　］

(2) 
［　　　　］

(3) 
［　　　　］

9 下《した》の　ずを　見て，つぎの　もんだいに　こたえましょう。(9てん/1もん3てん)

(1) かたちの　かずだけ　いろを　ぬりましょう。

○	△	□
○	△	□
○	△	□
○	△	□
○	△	□
○	△	□
○	△	□
○	△	□

(2) しかくは　なんこ　ありますか。

［　　　　］

(3) まると　さんかくの　かずの　ちがいは　なんこですか。

［　　　　］

ひっぱると，はずして使えます。

小1

標準問題集

算数

こたえ

こたえ

小1 標準問題集
算　数

おうちの方へ

この解答編では，おうちの方向けに「アドバイス」「ここに注意」として，学習のポイントや注意点などを載せています。答え合わせのほかに，問題に取り組むお子さまへの説明やアドバイスの参考としてお使いください。本書を活用していただくことでお子さまの学習意欲を高め，より理解が深まることを願っています。

1 あつまりと　かず

ステップ 1

2~3ページ

❶

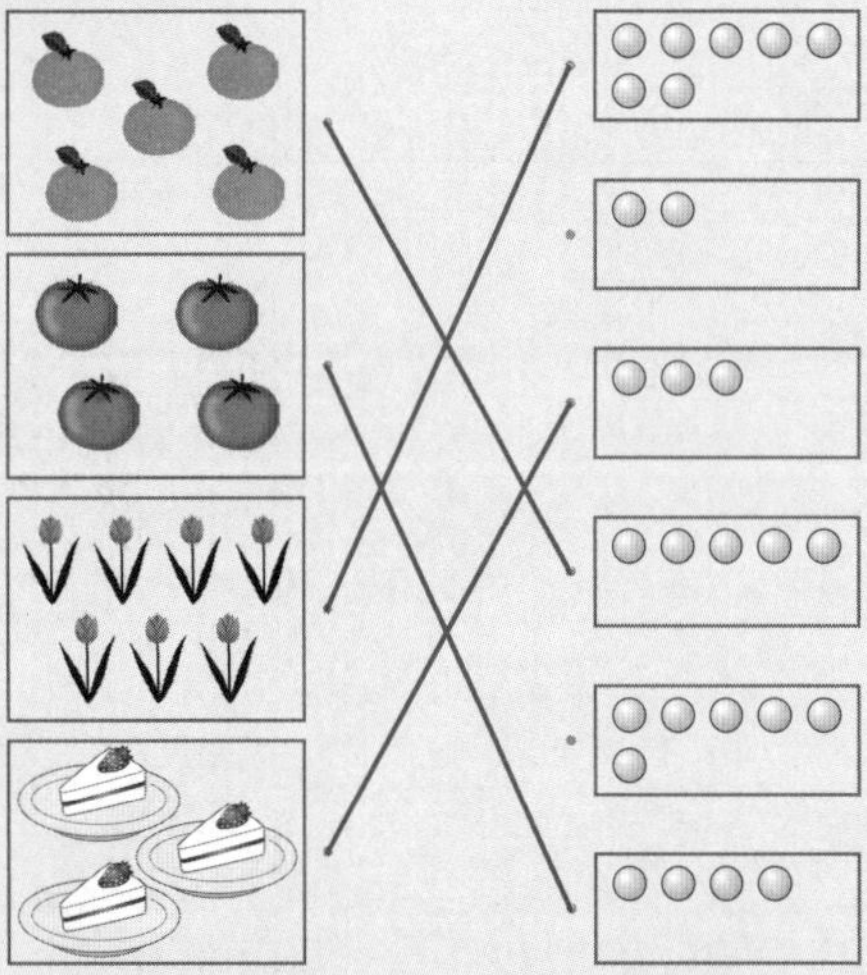

❷

〔 ○ 〕

〔　　〕

❸

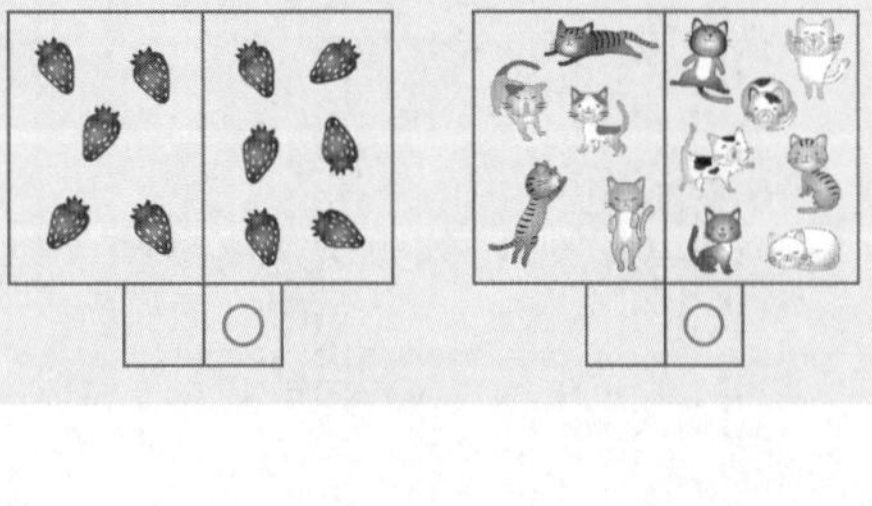

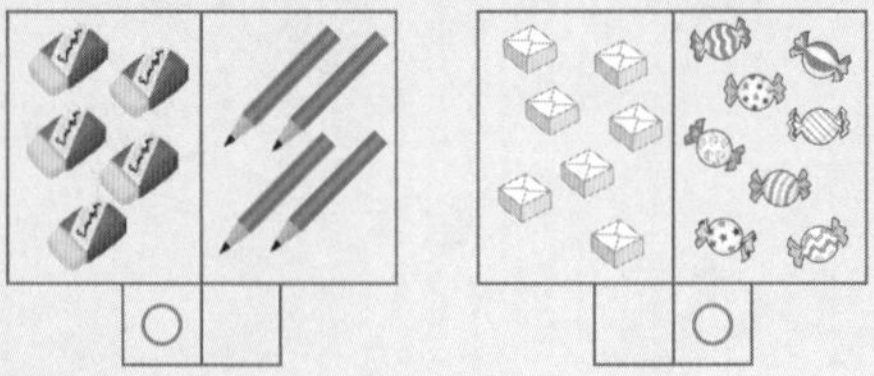

アドバイス

❸ 左と右の四角の中の数を数えてから大小を判断して，○をつけさせましょう。

ここに注意 他の方法としては，左と右の数について，線で結んで１つずつ消したり，２つずつ消したりしながら，残ったほうが多いと判断させるやり方があります。数字での大小判断ではありませんが，的確な方法だといえます。

ステップ 2

4~5ページ

❶

(1)
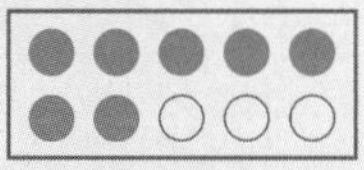

(2)
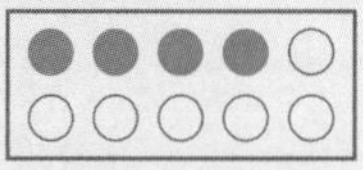

(3)
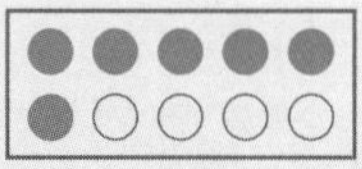

❷

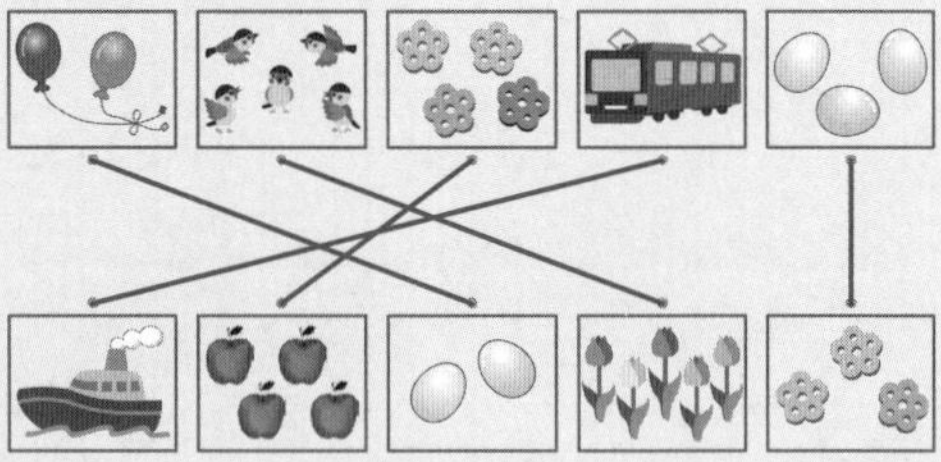

❸ 〔　　〕〔　　〕〔 ○ 〕

❹

(1)
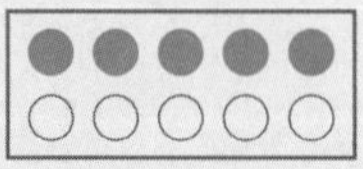

(2)
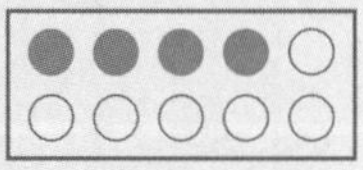

(3)
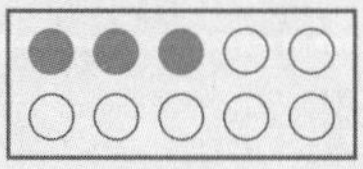

(4)
●●○○○
○○○○○

(5)
●●●●●
●●○○○

アドバイス

❶ シールをよく見て，１対１対応させながら，○をぬらせます。最後に，もう一度数の見直しもさせましょう。

❹ 問題文に書いてあるような，同種のものの集まりを数え上げるのは，とても大切な学習です。文章をよく読んで，確実に処理できるようにさせましょう。認識の発達とともに，処理も，より確かになってくるのです。

2 10までの　かず

ステップ１　6〜7ページ

❶

1	5	4
2	8	9

❷

4	6
7	9
3	8

❸ (1) 1－2－3－4－5
(2) 10－9－8－7－6
(3) 4－5－6－7－8

❹ (1)7　(2)8　(3)10　(4)10　(5)4　(6)8

❺ 3，1，0

アドバイス

❷ ❶や❷では，事物をきちんと数えることが大切です。１つ１つを正確に数えるようにさせましょう。

❸ 書いてある数をしっかり見て，いくつ増えたり，減ったりしているのかを見つけさせましょう。

❺ 「１つもない」ことを，「0」という数字で表します。0は１よりも小さい数です。

ステップ２　8〜9ページ

❶

1	3	4	5	⑥	7
5	8	7	⑨	6	
3	5	9	⑦	4	
7	9	4	8	6	⑩

❷ 7

❸ (1) 1－2－3－4－5
(2) 6－7－8－9－10
(3) 10－9－8－7－6
(4) 8－7－6－5－4

❹ (1)7，3，2　(2)8，6，5，1
(3)9，4，3，0

❺
(1)
○○○○○
○

(2)
○○○○○
○⊗⊗⊗

アドバイス

❷ １から順番に，１つずつ消していけば，書かれていない数字がわかります。

❸ 書いてある数字を手がかりにして，いくつずつ増えたり減ったりしているのかを気づかせます。

3 なんばんめ

ステップ１　10〜11ページ

❶ (1)（ひだり）  （みぎ）

(2)（ひだり）  （みぎ）

(3)（ひだり）  （みぎ）

(4)（ひだり）  （みぎ）

❷ 4

❸ (1)4　(2)3

❹ (1)3　(2)ねこ　(3)5　(4)2

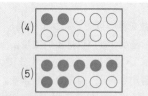

アドバイス

❹ 「左から」「右から」「上から」「前から」などの言葉が正確に使えるようにさせましょう。

> **ここに注意** 数え始める基準を明らかにすることが大切です。

ステップ2　12～13ページ

❶

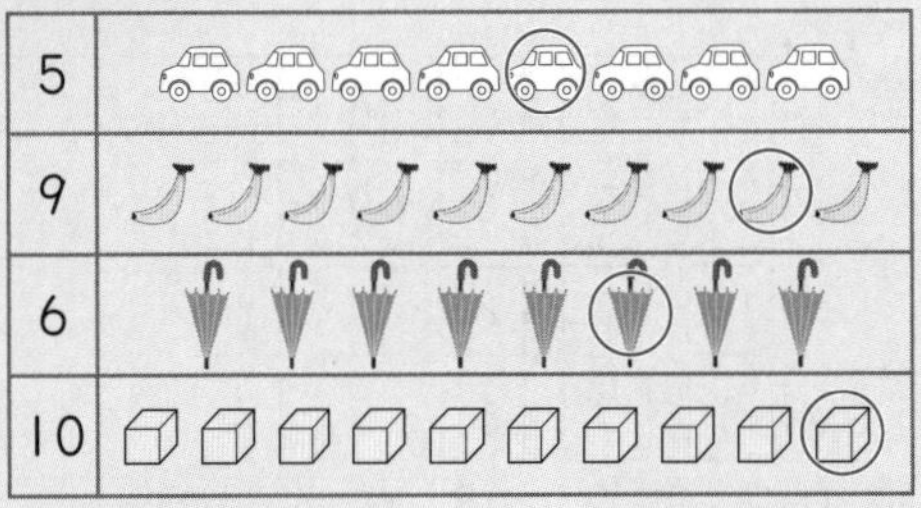

❷

3ばんめ
6ばんめ
4ばんめ
9ばんめ

❸ (1)2　(2)3

❹ (1)3　(2)9

(3)

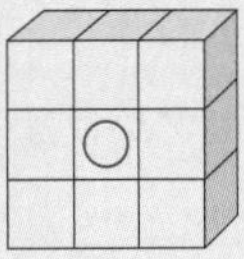

(4)

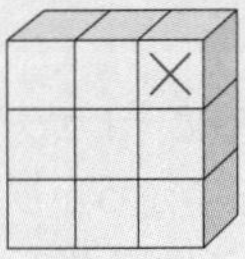

アドバイス

❹ 段は下から数えます。基準がどこかをしっかり考えさせましょう。

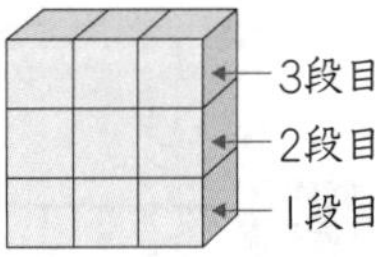

1～3 ステップ3　14～15ページ

❶ (1)5　(2)4　(3)10　(4)7　(5)9
(6)8　(7)2　(8)6　(9)1　(10)3

❷ (1)5, 4, 3, 2, 1
(2)9, 8, 7, 6, 4
(3)10, 9, 7, 3, 1, 0

❸ (1)3　(2)4　(3)3　(4)2　(5)5

❹ (1)○○○●○○○○○○
(2)○○○○○○○●●●
(3)○○○○○●○○○○
(4)4, 6

アドバイス

❷ いちばん大きい数を見つけて，１つ１つ消していきながら，□へ書かせていけばよいでしょう。それでも考えにくい場合は，10から１まで大きい順に数字を書かせると，はっきりします。

❸ 数の差(違い)を考えさせるのですが，(1)，(2)については，●で答えを書く子どもも認めてよいでしょう。しかし，数字を書けるようになったのですから，数字で書かせるようにしましょう。

❹ 「左から」「右から」の数える基準を明確にさせなければいけません。どこから数え，いくつか，または何番目なのか，正確にとらえさせることが大切です。

4 いくつと　いくつ

ステップ1　16～17ページ

❶ (1)1　(2)3　(3)4　(4)5

❷ (1)2　(2)2　(3)5　(4)4

❸ (1)3　(2)4　(3)2　(4)6

❹ (1)6　(2)9　(3)8

❺ (1)8　(2)7

アドバイス

❷ １つの数を，２つの数に分解させる学習です。加法，減法の素地になったり，計算力の基になったりする学習なので，しっかり考えさせましょう。

❺ ３つの数から，１つの数を合成する(10以下の数)学習です。将来的に，合成・分解で１つの言葉になるほど，関係が深い学習です。これも，１つ１つの問題を，正確に解かせましょう。

ステップ2　18～19ページ

❶ (1)2　(2)9　(3)8　(4)8　(5)4

❷ (1)3　(2)4　(3)2　(4)1　(5)5

❸ (1)4　(2)6　(3)1　(4)3　(5)2　(6)3

❹ (1)6　(2)6　(3)2　(4)3　(5)4　(6)3

アドバイス

❷ どれも分解の問題ですが，答えを出した後に，合成をしながら，確かめをさせたいものです。おはじきや○を使いながら考えさせてもかまいません。

❸・❹ 7，8，9，10の数の合成・分解の力をつける問題です。答えを出した後に，確かめをす

る習慣をつけさせましょう。

> **ここに注意** 10の合成・分解は，今後の学習のポイントになります。

5 たしざん ①

ステップ1　20～21ページ

❶ (1)8　(2)8　(3)7　(4)6

❷ ●●●●●
●●●○○

❸ (1)7　(2)8　(3)9　(4)9　(5)9　(6)8
(7)10　(8)6

❹
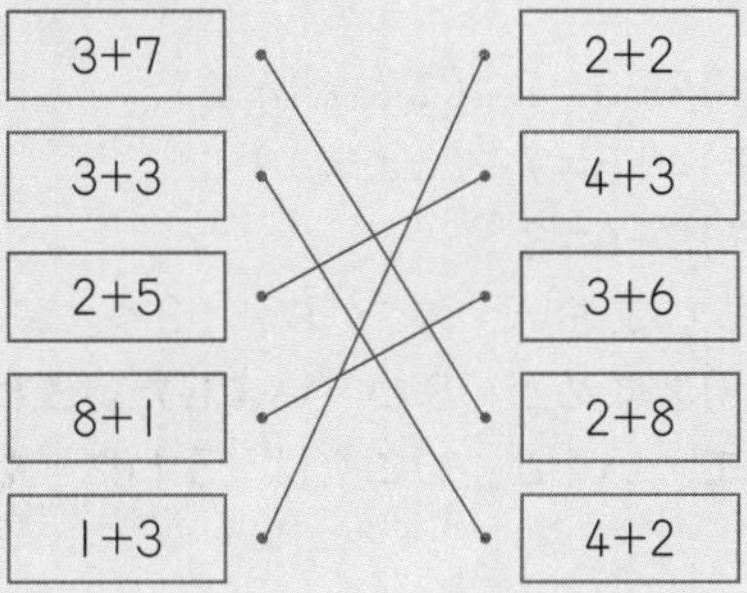

❺ (1)(しき)5+4=9　(こたえ)9ほん
(2)(しき)4+3=7　(こたえ)7にん

アドバイス

❺ たし算の状況(場面)を式に書き，その式から答えを出させます。式に表すときの素地経験として，大切な学習です。

> **ここに注意** 式を見ながら，たし算のお話（状況）が言えるようにすることも，大切な学習です。

ステップ2　22～23ページ

❶ (1)(しき)4+3=7
(2)6，(しき)1+5=6
(3)8，(しき)4+4=8

❷ 1+4=5
2+3=5
3+2=5
4+1=5
0+5=5
5+0=5
の　なかから　2つ

❸ 1+6=7
2+5=7
3+4=7
4+3=7
5+2=7
6+1=7
0+7=7
7+0=7
の　なかから　2つ

❹ (1)2+4=6　(2)4+5=9
(3)6+4=10　(4)5+3=8

❺ (しき)2+7=9　(こたえ)9ほん

❻ (しき)3+4=7　(こたえ)7まい

アドバイス

❶ ●や数字を，式におきかえる学習です。●と数字が組み合わされている問題につまずいた子どもには，3+●●●=3+3というように，段階的に指導をしましょう。また，(2)で1+5=□と表す反応も，認めてあげましょう。

6 ひきざん ①

ステップ1　24～25ページ

❶ (1)3　(2)5

❷ ●●●●●
○○○○○
5

❸ (1)1　(2)3　(3)4　(4)2　(5)2　(6)4

❹
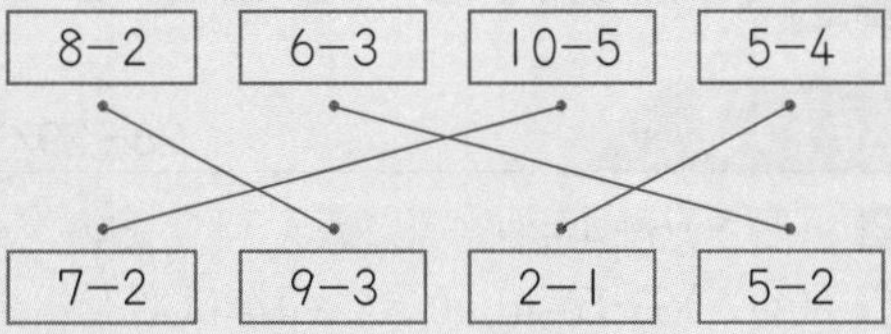

❺ (しき)8−6=2　(こたえ)2だい

❻ (しき)7−4=3　(こたえ)3ぼん

❼ (しき)9−4=5　(こたえ)5こ

アドバイス

❸ ひき算の基本的な問題です。具体操作として，指を使ったり，●を使ったりしながら，自分で考えやすい方法を使うのがよいでしょう。意味をしっかり理解させた後に，いろいろな問題を練習させるようにしましょう。

❺ 問題文の中にある,「車が8台とまっている」「6台出ていく」ことを読み取り，式におき換えさせていきましょう。

❼ ひき算の状況(場面)を式に書き表し，その式から答えを出させます。ひき算の式にする時の，大切な素地経験になります。

> **ここに注意** 式を見ながら，ひき算のお話（状況）が言えるようにすることも，大切な学習になります。

ステップ2　26～27ページ

❶ (1)6−4=2
(2)8−7=1
(3)7−3=4
(4)9−7=2

❷ (1)4　(2)6　(3)8　(4)5　(5)2　(6)4　(7)7
(8)10

❸ (1)9−6=3 に　○
(2)3 まいに　○

❹ (1)8−4=4　(2)4 だい

アドバイス

❶ それぞれの式に，＝をつけます。
例えば，6−4 ＝ 2 というのは，左の式 6−4 と，右の 2 が等しい関係にあるということです。

❸ 式の基本的な使い方についての学習です。普通，式には単位は書きません。これは，式の大事な約束の 1 つです。逆に，答えには必ず単位をつけます。これも約束の 1 つです。

7 たしざんと　ひきざん ①

ステップ1　28～29ページ

❶ (しき)6+4=10　(こたえ)10 まい

❷ (しき)9−5=4　(こたえ)4 ほん

❸ (1)6　(2)5　(3)2　(4)2　(5)5　(6)5　(7)7
(8)1　(9)3　(10)10

❹ 5，3，8
(しき)5+3=8　(こたえ)8 わ

アドバイス

❶・❷ たし算，ひき算の演算決定に，「あわせて」「つかうと」という言葉だけで判断させるのは，好ましくありません。大切なのは，初めの状況が，どのようになるのかを読み取ることです。操作として，増えるのか，減るのか(比較も含めて)を考えさせるようにしましょう。

❹ 1 つの状況図から，2 つの演算を導き出す問題です。「とんで来た」場合と，「とんで行く」場合を読み取らなくてはいけません。つまずいた子どもには，2 つのお話をしてあげて下さい。自分で問題を発見させるためには，大切な問題です。

ステップ2　30～31ページ

❶ 3，2
3，7
5，5
2，7

❷ (しき)9−5=4　(こたえ)4 まい

❸ (しき)4+5=9　(こたえ)9 こ

❹ (しき)9−6=3
(こたえ)あおい　あさがおが　3つ　おおい。

❺ (れい)すずめが　8 わ　いました。3 わ　とんで　いくと，のこりは　5 わに　なります。
(しき)8−3=5　(こたえ)5 わ

アドバイス

❶ 6+□=9 というのは，左の式 6+□ と，右の 9 が等しいことを表します。求める答えの場所が，右にあっても左にあっても，考え方は同じです。右と左を入れかえても，式の意味は同じです。

❹ 求差の代表的な問題です。ケーキと皿などの，対応させやすい問題よりも難易度は高いのですが，1 対 1 対応の発想があれば考えることができます。図にかくと，次のようになります。

あお
あか
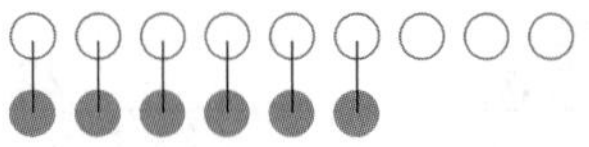

4～7 ステップ3　32～33ページ

❶ (1)6　(2)3　(3)4　(4)5　(5)7

❷
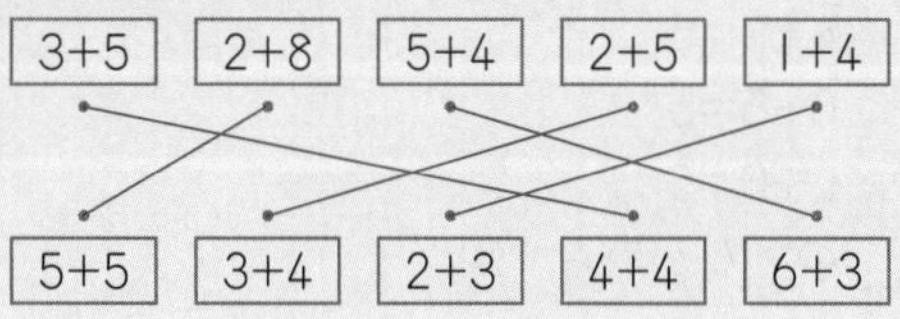

❸
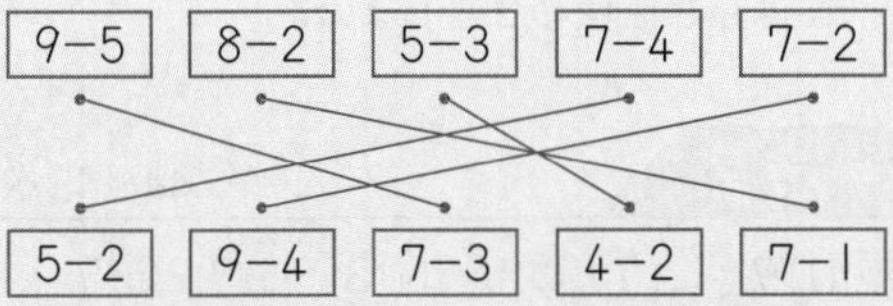

❹ (1)(しき)6+3=9　(こたえ)9 まい
(2)(しき)9−3=6　(こたえ)6 こ
(3)(しき)5+2=7　(こたえ)7 ほん
(4)(しき)6−4=2　(こたえ)2 ひき

8 20までの　かず

ステップ 1　34〜35ページ

❶ (上《うえ》から)12，16，16，18，19，20
❷ (1)4　(2)6　(3)10　(4)9
❸ (1)14，15，17　(2)19，17，16
❹ (1)16，18，19　(2)11，13，14，16
❺ 12 ⑭　⑮ 13　⑲ 17

アドバイス

❷ 10 以上の数を，10 といくつでできている数であるかが判断できることは，十進数の理解の基本です。この見方を大切にしましょう。

❺ 10 以上の数についても，1 ずつ増えたり，減ったりする数の順序の判断が即座にでき，大小が決定できることが大切です。

ここに注意　10のかたまりが 1 つと，1 のばらがいくつというとらえ方で，10 以下の数のときと同じように扱えるまで慣れさせましょう。

ステップ 2　36〜37ページ

❶ (1)12　(2)20
❷ (1)15　(2)17　(3)3　(4)8　(5)10
(6)10　(7)12　(8)10　(9)19　(10)20
❸ 4，11，15，19
❹ (1)20，17，11，9，8
(2)19，16，14，10，8
❺ (1)18　(2)19

アドバイス

❺ 数を順に書き並べて考えさせましょう。

10　11　12　13　14　15　16　17　18　19　20
5 大きい　1 小さい

9 たしざん ②

ステップ 1　38〜39ページ

❶ (1)9+3
(2)① 2　② 1　③ 2
(3)12 ほん
❷ (1)16　(2)15
❸ (1)11　(2)14　(3)11　(4)12　(5)12
(6)13　(7)11　(8)13　(9)13　(10)14
(11)16　(12)12　(13)12　(14)10　(15)13
(16)15　(17)17　(18)15
❹ (しき)8+6=14
(こたえ)14 にん

アドバイス

❶ この問題は，10 のかたまりをつくり，10 といくつという考えを明らかにすることがねらいです。まず 10 をつくり，残りはいくつの見方を大切にしなければなりません。

❷ 10 をつくるには，いくつといくつに分けるか(分解)考えさせて見つけさせます。

ステップ 2　40〜41ページ

❶ (1)10　(2)12　(3)12　(4)12　(5)12
(6)13　(7)11　(8)13　(9)11
❷ (1)16　(2)12　(3)19　(4)18　(5)17
(6)16
❸ (1)
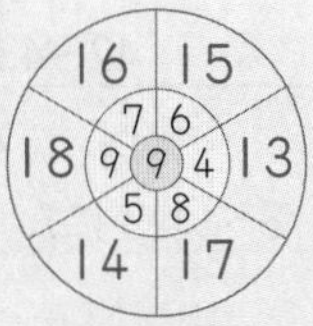

(2)
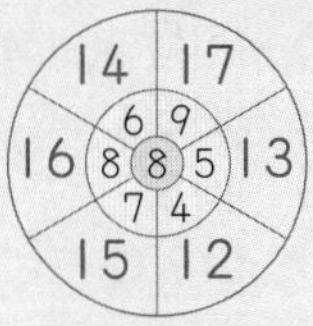

❹ (しき)8+7=15
(こたえ)15 こ
❺ (しき)12+3=15
(こたえ)15 にん
❻ (1)

(2)

(3)

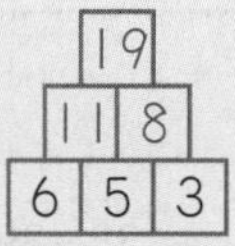

❼ (れい)みかんが　かごに　10こ　あります。ふくろに　3こ　あります。あわせて　13こ　あります。
(れい)みかんが　かごに　10こ　あります。　3こ　もらいました。ぜんぶで　13こに　なりました。

アドバイス

❶ 繰り上がりのあるたし算の代表的な問題を解きながら，10といくつの定着を確実なものにします。正確さから，しだいに速く解けるようになるまで，挑戦していくようにさせましょう。

❷ 13+6→10はそのままで，3と6をたすと9。10と9で19となります。

❸ まずは，1つ1つの計算が確実にできるように練習することが大切です。余裕があるようでしたら，たされる数は同じで，たす数が1増えると，答えはどうなっているか，また，たす数が同じで，たされる数が1増えると，答えがどうなっているか，決まりを見つけさせましょう。

❼ たし算の意味の理解を確かめる問題です。合併・増加の場面が考えられていれば正解とします。

10 ひきざん ②

ステップ1　　42～43ページ

❶ (1)12−9
(2)①10　②9　③2，3　(3)3にん

❷ (1)8　(2)8

❸ (1)8　(2)6　(3)8　(4)6　(5)5
(6)6　(7)9　(8)5　(9)2　(10)6
(11)4　(12)8　(13)5　(14)9　(15)8

❹ (しき)15−6=9　(こたえ)9こ

アドバイス

❷ ひかれる数やひく数を○で表すことで，ひかれる数の一の位からひいても，十の位からひいても考えられるようにしています。
13−5=(10−5)+3(減加法)でも，(13−3)−2(減減法)でもかまいません。

❹ 図をかいて，問題を考えさせることは，大切な解決方法です。自分で考えやすいように，○やおはじきを使わせましょう。

ステップ2　　44～45ページ

❶ (1)9　(2)7　(3)7　(4)3　(5)7　(6)7
(7)7　(8)8　(9)7

❷

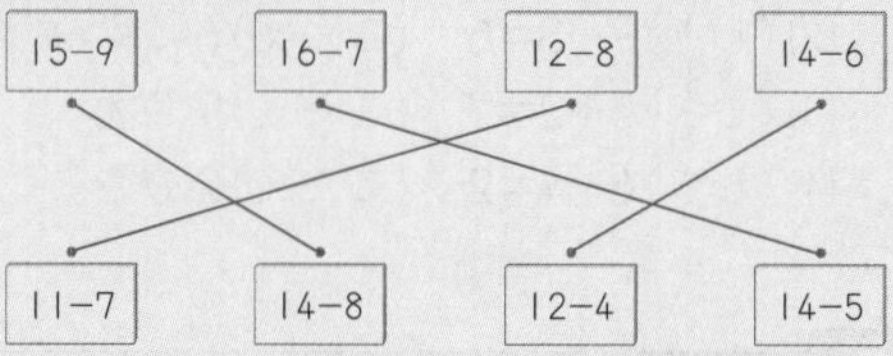

❸ (1)10　(2)10　(3)10　(4)11　(5)14
(6)13

❹ (しき)16−8=8　(こたえ)8ほん

❺ (しき)18−9=9　(こたえ)9まい

❻ (しき)13−9=4
(こたえ)おとこのこが　4にん　おおい。

❼ (1)

(2)

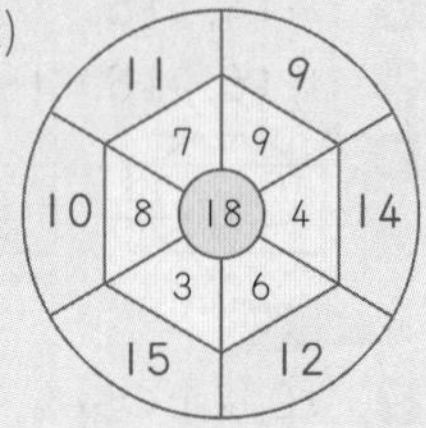

アドバイス

❶ 繰り下がりのあるひき算の代表的な問題を解きながら，減減法や減加法の定着を確実なものにします。正確に，速く解けるまで，繰り返させましょう。

❸ 14−3→10はそのままで，4から3をひくと1。10と1で11となります。

11 3つの　かずの　けいさん

ステップ1　　46～47ページ

❶ (1)2+3+4=9
(2)5+3+1=9
(3)7−2−1=4(7−1−2=4)

❷ (1)16　(2)19　(3)5　(4)0　(5)3　(6)7
(7)17　(8)10　(9)7　(10)15　(11)8　(12)5

❸ (れい)いろがみを，みきさんは　5まい　もって　います。りかさんは　2まい　もって　います。まいさんは　3まい　もって　います。ぜんぶで　なんまいに　なりますか。

アドバイス

❶ 事がらが起こった順に１つの式で表します。増加の場面はたし算，減少の場面はひき算の式をたてることを理解させます。

❷ １つずつ左から順に計算することが大切です。もし順番を変えて計算すると，間違った答えになることがあります。
例えば，⑹の 8−4+3 を「4+3=7 だから，8−7 で１になる。」などという順序では，正しい答えが出ません。

ステップ２　48〜49ページ

❶ ⑴17　⑵10　⑶2　⑷17
❷ （しき）10−5+3=8　（こたえ）8 ひき
❸ （しき）7+5+6=18　（こたえ）18 こ
❹ （しき）9+3+2=14　（こたえ）14 にん
❺ （しき）8+4−7=5　（こたえ）5 にん
❻ （しき）13−3−2=8　（こたえ）8 こ

アドバイス

❷ ３つの数の計算です。「おりました」はひき算，「のりました」はたし算で式を立てます。
❻ 「食べました」はひき算で式を立てます。

8〜11 ステップ３　50〜51ページ

❶ ⑴14　⑵9
❷ ⑴12　⑵13　⑶16　⑷11　⑸12
⑹13　⑺16　⑻17　⑼19
❸ ⑴9　⑵9　⑶4　⑷8　⑸6
⑹6　⑺10　⑻14　⑼11
❹ ⑴16　⑵14　⑶8　⑷2
❺ （しき）18−9=9　（こたえ）9 にん
❻ （しき）19−6=13　（こたえ）13 こ
❼ （しき）12−5+6=13　（こたえ）13 まい

アドバイス

❹ 13−6+7 が 13−(6+7) にならないように，気をつけさせることが大切です。同じように 18−8−8 が 18−0 とならないようにしましょう。

ここに注意　子どもは，分かっているようでも自分の都合のいいところから何げなく処理しても平気な面を持っているので，気をつけて指導しましょう。

❼ 「あげた」はひき算，「もらう」はたし算で式を立てます。
式を２つに分けて，12−5=7，7+6=13 としても正解としてよいですが，１つの式に表せることを学習したので，挑戦させましょう。

12 大きい　かず

ステップ１　52〜53ページ

❶ ⑴34 こ　⑵47 こ
❷ 65 本《ほん》
❸ ⑴㋐45　㋑100　㋒102
⑵（れい）一《いち》のくらいに　6 の　かずが　ならんで　います。
（れい）上《うえ》から　下《した》へ　10 ずつ　大《おお》きく　なって　います。

アドバイス

❷ 10 の束がいくつ分とばらがいくつ分ということが，それぞれ十の位の数字と一の位の数字になっています。これが十進位取り記数法の大切な考えをささえています。

ステップ２　54〜55ページ

❶ ⑴67　⑵78
❷ ⑴9　⑵66　⑶82　⑷10，1
❸ ⑴80，100，110
⑵47，45
⑶62，60，58
⑷116，117，119
❹ ⑴ 14　㊶　⑵ 69　(90)
⑶ (98)　88　⑷ 109　(110)
❺ 109，116

アドバイス

❶ 今まで学習した十進位取り記数法を生かす問題です。10 の束がいくつあるのか，ばらがいくつあるのか，チェックを上手にしながら数えなければなりません。
❷ ⑵，⑶は数を書き並べて調べさせます。
65 66 67 68 69 70
4 小さい
78 79 80 81 82 83
4 大きい

13 たしざん ③

ステップ 1　56~57ページ

❶ (1)(しき)20+30=50　(こたえ)50まい
(2)(しき)30+5=35　(こたえ)35まい

❷ (1)70　(2)80　(3)80　(4)90　(5)40
(6)100

❸ (1)24　(2)29　(3)35　(4)49　(5)58
(6)88　(7)66　(8)73　(9)59　(10)99

❹ (しき)50+30=80　(こたえ)80円《えん》

アドバイス

❷ (6)は，10のまとまりが4個と6個，合わせて10個になると考えます。10が10個で100です。

❸ 2位数+1位数の計算です。繰り上がりがありません。位にしっかり着目させます。一の位どうしを指で押さえるなどさせるとよいでしょう。

ステップ 2　58~59ページ

❶ (1)70　(2)52　(3)46　(4)79　(5)59
(6)93　(7)67　(8)82　(9)38　(10)100

❷ (しき)20+5=25　(こたえ)25こ

❸ (しき)52+6=58　(こたえ)58こ

❹ (しき)44+3=47　(こたえ)47こ

❺ (しき)10+40=50
50+30=80　(こたえ)80こ

14 ひきざん ③

ステップ 1　60~61ページ

❶ (1)(しき)70−20=50　(こたえ)50本《ぼん》
(2)(しき)38−3=35　(こたえ)35本《ぼん》

❷ (1)40　(2)10　(3)30　(4)50

❸ (1)24　(2)51　(3)60　(4)45　(5)61
(6)60　(7)31　(8)51　(9)72　(10)92

❹ (しき)48−6=42　(こたえ)42まい

ステップ 2　62~63ページ

❶ (1)40　(2)64　(3)30　(4)80　(5)26
(6)90　(7)42　(8)72　(9)0　(10)90

❷ (しき)80−60=20　(こたえ)白，20

❸ (しき)48−8=40　(こたえ)40本《ぼん》

❹ (しき)36−5=31　(こたえ)31本

❺ (しき)30+50=80
100−80=20　(こたえ)20円《えん》

アドバイス

❷ 違いの数は大きい数から小さい数をひいて求めます。60−80と書かないようにします。

15 たしざんと　ひきざん ②

ステップ 1　64~65ページ

❶ (しき)8+3=11　(こたえ)11こ

❷ (しき)16−7=9　(こたえ)9本《ほん》

❸ (しき)13−8=5　(こたえ)5こ

❹ (しき)14−6=8　(こたえ)8にん

❺ (しき)7+5=12　(こたえ)12にん

アドバイス

❶・❷ 1つの数を基準として，それよりいくつ多いのか少ないのかを考える問題です。ここでは「〜より〜多い(少ない)」を正確にとらえさせることが大切です。

❸ 子どもの人数をあめの数におき換えて考えます。

❹・❺ 問題の場面を考え，式に表すことができるようにします。図を見て，問題の意味を正しく理解させましょう。

ステップ 2　66~67ページ

❶ (しき)7+5=12　(こたえ)12ひき

❷ (しき)15−9=6　(こたえ)6こ

❸ (しき)12−6=6　(こたえ)6本《ぽん》

❹ (しき)36−5=31　(こたえ)31こ

❺ (しき)30−20=10　(こたえ)10本

❻ (しき)30+50=80　(こたえ)80かい

アドバイス

❶
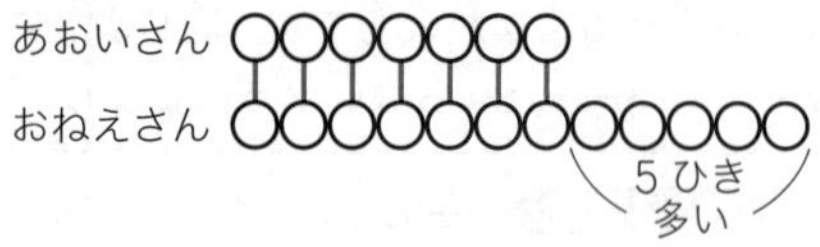

❷
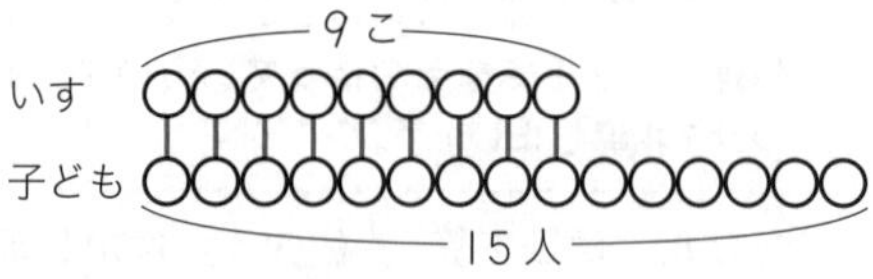

3 先に〇を12個かきます。

〇〇〇〇〇〇〇〇〇〇〇〇

次に言葉や数をかき加えます。

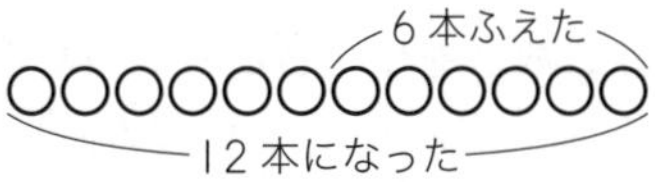

4 ガムの数は，あめ玉の数(36個)より5個少ないです。

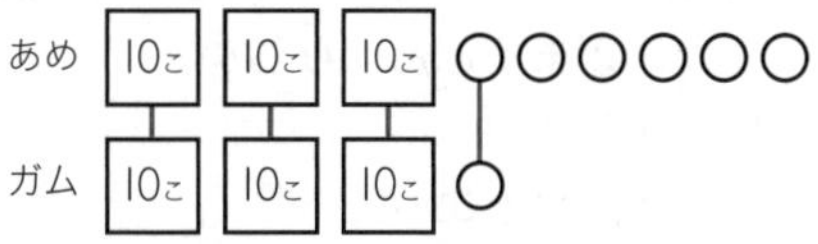

「少ない方の数」は，(基準の数)−(違いの数)で求められます。

5 いくつ減ったかを求める問題です。

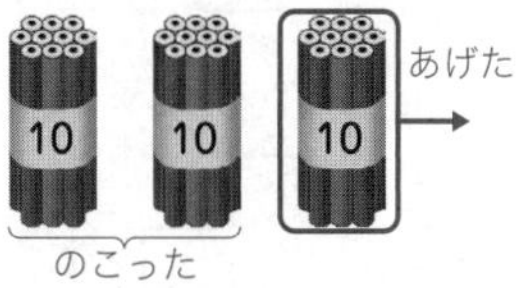

「減った数」は，(はじめの数)−(残った数)で求められます。

6 おねえさんは，ゆあさん(30回)より50回多いです。

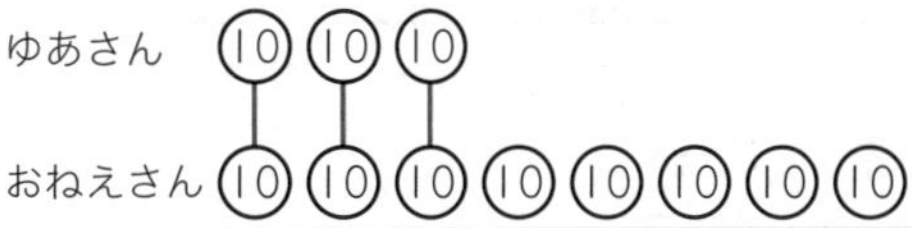

「多い方の数」は，(基準の数)+(違いの数)で求められます。

12~15 ステップ3

68~69ページ

1 89

2 (1)81　(2)98　(3)9，5

3 (1)80，100，120

(2)100，85，80

(3)84，88，96

4 (1)100　(2)90　(3)100　(4)46　(5)89

(6)98　(7)70　(8)0　(9)80　(10)23

(11)70　(12)32

5 (しき)46+3=49　(こたえ)49まい

6 (しき)24−3=21　(こたえ)21こ

アドバイス

2 十の位がいくつあるのか，一の位がいくつあるのか，正確にとらえる必要があります。

3 何とびかを見抜いて考えます。(3)は，見つけにくい問題ですが，92と100の間が8だから，4とびが見つかります。

6 りかさんがとったおはじきの数は，24個より3個少ないことを，読み取ることがポイントです。

16 ながさくらべ

ステップ1

70~71ページ

1 (1)上《うえ》に　〇

(2)下《した》に　〇

2 イとカ，ウとク，エとオ

3 オルガンの　よこの　ながさに　〇

4 ㋐2　㋑4　㋒1　㋓5　㋔3

アドバイス

1 目で見ただけで判断したり，他の紙に長さを写したりしながら，長さの順番を考えさせます。このような活動が，量感覚を育てていくことになります。

2 区切りの数を，1つずつ数えて，**ア**～**ク**までの長さを数で言わせましょう。

3 なわとびで長さを写し取ることで，2つの長さ(オルガンの横の長さと高さ)の比べ方を考えることができます。

ステップ2

72~73ページ

1 (1)ウ→イ→ア→オ→エ

(2)アが　1ますぶん　ながい。

(3)エが　3ますぶん　ながい。

2 ウ→イ→エ→オ

3 1，4，2，5，3

アドバイス

2 イ，ウ，エは，全体の長さが同じなので，重なっている所の長さで比べます。重なっている所が長いほど，棒の長さは長いと考えられます。エとオは，重なっている長さが同じなので，全体の長さで比べます。オはエより短いです。

3 ひもをまいた数やひものまき終わりの位置を見て判断させます。

17 かさくらべ

ステップ1　74~75ページ

1 (1)ア　(2)ウ
2 右《みぎ》に　○
3 (1)右に　○　(2)左《ひだり》に　○
4 アが　コップ　1ぱいぶん　おおく　はいる。

アドバイス

3 水面が同じ高さの場合，容器が大きい方が多く入っていると判断できます。
4 かさ比べの方法として，**1**の直接比較，**2** **3**の間接比較，**4**の任意単位比較があります。任意単位比較では，必ず同じ大きさの容器を使って比較しなければなりません。

ステップ2　76~77ページ

1 (1)2，3，1
(2)(れい)すいとうに　水《みず》を　いっぱいに　いれました。すいとうの　水を　ボールに　うつしたら，水が　あふれました。
2 (1)イ
(2)いちばん　右《みぎ》に　○
(3)19

アドバイス

1 (1)なべと水とうでは水とうのほうがかさが大きく，なべとボールではなべのほうがかさが大きいということを理解させましょう。
(2)(1)より水とうのほうがボールよりかさが大きいので，水とうの水をボールに移すと，水があふれると考えることができます。
2 (2)アよりイのほうがかさが大きいので，イがまだ満杯になっていない絵を選びます。
(3)コップの数をあわせます。5+8+6=19 で，19 杯分です。

18 ひろさくらべ

ステップ1　78~79ページ

1 右《みぎ》に　○
2 ウ→ア→イ
3 左《ひだり》に　○
4 2，1，3
5 3，1，2

アドバイス

1 端をそろえて重ねて比べます。
3 広さは，絵の枚数を比べることで判断させましょう。

ステップ2　80~81ページ

1 (1)イが　2ますぶん　ひろい。
(2)7ますぶん
(3)アとオ，ウとエ
2 (1)ゆきさん
(2)ゆうとさんが　3ますぶん　かった。
3 (れい)

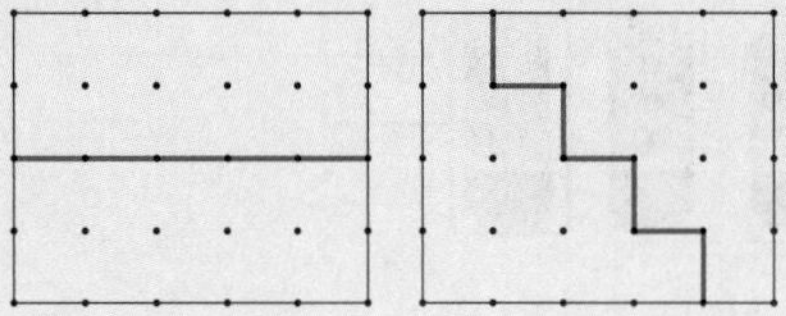

16~18 ステップ3　82~83ページ

1 ウ→イ→ア→エ
2 (1)ア→イ
(2)イ→ア
(3)イ→ア→ウ
3 (1)エ→イ→ア→ウ
(2)4
(3)3
(4)2

アドバイス

2 (1)アは□の 7 つ分，イは□の 6 つ分です。
(2)アは□の 3 つ分と◺の 2 つ分，
イは□の 3 つ分と◺の 3 つ分です。
(3)アは□の 5 つ分，
イは□の 5 つ分と◺の 2 つ分，
ウは□の 3 つ分と◺の 2 つ分です。
3 任意単位で数値化しているので，計算で求めることができます。
(2)「違い」を求めるので，ひき算をします。
9−5=4
(3)「残り」を求めるので，ひき算をします。
4−1=3
(4)「あといくつ」を求めるので，ひき算をします。
10−8=2

19 いろいろな　かたち

ステップ 1　84～85ページ

❶

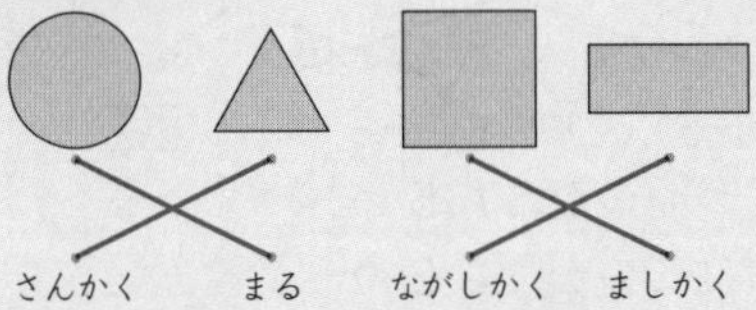

❷ (1)4　(2)4　(3)0　(4)4　(5)3

❸ (1)3　(2)4　(3)6

アドバイス

❶ 「まる，しかく(ましかく，ながしかく)，さんかく」などは，正式な名称ではありませんが，日常用語として言えるようにさせましょう。

❸ まる，さんかく，しかくの特徴をしっかりおさえて，１つずつ確実に○をつけながら数えさせましょう。

ここに注意 「かどが４つある」というように，考えるポイントを決めると仲間分けができます。他の問題でも，考えるポイントを決めて，きちんと，仲間に分けることができるようにさせましょう。

ステップ 2　86～87ページ

❶ (ずは　しょうりゃく)
(1)ましかく(しかく)
(2)ながしかく(しかく)
(3)さんかく　(4)さんかく

❷ (1)3　(2)4

❸ (1)4，9，12
(2)1，3，7，8，11
(3)2，5，6，10

20 かたちづくり

ステップ 1　88～89ページ

❶ (1)2　(2)4　(3)2　(4)2　(5)4　(6)8

❷ (1)6　(2)12

❸ (1)

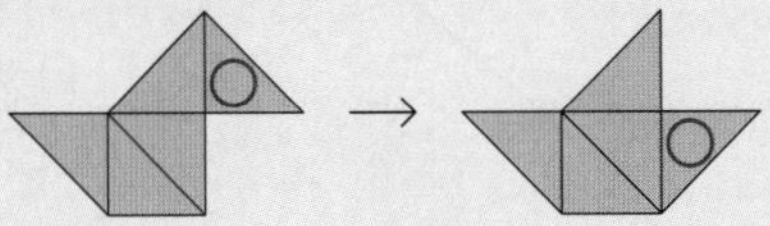

(2)

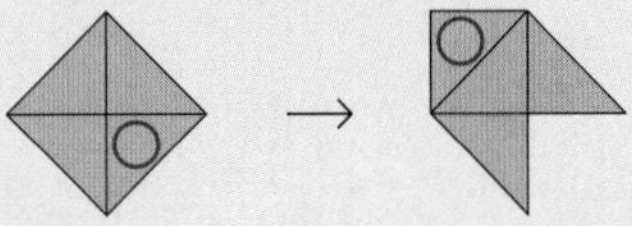

アドバイス

❶

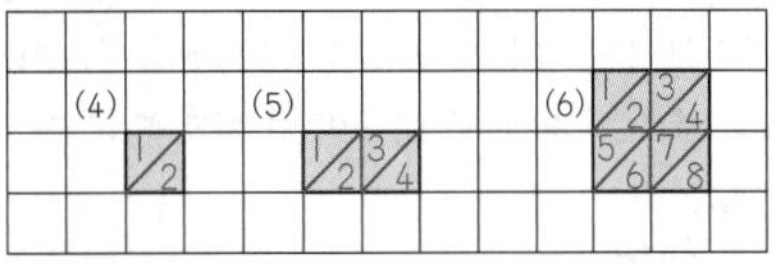

ステップ 2　90～91ページ

❶ (1)ア 5　イ 6　ウ 7　エ 6
(2)

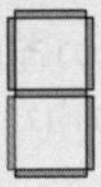

(3)

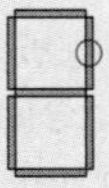

❷ (1)3 まい　(2)4 まい　(3)4 まい
(4)2 まい

アドバイス

❷ (1)

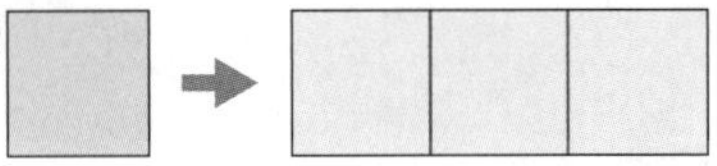

(2)

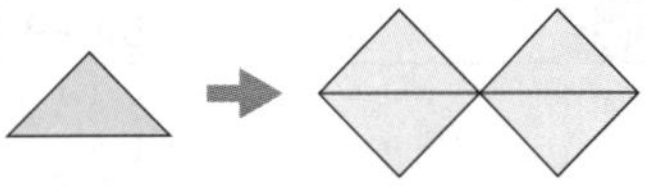

(3)

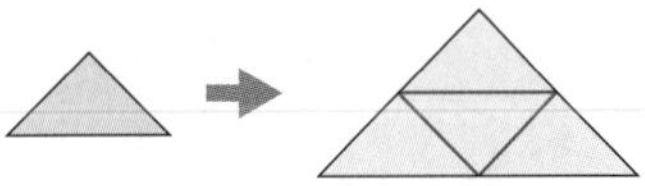

(4)

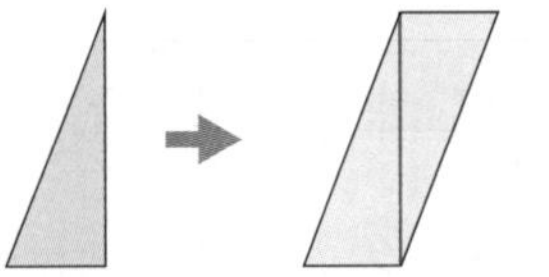

ここに注意 板を回したり，ずらしたりして形を作ることで図形の見方が豊かになります。

21 つみ木と　かたち

ステップ 1　92～93ページ

❶

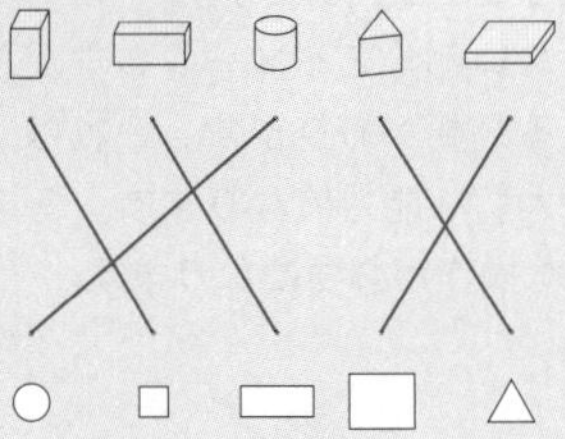

❷ イ
❸ ウ，エ，カ

アドバイス

❶ 立体は，見取図で表しているため，判断しにくいかもしれません。そのために，いろいろな箱を触らせて，写し取る算数的活動が有効になります。また，図形感覚を伸ばすためにも，必要な活動です。

❷ よく理解できない子どもには，他の立体ではかけない理由を考えさせましょう。

❸ **オ**や**キ**の形はかけないことを考えさせましょう。

> **ここに注意** 直方体や立方体の面は，全部で６面です。直方体は合同な面が向かい合って２面ずつあることがとらえられていなければなりません。
> 「面は同じもの(形)が２つある」ことを意識させながら，考えるようにさせましょう。

ステップ２　94～95ページ

❶

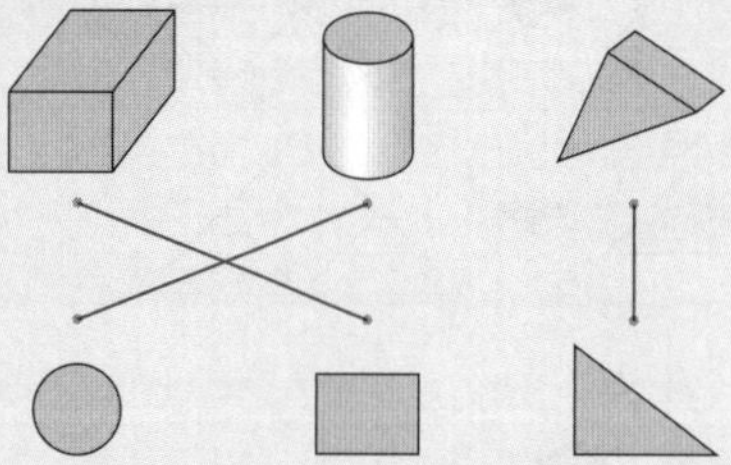

❷ ア，エ，オ，カ
❸ ウ，オ，カ，キ，ク
❹ (1)６こ
(2)９こ
(3)10こ

アドバイス

❷ モデルとなる絵を分解させて，モデルを構成している立体１つ１つに着目させながら，考えさせましょう。
また，頭の中で回転させたり，倒したりさせながら観察させることが大切です。

❹ 見取図で見えない部分をイメージしながら，積木の数を数える必要があります。これは，空間観念という，大切な能力になります。そのためには，具体的な操作が必要になります。

19～21 ステップ３　96～97ページ

❶

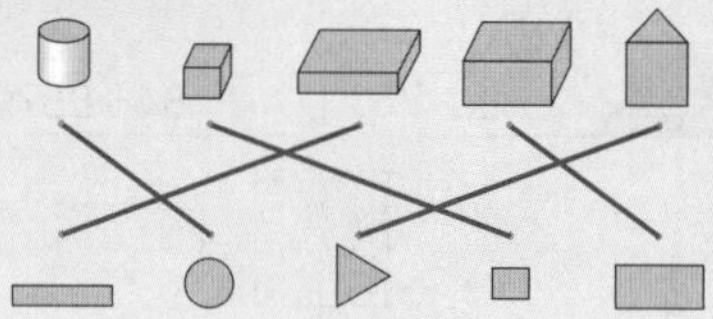

❷ (1)つつのかたち５つ
はこのかたち２つ
(2)つつのかたち１つ
はこのかたち５つ

❸ (1)①ア，イ　②エ，オ　③ウ，カ，キ
(2)(れい)

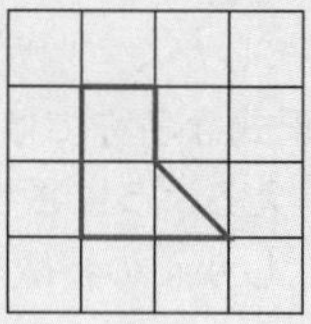

22 とけい

ステップ１　98～99ページ

❶ (1)６じ　(2)11じ　(3)２じ

❷ (1)５じ
(2)３じはん
(3)７じ
(4)２じはん
(5)９じ
(6)４じはん

❸ (1)９じ15ふん
(2)11じ45ふん
(3)２じ10ぷん

❹

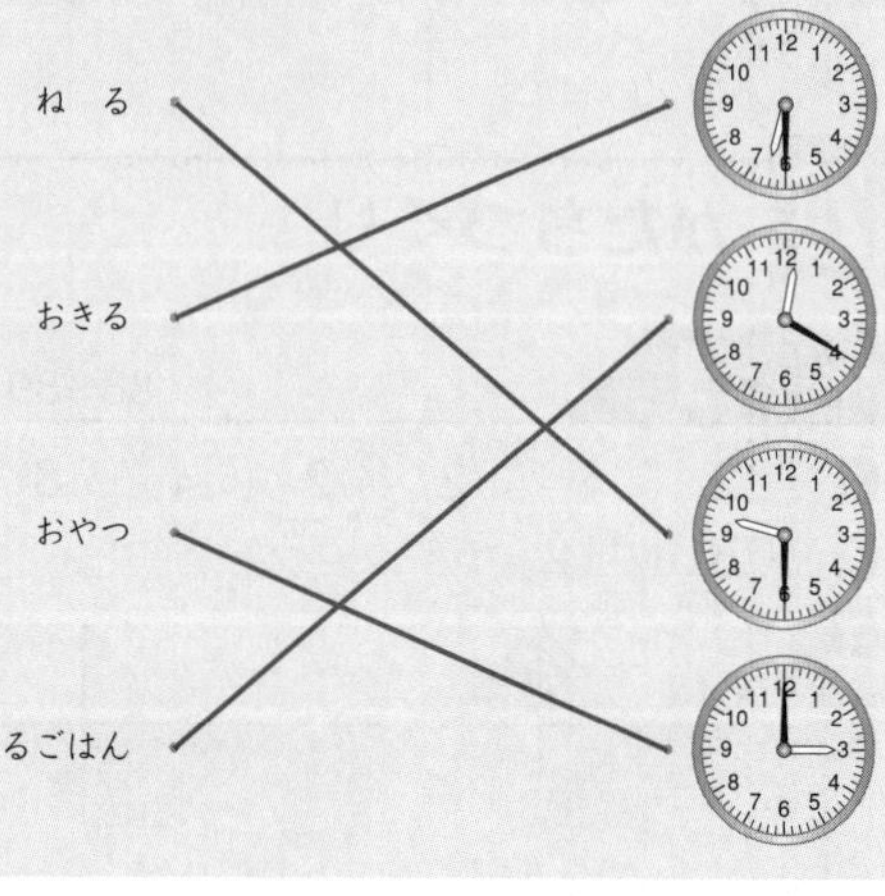

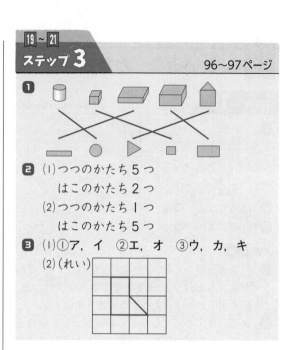

アドバイス

3 短い針は時，長い針は分をさしています。まず5分，10分…が確実に読めるようにします。

ステップ2　100～101ページ

1

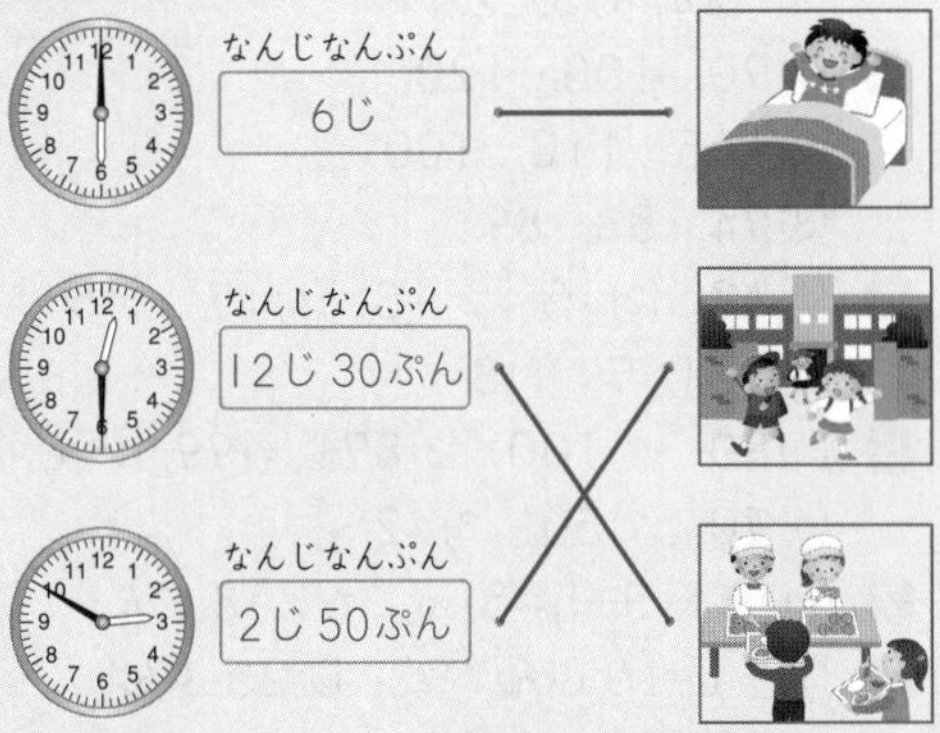

2 (1)

6じ

(2)

4じはん

(3)

12じ20ぷん

3 (1)3 じ 40 ぷん
(2)9 じ 3 ぷん
(3)5 じ 17 ふん
(4)7 じ 44 ぷん
(5)8 じ 58 ふん
(6)12 じ 31 ぷん

4

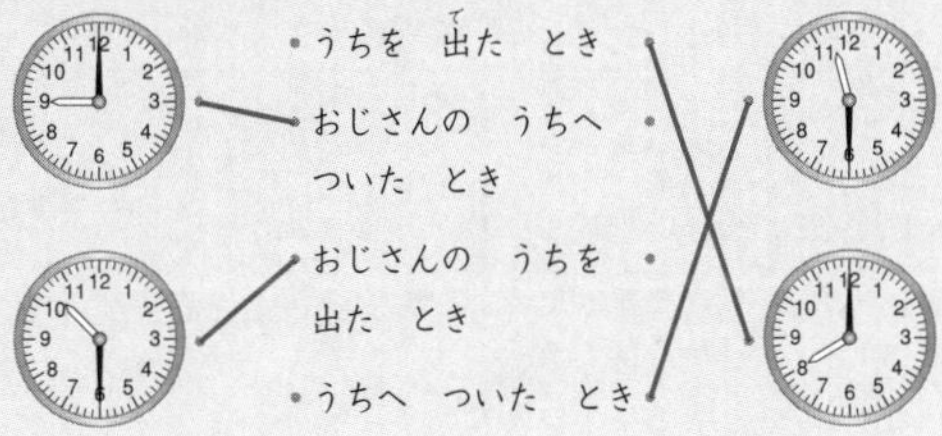

23 せいりの しかた

ステップ1　102～103ページ

1 (1)

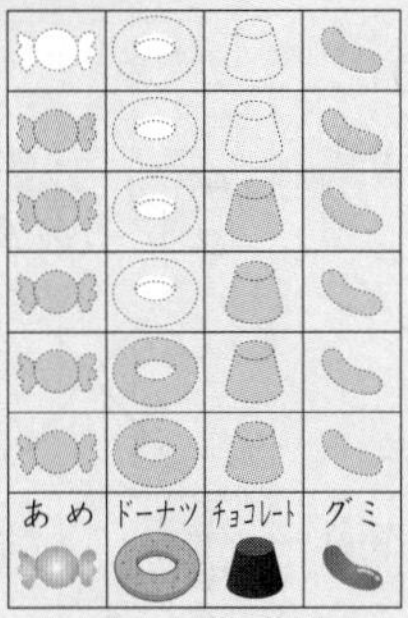

(2)(上から)グミ，ドーナツ，3，チョコレート，17

ステップ2　104～105ページ

1 (1)

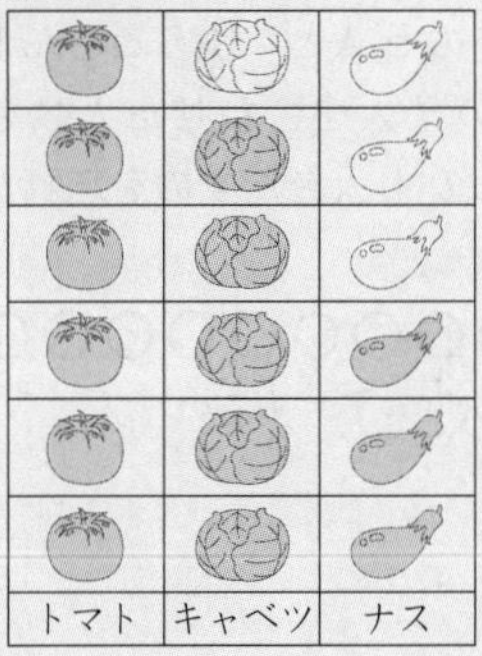

(2)トマト (3)ナス (4)3 こ
(5)14 こ

2 (1)しんかんせん (2)バス (3)4 にん
(4)13 にん

22～23 ステップ3　106～107ページ

1 (1)10 じ 5 ふん (2)4 じ 45 ふん
(3)4 じ 15 ふん (4)3 じ 10 ぷん
(5)6 じ 38 ふん (6)9 じ 59 ふん

2 ア→エ→イ→ウ

3 (1)いちご (2)ぶどう (3)5 こ
(4)りんごが 2 こ おおい。
(5)14 こ

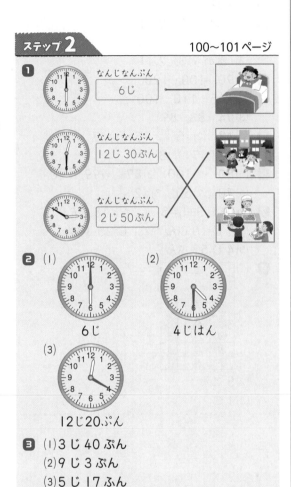

そうふくしゅうテスト ①　108〜109ページ

❶ 91，84，78，53，49，44

❷ (1)70，85

(2)30，65，100

❸

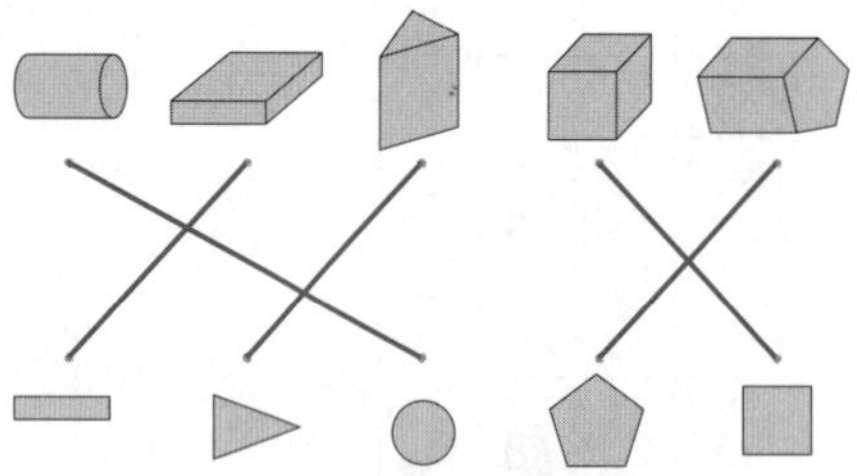

❹ (しき)14−8=6　(こたえ)6こ

❺ (しき)8+7−6=9　(こたえ)9こ

❻ 3ばんめ，6ばんめ

❼ (しき)5+1+7=13　(こたえ)13にん

アドバイス

❼ ゆうこさんの前の5人と，ゆうこさんと，ゆうこさんの後ろの7人を合わせた人数を求めます。ゆうこさんの1人をたすのを忘れないようにします。

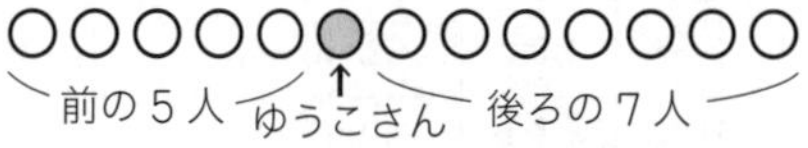

そうふくしゅうテスト ②　110〜112ページ

❶ (1)96　(2)118

❷ (1)102　(2)104

❸ (1)(上《うえ》から)3，2，1

(2)(左《ひだり》から)1，2，3

(3)(左から)3，2，1

❹ (1)90，100，120

(2)115，110，100

(3)74，83，89

❺ (1)18　(2)15　(3)13　(4)17　(5)6

(6)8　(7)7　(8)8

❻ (1)80　(2)100　(3)87　(4)99　(5)0

(6)70　(7)50　(8)42

❼ (しき)13−5=8　(こたえ)8にん

❽ (1)7じ10ぷん　(2)1じ25ふん

(3)4じ53ぷん

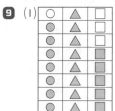

❾ (1)

○	▲	□
●	▲	□
●	▲	□
●	▲	■
●	▲	■
●	▲	■
●	▲	■
●	▲	■

(2)5こ

(3)1こ